講談社選書メチエ
674

大正＝歴史の踊り場とは何か

現代の起点を探る

鷲田清一
［編著］

MÉTIER

序——踊り場の時代に可能性を問う

大正という時空間

二〇一九年四月をもって平成という時代は終わり、新たな元号の時代に入る。そのとき社会がどのように変化していくかについては、それぞれの方がさまざまな予感を抱かれることであろう。

もちろん、元号が変わることで社会生活に激変が起こるわけではない。ただ、一世一元が制度化された明治以降、元号で画された時代に一つのイメージを託すという思潮は、ある意味で一つの日本文化のあり方となってきたのかもしれない。そのため明治文化、大正文化、昭和文化などと言えば、なにがしかのイメージを漠然と抱くことができるような気配がある。

しかし、同時代にあって自分が生きている時代の特徴を誰もが明確に自覚できているわけではない。いや、むしろ転換期にあっては、どのように社会が移っていくのか見通せない、一種の「まどろみ状態」に陥るというのが真情であろう。そうした時代感覚は、明治から大正へと移る時代にも見られたことは、次のような記述からもうかがい知ることができる。

大正も二年と進むと、そこは纔《わず》かに一年のことだが、何とはなしに世の中が一変したかのような感じが、誰の胸にも響いた。物事が突飛に飛躍して進みつつあるかのようにも、またあらぬ方へそれつつあるかのようにも、華やかになるかのようにも暗くなるかのようにも、自由なようにも同時に危いようにも思われ出した。（『明治大正見聞史』春秋社、一九二六年）

これは生方敏郎《うぶかたとしろう》が明治から大正へと時代が移るなかで、多くの人々が抱いていた期待と不安とが綯《な》い交ぜとなっていた心情を率直に記したものである。そして、その後の日本社会を顧みれば、この**双面性**をもった予感のように歩んでいった。すなわち、一九一二年に始まった大正という時代は一九一〇年の大逆事件後の「冬の時代」と言われながら、一九一三年には「閥族打破・憲政擁護」を訴える国民運動が全国的に湧き上がって桂太郎内閣を総辞職に追いこむ大正政変をもたらした。それは大正デモクラシーへの転換となったが、翌年に日本は第一次世界大戦に参戦し、日本軍が北樺太から完全撤兵する一九二五年まで交戦状態にあった。そして、一九二五年には大正デモクラシーの到達点として男子普通選挙法が成立したものの、それは国策に批判的な思想と運動を弾圧する治安維持法と抱き合わせで認められたものであった。その後、日本は一九二七年の山東出兵に始まって、国民の多くがほとんど意識さえしないままに戦争の渦のなかに巻きこまれていくことになったのである。

このようにさまざまな可能性がせめぎ合いながら進んだ一九一〇年代から一九三〇年代を、私たちは「**大正という時代**」「**踊り場の時代**」であったと想定し、そこに孕《はら》まれながら未発に終わった可能性、あるいは未萌《みほう》の可能性を探り出してみたいと思う。

しかし、この期間を「踊り場の時代」として捉えるのは、日本だけに着目するからではない。フランスでは第一次世界大戦を挟んでベル・エポック（良き時代、Belle Époque）からレ・ザネ・フォル（狂乱の時代、Les Années Folles）へと移っていったが、これは単にフランス国内の現象というだけではなく、ヨーロッパの文化と社会の変化を総体として表すものであり、現在の都市生活のスタイルがこの時代に起源をもつと考えられている。こうした転換の時代思潮を象徴的に捉えたのがO・シュペングラーの『西洋の没落』（一九一八～二二年）であり、P・ヴァレリーの『精神の危機』（一九一九年）をはじめとする様々な「危機」を論ずる著作の噴出であった。そして危機＝危期（Krisis）にあるという痛覚とは、文明の分岐点（Krisis）に立っているという認識に他ならなかった。

他方、進歩主義の時代（Progressive Era）にあったアメリカは、作家のF・S・フィッツジェラルドが「史上空前の高価なばか騒ぎ」と呼んだジャズ・エイジ（狂騒の時代、Jazz Age）特有の映画・音楽文化の世界に向けた発信地となっていた。その動きは都市文化の発達と大量消費時代・マスメディアの時代の幕開けを示すものとして同時代の日本にも大きな影響を及ぼすことにもなった。しかし、経済的には第一次世界大戦後の経済的好況によって自動車やラジオ・洗濯機などの家電製品が普及し、「黄金の20年代」の「永遠の繁栄」が信じられていたにもかかわらず、一九二九年の「大恐慌」によって一挙に暗転した時代を迎えることになったのである。

さらに、東アジアでは一九一〇年の日本による韓国併合、そして一九一一年の辛亥革命による中華民国の成立など、数千年にわたって続いてきた王朝体制や国際秩序が転換したことによって日本の国際的な立ち位置は大きく変わることになった。さらに一九一九年の朝鮮における三・一運動や中国における五・四運動など、民族自決主義の高まりに対応するなかで日本の外交政策やナショナリズムも転換を迫られることになっていった。

「新語・尖端語」の可能性

さて、私たちが、日本の可能性を探るという作業のなかで、「大正」という時空間に着目するに至ったのは、同時代の世界の思潮や文学作品さらには生活様式までが怒濤のごとくに流れ込んだ「大正という時代」になってはじめて、「現代・モダン」や「民衆」や「文化」や「生活」などに係わる言葉が日常的に使われるようになったからである。そして、それが現在の私たちの生活様式や価値観を基層において支えているのではないか、と考えるからである。言葉はモノやコトを指すものでもあるが、行動様式や意見や思想を表わすものでもあり、それによって社会は動いていく。

言葉が日常的に使用されるためには、まず誰かが使わなければならないが、「大正という時代」にあって、それは大量に刊行され消費されるようになった書物、新聞・雑誌などの活字メディアで現れた。それはほとんどの人にとって珍しく、「新しく聞く」言葉であるために「新聞語」、「新たに出た」言葉であるために「新出語」、新しい時代の言葉として「新時代語」、新しく造られた言葉として「新造語」、などと呼ばれ、簡約して「**新語**」とも呼ばれた。当然、読者の多くは見慣れない「新聞語」「新語」の意味が何かを知りたくなる。そこで雑誌の附録などに「新聞語」「新語」の解説が付けられることになる。そして、その数が増え、日常的に使用されるようになると、その言葉の解釈についてなるべく正確に理解するために辞書・辞典の刊行に対する需要が高まる。需要が高まると、印刷技術や製紙技術などの発達さらには鉄道を利用した物流システムの全国的普及にともなって大量の辞書類が刊行されることになる。そこでは教育の普及によって識字率が高まっていたことも手伝って大量の出版物が売れ、それがさらにマスメディアの発展を促すという相乗効果が現れることになった。

実際、一九一〇年代から二〇年代にかけて、『現代文芸新語辞典』(大畑匡山、東条書店、一九一四年)、『現代新辞林』(水嶋慎次郎、成文堂、一九一五年)、『新らしい言葉の字引』(服部嘉香・植原路郎、実業之日本社、一九一八年)、『現代新語辞典』(時代研究会編、耕文堂、一九一九年)、『袖珍新聞語辞典』(竹内猷郎編、東京堂、一九一九年)、『新語交り和漢大辞典』(高木斐川編、玉井清文堂、一九一九年)、『新しい主義学説の字引』(勝屋英造、実業之日本社、一九二〇年)、『新しきことはの泉』(芳賀矢一校・小林花眠編、博進館、一九二一年)、『新文化事彙』(内藤智秀・山川康一共編、一誠社、一九二一年)、『現代大辞典』(木川又吉郎ほか編、大日本教育通信社、一九二二年)、『現代語辞典』(生田長江校閲、素人社、一九二四年)、『最新・現代用語辞典』(小山内薫監修、秋山湖風・太田柏露共編、明光社、一九二五年)、『最新社会大辞典』(高木斐川編、芳文堂、一九二五年)など、「新語」・「現代語」・「現代新語」などを集めた辞書が次々と出版と訂正増補を重ねている。

そして、一九三〇年代に入ると、それまでに現れた新語を集成しつつ、新たな言葉を補足して、『新かくし言葉辞典』(津田異根、博進堂書店、一九三〇年。特殊用語として「モダン用語編」所収)、『アルス新語辞典』(桃井鶴夫編、アルス、一九三〇年)、『新時代の尖端語辞典』(長岡規矩雄、文武書院、一九三〇年)、『モダン語辞典』(鵜沼直、誠文堂、一九三二年)、『常用モダン語辞典』(伊藤晃二、創造社、一九三一年)、『モダン語漫画辞典』(中山由五郎、洛陽書院、一九三一年)、『尖端語百科辞典』(早坂二郎・松本悟朗、尖端社、一九三一年)、『社会ユーモア・モダン語辞典』(社会ユーモア研究会編、鈴響社、一九三二年)、『新式モダン語辞典』(小坂潔、帝国図書普及会、一九三三年)など、「尖端語」や「モダン語」などを冠した辞典が陸続として出版されることになった。

こうした辞典類の中でも、突出して売れたのが、下中彌三郎『ポケット顧問　や、此《これ》は便利だ』（成蹊社）であった。これもまた「日常の談話に上り、新聞・雑誌に現る新意語・流行語・故事熟語等の中、やや難解なものを蒐めて簡単に解説を試み」（「例言」）たもので、現在の『現代用語の基礎知識』（自由国民社）などにあたるものであった。そして、ベストセラーとなったタイトルに因んで『手紙書く時　これは便利だ』（東京手紙学会編、花山堂出版部、一九二四年）などの**実用百科辞典**の類が数多く出版されることになった。そこにも新たな時代の生活様式の急速な変転に戸惑いながらも必死で、その変化に即応していこうとする人々の息吹を感じとることができる。

この『や、此は便利だ』の紙型を買い取って一九一四年に出版社を興した下中彌三郎は、社名を「平凡社」としたが、この「平凡」であること、地位や財産もない「ただの人」＝「凡人」であることが一つの新しい社会的存在としての自負につながったところに「大正という時代」の可能性を垣間見ることができる。下中自身、幼い頃に父を亡くし、陶工や教員などを経て出版に携わるようになっており、『や、此は便利だ』などの出版物を通信販売によって全国の小学校教員や駐在所の警官などに届ける努力をしたのも、自らの知識欲を地方に住む人々の要求に重ね見ていたからであった。

下中の平凡社は、「や便」との略称をもって愛読された『や、此は便利だ』の改訂を重ねながら、そこで得た資力をもとに一九二七年には『現代大衆文学全集』を出して円本ブームに拍車をかけることとなった。販売にあたっては、新聞に全ページ広告をうったほか、東京や大阪では記念映画大会を開いて購読者を募った。さらに一千ページ一円の安さでアピールしたが、こうした宣伝方法は「大正という時代」ならではのメディア・ミックス戦略と言えた。『現代大衆文学全集』は第一次予約締め切りで二〇万件を越す注文が殺到するなど大反響を呼んだが、この事実こそ一九一〇年代に生まれたばかりの「**大衆文学**」という新たなジャンルが瞬く間に広く受け入れられるようになったことを示している。下中は次に初期投資に膨大な資金を要する百科事典の編纂に向かい、経営危機に直面しながらも一九三一年には『大百科事典』の刊行にこぎつけ、四年がかりで全二八巻を刊行して「事典の平凡社」として声名を高めていった。このとき、全二八巻もの百科事典が刊行され、売れたということは、下中という「本づくりの大天才の夢のような理想と底抜けに楽天的な実行力」（林達夫「編集長という椅子」による下中評）をもった人物の存在と同時に、世界百般の事象について知りたいという渇望が広く国民の間に広がっていたことを意味している。ちなみに、一八八四年刊行の『改訂増補・哲学字彙』では「合類節要」、一九一二年刊行の『英独仏和・哲学字彙』では「百科全書」と訳されていたEncyclopaediaを、下中は『大百科事典』と命名した。この「事典」という言葉は、言語辞書の「辞典dictionary」とは別種の「事項・事件」を解説するものであることに強い拘りをもった下中が造語したものである。ほとんど学校教育を受けずに独学で学んできた下中は、知識の全分野にわたって専門家が執筆した百科事典こそが文化の推進力となるものであり、それを刊行することが出版人としての自らの責務だという一貫不惑の信念があったと回顧している。ただ、これに先立つ三省堂の『日本百科大辞典』や一九三七年に完結した冨山房の『国民百科大辞典』などは「辞典」という言葉を採っており、「事典」が一般的に用いられるようになったのは一九五〇年代に入ってからである。

このような辞典や事典などが次々と出版された背景を『新しきことはの泉』（博進館、一九二一年）

の編著者・小林花眠は「凡例」で、次のように書いている（以下、引用にあたっては読みやすいように漢字・かな遣いを改めた）。

何時《いつ》の時代にも、その時代々々の言葉はあるが、およそ現代のごとく急速に、後から後から新しい言葉の続出した時代はあるまい。殊《こと》に、欧洲大戦以後、著しく新しき言葉を増加したので、今の世の中は是非これらの言葉を網羅した適当な辞書を要求している。本書はその要求に応ぜんがために生まれたものである。

本書は文学・美術・哲学・科学・法律・経済などの語より、慣用の俗語・通語・外来語・新時代語などをも含んでいる。特に甚だしく落著《おちつ》きのない新造語でない限り、多少新奇に聞こえるようなものであっても、それは時代語として採用するに躊躇《ちゆうちよ》しなかった。これもと本書の趣旨がなるべく生きた現代語を蒐集《しゆうしゆう》しようとするに存するからである。

ここには「欧洲大戦」すなわち第一次世界大戦によって世界の思想状況が変わり、さらにロシア革命や世界改造論に関する新思潮が一挙に押し寄せ、その社会変化に応じた言葉を理解するために新たな辞典の編纂が必要となったことが率直に書かれている。いや、『袖珍和英新辞典』（森巻吉・山口造酒共著、共盟館、一九一九年）の一九一七年に書かれた緒言にも「欧洲戦乱発生以来、社会各方面において新語の増加したるもの極めて多く従って新辞典出版の必用、急なるを感じ来たれり」とあるように、既に第一次世界大戦の最中において新語の増加が始まっていたのである。さらに、『現代語解説』（京都・文化之日本社編、一九二四年）では「欧洲大戦のもたらした世界の改造は、同時に思想の改造であり、言葉の改造でなければならなかった」として、世界改造が思想の改造、ひいては言葉の改造そのものに直結するものとして捉えられていた。このように**第一次世界大戦**は世界的に新たな思想や運動の勃発を促す契機となっていたが、そうした新思潮が新聞や雑誌に目新しい言葉となって頻出するようになっていた。同時性をもって動き始めた世界、その激動の時代の渦中に置かれた人々の新しい言葉とその背景にある事態を知りたいという要求が、辞典編纂を後押ししていたのである。

以上のような言語・思想状況とともに、「大正という時代」に私たちが着目しておきたいと思うのは、一九二三年の**関東大震災**後に起きた「民」による「新文化を創成」するという可能性への問いかけがあったという事実である。そしてさらに、関東大震災が都市空間のあり方だけでなく、そこに住む人間の身体感覚に影響を与え、それが文学においても新たな表現形式や文体の出現を要請するものであったという事実である。

作家の横光利一は、関東大震災について「日本の国民にとっては、世界の大戦と匹敵したほどの大きな影響を与えている」（「雑感―異変・文学と生命」『読売新聞』一九三四年一月四日）と書いた。だが、その衝撃の意味は東京の市街が瓦解したということ以上に、復興によって新しい都市が形成されていったときに出現してきた「近代科学の具象物」が、その時代を生きる「人間の感覚」を大きく変容させたということにあった。

横光は、大震災とその復興によって変わらざるをえなかった「人間の感覚」を表現するためには、それまでの純文学が否定していた偶然性を重視し、近代小説の知的高度さと物語的伝統とをともに生かした小説の言語を創出することが不可欠であると考えた。横光が「もし文芸復興というべきことがあるものなら、純文学にして通俗小説、このこと以外に、文芸復興は絶対に有り得ない」として提唱した「純粋小説」というジャンルは、その要請に応えようとしたものであった。横光や川端康成・中河与一・片岡鉄兵ら雑誌『文芸時代』によった新進作家たちが、外部の現実を主観的に捉えたうえでそれを知的に再構成した「新現実」を感覚的に創造しようとして「新感覚派」と呼ばれたのは、震災後の空間変容と密接に関係していたと思われる。それから一〇〇年近くを隔てた現在、阪神・淡路大震災・東日本大震災・熊本地震などを、そして福島第一原発事故などを経て、どのような表現形式や文体による「文芸復興」や日本社会の可能性が見出されつつあるのだろうか。

いや、その問いかけは、何よりもまず自らに向けられるべきであろう。その問いに対し、私たちは一片《ひとひら》の言葉というものに糸口を求めてみたい。日本語の言葉の語源は、言端《ことのは》でもあり、言謂《ことのいひ》でもあり、言説《ことのは》でもあったとされるように、言葉とは単に一つの単語としてあるだけでない。それは詩歌の作品や思想表現の一つ一つを「葉」に見立てながらも、その背後に広がる生活感覚や社会意識を知るための端緒をひそませている。私たちもまたこの広い意味で言葉を捉えている。問うべき問いを見出したいとき、見出さなければならないのは、それを考える手がかりとなる言葉である。見る眼、聴く耳の前にあったはずの言葉——その意義を今一度確認すること、それがここでの試みである。

そして、言葉こそ「記憶の留め金」であり、「可能性の引き金」であることに期待をかけたいと思う。

（山室信一）

目次

❸

誠文堂
大日本百科全集
壹冊壹圓
大著揃ひ、名著揃
選擇即賣大提供
❺

實地活用
趣味のかくし藝
❹

❻

Minyōshu
民謠集
第五輯
民謠俱樂部發行

第一部

現代の起点としての「大正」

❶

❷

❶関東大震災で崩壊した浅草・凌雲閣ビル
❷「都新聞」大正12年(1923)9月28日に掲載の竹久夢二「東京災難画信」。
「有りもせぬ事を言觸らすと處罰されます。警視廳」との文字が読める。
❸米騒動の対策として行われた米の巡回安売り。大正7年(1918)
❹園山露香『実地活用　趣味のかくし藝』庶民社刊。大正14年(1925)
❺誠文堂『大日本百科全集』が全巻完結し分売を始めたときのパンフレット。「壹冊壹円」という宣伝文字も
❻大阪・民謡倶楽部から刊行された『民謡集』の表紙。昭和3年(1928)頃

学　区――コモンの成り立つ場所

関東大震災とともに噴きだしたもの

大正一二年（一九二三）、京都大学文学部に入学した田中美知太郎は、夏に東京に帰省し、出隆《いでたかし》から依頼されたある研究書の下訳の仕事も終えて骨休みに旅行にでも出ようかと考えていた矢先に、関東大震災に遭う。一時、「朝鮮人暴動」という「**流言蜚語**」に端を発した自警団の活動に駆りだされたあと、新潟、北陸回りで京都に戻る途中、「各駅で茶の接待を受け、むすびをもらい、富山では西瓜を食べさせてもらった」。そしてそれに続け、「避難民の扱いであるが、むかしの国民的連帯感というものを、あらためて考えさせられる」と書くのであるが、この「接待」がはたして「国民的」な連帯感の表われであったかどうかは、あらためて熟考を要することがらである。

その文章「関東大震災のころ」（『諸君』一九七〇年三月号）のなかで、田中はこうも書いている。

関東大震災というものは同時にまた日本全国をゆり動かしたのではないだろうか。明治以来の固い社会秩序がゆるみ、わたしたちの日常生活にも大きな変化が起こってきた。耐震建築物が丸の内などを中心に数多くつくられ、女性の洋装がしだいに普及し、タクシーが円タクとして一般化し、円本や文庫本が流行するのも、みな震災後の新現象ではなかったろうか。

少し補足しておくと、東京市では震災の被害総額およそ五五億円のうち九三％が火災被害によるものであり、九月二七日に設置された「復興院」と東京市は、以後、土地の区画整理とともに、住宅改良、つまりは建物の耐震・不燃化を急速に進める。（かつて建設省建築研究所所長も務めた藤田金一郎の証言によれば）東京市は道路拡幅とともに市立小・中学校と区役所庁舎の鉄筋コンクリート化にとくに力を入れた。これと並行して鉄筋コンクリート造の賃貸アパートや住宅の供給も進み、震災の翌年、義捐金《ぎえんきん》をもとに内務省の外郭団体として設立された「同潤会」は、大正一五年（一九二六）以降九年間に東京・横浜の一六ヵ所に八六棟（戸数は約二五〇〇）の公営鉄筋アパートを建設した。また、洋装の前提となる国産ミシンの量産は大正一〇年（一九二一）に始まる。大正一三年（一九二四）に大阪で運行しはじめた「**円タク**」（一円均一だからそう呼ばれ、メーター制になってもしばらくはこの名が流用された）は二年後に東京でも営業を開始した。そして**岩波文庫**の刊行開始は昭和二年（一九二七）である。

さて、この震災が揺り動かしたものは大地のみならず、「明治以来の固い社会秩序」であり「わたしたちの日常生活」であったと田中は書いていた。それまでにじわりじわり進行していた社会の構造変容が震災を機にどっと噴きだした。そのおそらくはもっとも劇的な事象が人口の流動であった。

戦時特需に沸いた第一次世界大戦の後、長びく不況はさまざまの労働争議や暴動とともに、離農者の都市への大量流入を招いた。大正九年（一九二〇）、わが国最初の国勢調査がおよそ五六〇〇万人を対象に実施されたが、東京市についていえば、市外からの移入者は一二五万人、東京市の人口およそ二一七万人のじつに五七・五％であった。東京には農村からの流入者を十分に吸収するほどの雇用がなかったので、彼らの多くは零細小売業をなりわいとすることになった。その背景にあったのは、不況時下での財閥による中小企業の吸収であり、親方請負制——工員の多くは親方が郷里から集めた——から大企業による直接雇用（いわゆる「給料取り」）への移行、さらに工場の大規模化とそれにともなう近代官僚制の進展があった（新雅史『商店街はなぜ滅びるのか』参照）。じっさい、一九〇九年時点で二四万余人だった官吏は一九二〇年には六六万人へと肥大化していた。そういう時代の流れのなかで、財と学歴に乏しい農村部出身者たちは、特別な資本や技術を必要とせず、家族で営める零細の商売を始めるほかなかった。一九三〇年代の頭には東京市内は菓子屋が一六世帯に一軒、米屋が二三世帯に一軒という過密な状況、ということは二、三年で転業を余儀なくされるという苛酷な状況にあり、この供給過多が都市人口とその消費量の急速な増大と相まって、物価の激しい乱高下と粗悪品の流通を引きおこすことになる。大正七年（一九一八）の**米騒動**にはじつはこういう背景があった。そしてそこから、一方で、消費者たちの自衛策ともいえる**協同組合**の結成——のちの「生活協同組合」につながる吉野作造による家庭購買組合（大正八年）や賀川豊彦による神戸消費組合・灘消費組合（大正一〇年）の結成——や、自治体による**公設市場**の設置が始まり、他方ではそれに対抗するようにして、のちの「商店街」につながる零細小売商の組織化も動きだした。

ここに見られるのは、一方で都市民が「**サラリーマン**」というかたちで企業の組織に深く組み込まれてゆき、「**通勤**」が労働の主たる形態となったことで、他方では農村共同体を離れた貧民たちが大都市に大量に流入し、そこを漂流しはじめたことで、社会生活の根、もしくは社会の〈中景〉ともいうべき相互扶助の共同体、つまりは地域コミュニティが急速に痩せ細っていったということである。

それは労働の場だけのことではなかった。大正一四年（一九二五）には東京放送局で**ラジオ放送**が始まり、翌年には東京・大阪・名古屋放送局が統合されて「社団法人日本放送協会」が発足する。その頃には電話も普及しはじめ、映画興行も急増していたし、さらに小売商の百貨店化も加速する——明治三七年（一九〇四）に呉服店の三越が百貨店へと鞍替えしたが、ターミナルデパートとしては大正九年（一九二〇）に阪神急行電鉄梅田駅構内に出張売店を出した白木屋が第一号とされる——というふうに、大正期には、その漂流する市民たちを対象とする媒体や装置が次々と生みだされていった。のちの「大衆社会」「消費社会」を象徴するような舞台装置が次々と出現した時期でもある。

柳田国男が昭和五年（一九三〇）に執筆した『明治大正史 世相篇』のなかに、こんな記述がある。

> われわれの生活ぶりが思い思いになって、衣でも食住でもまたその生産でも、個人の考え次第に区々に分かれるような時代が来ると、災害には共通のものが追い追いと少なく、貧は孤立であり、従ってその防禦も独力でなければならぬように、傾いて来る……

柳田はここでかつて地域コミュニティにあった「**共同防貧**」のしくみが崩れ、孤児でさえ共同で育てるだけの「包容力」が地域から消失して、貧窮が「孤立貧」のかたちをとらざるをえなくなった状況を憂えている。「孤立貧」ということでここではまずは個々の家族のそれが念頭にあったのであろうが、昭和も後半になるとその「説くにも忍びざる孤立感」は〈私〉のそれへとさらに先鋭化し、首都の光景も「東京砂漠」と名づけられるまでになる。

柳田はこの本を次のような文で結んでいる。「われわれは公民として病みかつ貧しいのであった」、と。この、「国民」としてではなく「私人」としてでもなく「公民」として「病みかつ貧しい」ということの意味するところはいったい何か。

痩せ細る〈中景〉

七年前に東日本を襲った大震災が鳴らしたおそらくもっとも大きな警鐘は、現在のわたしたちの生活が自身では制御不能な地盤の上にあるということであった。

被災地では、津波の襲来に何はさておき食糧を抱えて高台に住む人の家に集まり、それらの食糧でみなの当座をしのぐという対応が起こりえた。これに対し、震源地から遠く離れた東京とその周辺で人びとが体験したのは、まさに大都市で暮らすことのリスクそのものであった。電車が止まれば自宅に帰ることもままならない生活、震災や雨雪災害で流通ルートが破断すれば、食糧や飲料の調達や電池の補給も途絶え、明日の暮らしにも困るという生活の異様さだ。被害の大小は別として、メガロポリスは「地方」より災害に弱かった。

『「東京」という問題』(『京都新聞』二〇一四年二月一四日朝刊)のなかで、広井良典は、過疎や高齢化に見舞われている地方は自立が難しく、経済的に豊かな東京こそがもっとも自立しているというのは、まったくの幻想だと指摘している。じっさい、エネルギーや食糧の物質的な循環というマテリアル・フローの視点でみると、東京ほど外部に依存している都市はない。発電しかり、食材、建築資材しかり。地産地消ということがほとんど不能になっているのが東京だというのである。くわえて高齢化という視点からすれば、その例外的に厳しい状況にもうすぐ直面するのも東京だという。たしかに高齢化率が高いのは東北や四国などの諸県だが、高齢者の増加数でみれば、団塊世代がやがて後期高齢者となる頃には、その東京に人口の破格的なアンバランスが生まれる。しかも東京は出生率が全国でいちばん低いし、失業率もつねに上位を占める。

現代の都市生活がみずからは制御不能なものを基盤として成り立っているというのは、電気エネルギー源たる原子力発電がその廃棄物の処理に天文学的な時間を要するということとともに、生産と流通のプロセスが世界市場での熾烈なマネー・ゲームに、それを制御するすべもなく深く組み込まれているということである。この後者が、物価や株価の予知不能な変動や、止めようのない格差や過疎化の進行、さらには流通する食材の安全性や、雇用環境や就労条件の劣化などのすべてに関係している。それに人びとは翻弄されるばかりで、政治家や企業経営者ですらそれを制御できないという奇妙な無力感が、時代を覆っている。そのようななかで、制御可能な、ということはみずからの判断で修正や停止が可能な、そういうスケールの「経世済民」の事業を軸に社会を再設計する必要をだれもが感じながら、しかしその設計図が杳《よう》として見えない。

日本社会は明治以降、近代化の過程で、行政、医療、福祉、教育、流通など地域社会における相互扶助の活動を、国家や企業が公共的なサーヴィスとして引き取り、市民はそのサーヴィスを税金やサーヴィス料と引き替えに消費するというしくみに変えていった。一足先に近代化に取り組んでいた西欧諸国が、そうした相互支援の活動を、教区など、行政機構と個人のあいだにあるいわゆる中間集団の活動にあるていど残しておいたのとは対照的に。そのことでこの国は世界でも屈指の速さで長寿化をなしとげたし、停電も、電車の遅れ、郵便の遅配もめったになく、深夜にも一人歩きができるような安全な街というふうに、都市生活の高いクオリティを実現した。

が、それと並行して進行したのが、市民の相互扶助のネットワークが張られる場たる地域コミュニティ、たとえば町内、氏子・檀家、組合、会社などによる福祉・厚生活動の痩せ細りである。人びとは、提供されるサーヴィス・システムにぶら下がるばかりで、じぶんたちで力を合わせてそれを担う力量を、そしてそれにもとづく地域コミュニティの地力を、急速に失っていった。いいかえると、これらのサーヴィス・システムが劣化したり機能停止したときに、対案も出せねば課題そのものを引き取ることもできずに、クレームをつけるだけの、そういう受動的で無力な存在に、いつしかなってしまっていた。

地域での相互扶助のしくみを担うのはたしかに面倒なことだ。町内会も自治会もＰＴＡも婦人会もひどく気を遣うし、いろんな縛りもあって煩わしい。策謀や梯子外し、怨念や嫉妬などもあって、神経を痛めもする。だから人びとは《いのちの世話》の社会システム化に走ったのだが、そのことでたがいにじかに扶助しあう能力もひどく劣化させてしまった。

アニメーションの画像は〈近景〉〈中景〉〈遠景〉、三つの相で構成されているという。これを社会にあてはめると、家族が〈近景〉、公共制度や社会システム、国家や国際社会が〈遠景〉にあたり、その中間に職場や地域のコミュニティが〈中景〉としてあるということになる。〈中景〉とは、端的にいえば人びとの相互扶助の場、コモンな場である。食材の調達から排泄物の処理まで、出産から遺体の処置まで、子育てから介護まで、近所のもめ事の解決から防災まで、人生のどの局面をとっても、他人の力を借りずには何一つやってゆけない。その相互扶助の能力の想像外の劣化を、いいかえると、生活をゼロから立てなおすための知恵も技もじぶんたちがまるで持ち合わせていないことを、東日本大震災に際して人びとは強く思い知らされた。「ふだんできないことは緊急のときはなおのことできない」。そういう声を、じっさい東北の被災地で幾度か耳にした。

国はまるで積荷のゆるんだ大型貨物船のようである。船が傾くと、荷物が全部片より、船は沈んでしまう。

半世紀近くも前のこと、一九七三年に経済学者のE・F・シューマッハーはその著『スモール・イズ・ビューティフル』(小島慶三・酒井懋訳《つとむ》)のなかでこう書いた。人の活動、ないしは共同態のありかたにはそれぞれに相応しいサイズがあるというのだ。個人とシステムがじかに対峙するのではなく、その中間にある適正なサイズのまとまりがなければ、社会は壊れてしまうと。

社会が壊れる?　それは人びとの《紐帯》がほどけるというかたちで起こる。漂流する諸個人と、その生活を支える流通や医療、送電・交通などの制度的、もしくは企業によるサーヴィス・システムとに社会が両極化し、かつて地域コミュニティを支えた人びとの《紐帯》が後者のシステムによって肩代わりされる。だが、システムは自然もしくは人的な災害によって停止もしくは破綻しうる。そのようなときに、どこかからだれかの手がすっと出てくるような相互扶助のしくみが崩れているというのが、社会の近代化過程の最終フェイズにおいて顕在化してくる……。それが〈中景〉の痩せ細りである。

「地《ち》方《かた》」という発想——社会をめぐる「正しい大きさの感覚」

地域コミュニティの崩壊の象徴的な事例として現在よくあげられるのは、都市のシャッター街であり、郊外ニュータウンの住民の超高齢化であり、地方農漁村の過疎化である。なかでも「地方」はその代名詞のようになっている。しかもこの「地方」という語であるが、現在、「地方創生」の名で進められている政策についても、あるいは一般の理解としても、いつも「中央」に対置される。しかし、「**地方**」はかつて「ぢかた」と読み、それが対項としていたのは「中央」ではなく「**町方**《まちかた》」であった。

日本の「町」は、防塁によって囲われたヨーロッパの都市とは異なって、農村部となだらかに、そして頻繁に、交通しあうものであった。『都市と農村』という論考のなかで、柳田国男は、日本の都市が「もと農民の従兄弟」によって作られたという言い方をしている。つまり都市と農村の問題を都《と》鄙《ひ》のそれとして論じるのは不用意だというのである。都鄙として対立するどころか、農村が都市を食糧供給のみならず人的にも支えていた。町人のみならず武士の大半もまた農村から移り住んできた者であった。要するに、生活資材の生産の場である「地方《ぢかた》」と流通と手工業生産の場である「町方」との循環的な関係が、この対語で言い表されていたのである。それぞれの風土に培われたその「ぢかた」は、しかし、近代化の過程で「中央」という単一の中枢に依存せずには生き延びてゆけない「地《ち》方《ほう》」へと均しなみに並べられた。

それとともに、農村の疲弊の原因について柳田はこうも指摘している。柳田は主たる一因は「自然に反した生産の単純化」にあるという。米田一色といわれる集落にあっても、かつて人びとは大豆や野菜を栽培し、蚕を養い、隣村の茶畑にも働きに出た。また工夫を重ねて、養鶏家や果樹園主、牛乳屋や油屋に転業したりした。が、こうした仕事の大部分は「村外の資本事業に取り上げられ、いわゆる農業の純化は甚だしく生存を狭隘にした」。そしてこれがその後、柳田の知るところではないが、ついに農業自体の放棄へと行きつき、大規模な部品工場や原発の誘致といった地域の産業構造の単純化という形をとるまでになった。柳田はこれを書いた昭和四年（一九二九）の時点で「地方《ち》分《ほう》権」も口にしている。中央市場、中央政府のひも付きから脱却し、農村経済の自立性を回復すべきことを、この語で謳ったのである。

（マレーシアの強大なパーム林がその象徴であるような）大規模な栽培によって単一の植生で覆い尽くされてしまった国土、小規模な多品種生産を棄て単一の産業で生き延びるほかなかった地方。そこで潰えてしまったのは、多様な生きものたちの共棲、あるいは人びとの多様な生業の繋がりのなかに宿っていた、あの、みずからをしなやかに復元してゆくレジリエンスの力だ。それを削ぎ、干上がらせてきたのは、それぞれの地域を一つの全体として編んでゆく「国家」の求心的な力学であろう。まさにその力学のなかで、それぞれに自生的な地産地消の地域が、「中央」に対する「地方」として周縁化されてきたのだった。が、「地」とは本来、中心から遠く離れているものではなく、商業や流通を下支えする農を中心とした生産の場所であった。そしてそれが商工業を軸とするそれぞれの町方といきいきと循環しあっていた。

食材、生活財、電力源の確保から金融まで、わたしたちの生活基盤はいま、右で指摘したようにグローバルな市場の論理に翻弄され、もはや制御不能なものになっている。この濁流から這い上がるためになすべきこと、それは、じぶんたちの生活基盤をじぶんたちの手で制御可能なサイズに、社会を立ち戻らせることであろう。いうところの「地方創生」も中央から俯瞰するのではなく、「地《ぢ》方《かた》」として地べたから起こるのでなければ、地力も地盤も欠いたものとなるしかない。

社会というものの適正サイズという問題を、あらためて根本から考えなおさなければならない時代に入ってきているのだとおもう。いいかえると、国家の行政システム、グローバルな経済・金融市場に生活の基盤をそっくり預けてしまわずに、いざというときに駆動できる生活者としての地力をどう蓄えておくかという問題である。そのための生産と流通のしくみ、育児・介護などの素手での相互扶助が可能な地域コミュニティ、いざとなればすぐに帰宅できる就労先との距離等々の適正なサイズがどういうものか、そのチェックをいま、きちんとしておかないと、これからの暮らしは立ち行かなくなるのではないかという漠とした予感が、多くの人びとの意識のうちに、じわりじわりと染み込んできているようにおもう。じっさい、複数の身体が、ぶつかり、きしみあい、相互に調整しあうなかで、リアリティは立ち上がる。それを岩盤に社会のリアリティも生成する。その生成の場所、つまりは、ナショナルな、さらにはグローバルな産業経済と金融の（もはや経営者ですら制御不能な）システムに翻弄されることなく、じぶんたちの協働によってじぶんたちで制御可能なしくみをどのように構築したらいいのだろうか。以下では、きわめて限られた事例ではあるが、京都と大阪における「**学**

区」という、ある意味きわめて特殊な地域コミュニティのしくみとその功罪を考えるなかで、これからの社会の「正しい大きさの感覚」のありようを探ってみたいとおもう。

一つの事例――京都・大阪における学区制度

文部省の設置に先立つこと二年、京都では明治二年（一八六九）に、全国に先駆けて六四の小学校が、近世以来の町組を基盤に「番組小学校」として、新築で、あるいは町家を増改築したり、宮家・公家・寺院などの建物を転用したりなどして、一斉に開校された。柳池《りゅうち》校を先頭にたった七ヵ月間のうちにである。大阪ではそれより三年遅れ、明治五年（一八七二）に、七九ある区ごとに有力者が土地家屋などを寄進して建設費を調達し、これまた次々と開校した。児童数は平均して六〇〇人ほどといわれる。明治九年（一八七六）の時点で開校したのは計八一校である。しかもそのうち五〇校が新築である。当時の全国平均が一八％というから、そして東京市で公立の小学校ができるのは明治三〇年代から四〇年代にかけてであるから、京都・大阪での小学校教育の先進性には眼を見張るものがある（以下の叙述は、川島智生の『近代大阪の小学校建築史』ならびに『近代京都における小学校建築 1869-1941』に多くを負う）。

先に、大阪の小学校から見てゆこう。

制度的にいえば、学校開設は「**学区**」制度に基づいていた。「学区」においては、各地域が経済的にも政治的にも一定度自立しており、不動産等の税金も区内で自由に使えた。そういう独立性もあって、教員の採用も、校舎の建て替えも、地主や自営業者など地域の実業家たちが担った。学校にはその「学区会」の会議所も併置され、道路清掃や汲み取り、徴兵などについても協議された。

校舎のデザインについていえば、当初はもっぱら擬洋風のデザインであったが、明治二〇年代以降、御殿造りと本格的な洋風とが主流になってゆく。明治三五年（一九〇二）に（小学校の煉瓦造としては日本では最初で最後の）総煉瓦造りで建設された船場小学校は、大正一二年（一九二三）には隣に白タイル張り、ステンドグラスで飾られた白亜の学舎を建設する。地下には室内プール、上階にはサンルームや茶室、集会室、水洗便所などが配されていた。これらはみな、他市とは違い、役所採用ではない民間建築家に設計を依頼するのが普通であった。

大正期から昭和の初めにかけて（とりわけ右の船場小学校の増築を初めとし大正末期に集中して）、**鉄筋コンクリート造り**へと建て替えがなされた。大正期に一〇校以上の鉄筋コンクリート造校舎を建てたのは東京市、大阪市、神戸市の三市のみであった。とはいえ、東京、神戸は市の営繕組織が設計したが、大阪は民間建築家の登用を続けた。ただ、これは大阪中央の市街地に限られたことであって、周辺部の人口急増地域は市が財政援助したのだが、その多くは木造建築であった。

大阪市の場合、鉄筋コンクリートへの建て替えは、大正一五年（一九二六）にピークを迎える。その理由はなんとも意外なところにあった。昭和二年（一九二七）、大阪市は、地区ごとに経済的にも政治的にも自立していた「学区」制度を廃止する。市中心部は土地の単価が高く（学区に還元される）税収が多いのに対して、市周辺部は急激に人口が増え、いわばスラム化した貧窮地区となっていた。その格差が問題になったのである。

ランプ、製紙、フランネルなどの零細工場の多い地域、周辺の重工業地帯、遊興・娯楽場や酌人置屋の集積する地域、「細民」たちの棟割長屋の集まる地域、市民の住まいよりも（本社を別の地に置く）営業所がより多く設けられている地域、雇用にありつけない人たちが吹きだまるドヤ街に「貧民窟番付」に載るような地域……。地域ごとの格差は歴然としていた。とりわけ市周辺の地域には、市中から排除された木賃宿が蝟集するとともに、外部から流入した人口が集中し、「二畳一間に五、六人の家族がひしめいている」長屋が夥しくあった。たとえばその典型ともいわれる大正初期の南長柄は、住民のほとんどが借家の長屋住まいであり、職業も大半が「男は手伝、土方、車夫、羅宇仕替、傘直し及び会社の職工等、女は屑拾、屑買、コークス選職工等」といわれるように、「都市雑業層の町」であった（酒井隆史『通天閣――新・日本資本主義発達史』参照）。

そこでこの不平等への対策として、「学区」を廃止して市の直轄とし、貧窮学区を市が経済的に支援しようとしたのだが、「学区」制度の廃止は、独自に多くの財産を所有し税収も多い富裕地区にとってはその財源が没収されるわけだから、当然大きな損失となる。そこで富裕地区の実力者たちが狙いをつけたのが、これに先立ち大正一三年（一九二四）に決定されていた学校施設の標準化の推進と校地・校舎の市への移管という施策を逆手にとって、その移管前に市からの借入金によって小学校を建て替えるという方策であった。いずれ学区の償還金が市に引き継がれることになるので、それを見越しての改築である。しかも、学区制度の廃止後は建築設計も市の業務となるので、それ以前に完成するようにすれば自分たちが雇った建築家に設計させることができる。学区の財産を市に引き渡す前に財産の有効利用をする、その負債はいずれ市に引き継がせる。これが大正一五年の建築ラッシュの理由である。集英、汎愛、船場など富裕学区の小学校の新築校舎は当然のように贅を尽くしたものになった。それまでも貧困学区を念頭に置いた交付金制度はあったが、それは利子込みの元金返済を求めるものであった。その交付金制度を、大きな担保能力のある富裕地区が、学区廃止という不利益を受け入れる見返りに巧妙に活用したのであった。要は駆け込み需要である。そして貧困地区がこの制度に追随するのはその後である。

こうして学区廃止前に三三の豪華な鉄筋コンクリート造りの学校が生まれた。それぞれに個性的なファサードを付け、とくに裕福な地区では、水洗便所、エレベーター、屋上庭園、室内プール、日光浴室、サンルーム、児童食堂、児童集会所、図書館、雨天体操場などが併置された。学校によっては商業学校、家庭科の女学校が併設されもした。

鉄筋コンクリート造の団地は昭和二〇年代から出現し、その前身が昭和の初めにできた関東の同潤会や大阪日本橋の改良住宅だから、この時期の小学校の鉄筋コンクリート造は画期的なものといえる。多くは四階建て、地下を入れて五層になっていたし、またこの頃の大阪市は日本でいちばん土地の値段が高かった。そのうえ工事費用は木造の二倍かかる。目立った鉄筋コンクリート造の建造物といえばせいぜい百貨店くらいのそのような大正期に、最先端の建築法が小学校に導入されたわけである。

これと並行して、国では大正一二年の関東大震災以後、文部省が設定した建築基準に依拠した設計、の標準化が試みられたにもかかわらず、大阪ではきわめて個性的な装飾を凝らした校舎が可能だったのは、右の学区制度廃止直前の駆け込み需要があったからである。そして次の大きな転機は、昭和九年（一九三四）、室戸台風の襲来（関西大風水害）にあった。このとき木造校舎の小学校群が大被害を受けた。とくに環状線の外側の一八〇の小学校が倒壊し、うち一〇三校の建て替えがなされることになった。経費が嵩むので、コストを下げるため「標準化」が他市より大がかりに試みられた。簡便な鉄筋コンクリートの建物で、ファサードは類型化され、徹底した無装飾の方針がとられたが、他方、日照、換気など室内衛生工学に依拠した設計でもあった。こうして画一化した外観の小学校群に生まれ変わった。

一足先に動いていた京都の小学校建設も、鉄筋コンクリート化は大阪より遅れたとはいえ、基本的にはおなじ流れのなかにあった。

京都では、学区制度が廃止され、小学校の管理・運営が市へ移管されるのは、大阪の昭和二年（一九二六）よりもうんと遅く、昭和一六年（一九四一）のことである。したがって校舎の鉄筋コンクリート造への建て替えも、大阪よりもやや遅れて昭和二～五年に集中する。京都市建築課による最初の鉄筋コンクリート造の建築は大正一一年（一九二二）にすでになされていたが、その「標準化」は昭和九年の関西大風水害による復興事業時にようやく取り組まれることになる。その時点ではいうまでもなく番組小学校はまだ学区制度の施政下にあった。

さてその「学区」制度について、建築史家・川島智生は次のように総括している。

〔日本の小学校は〕昭和戦前期までは地域単位で運営がなされていた。そこでは小学校の経営をはじめ校舎の建設事業は完全に地域に委ねられており、と同時に小学校に関わる費用は受益者負担を口実として地域の負担によるものとされていた。そのようなシステムは村落に限定されるものではなく、むしろ大都市部においてより強固に機能していた。すなわち、一つの都市において独自の財政を有する地域が都市内の小学校の数だけ都市の内部に存在するという、学区制度の施行が根幹にあったことによる。

京都府は明治二五年（一八九二）、府令で小学校設備規則を公布し、それにもとづいて学校設備改善のための改築を指示したのだが、その建設費についていえば、一部は新政府からの補助金が充てられたものの、大半は学区の負担だった。学区による校舎建設の財源は、各町内に割り当てられた寄付金や学区の積み立て金もあったが、そのほとんどが起債（市からの借り入れ）によるものであった。これを決めたのは、最高決定機関としての「学区会」であり、それには学区内の名望家二名と区会議員一二名と学校長とが「学務委員」として参画していた。学区の積み立て金は学区独自の徴税によるものであったから、学区によっては当然、支払い不能な世帯もあったろうし、また学区間の見栄というか競争心から建物の佇まいにも差が生まれ、富裕学区と貧困学区の格差もいやでも顕在化した。

もう一つ注目しておくべきことは、この「学区」が、「税制も含め行政制度の最も末端の制度」として機能しており、その要として小学校があったということである。つまり番組小学校は、地域の会議所、コミュニティセンター、地域産業の展示会場としても機能しており、その初期には官吏の出張する行政の出先機関であり、衛生実施や警保の場所でもあった。大正期以降の鉄筋コンクリート造への建て替えのなかでも依然として作法室など和室が設置されたのも、昭和前期までは小学校が依然として地域コミュニティの中心として機能していたからであろう。

〈地域社会圏〉という発想――コモンの成り立つ場所

京都と大阪で、文部省の設置よりも先に民間で小学校の大量設置に動けたのは、疑いもなく、近世期における上方での教育の普及と地域コミュニティにおける富の集積があったからである。いいかえると、富裕な市街地においては、地域社会の運営はじぶんたちで責任をもつという「公共」の精神の中にそれぞれの市民がしかと組み込まれていたからだろう。そういう「民」の自立――福沢諭吉のいう「私立」――はしかし、「民」の力であるとともに、かの小学校の建て替えへの駆け込みに見られたように、「民」の狡知でもあった。

米騒動後、大阪府・市は学区間の格差の解消に取り組むとともに、困窮する「**細民**」たちのために、簡易食堂、職業紹介所、共同宿泊所、託児所、乳児院、児童相談所や公民館、公設市場の設置といった社会事業にも積極的にあたった。

困窮はいま一つ、別のかたちでもあった。米騒動を、当時の寺内内閣は「ことさら被差別部落出身者による煽動、犯罪として扱い、事件の矛先をズラそう」としたが、司法省は起訴された被告たちおよそ七〇〇〇人の身元ならびに生活調査を実施した。松山巖が『群衆――機械のなかの難民』に記載するところによると、その結果判明したのは以下のような生活程度の分類であった。

安全なるもの〔家族三四と仮定し之に対し月収百円以上あるものの類〕　一五〇名
稍裕なるもの〔同上百円内外のもの〕　五五九名

余裕なきもの〔同上五十円内外位のもの〕　二四八二名
窮迫なるもの〔同上三十円内外位のもの〕　三二四三名
極端なるもの〔同上無収入及び二十円内外位のもの〕　五七九名

結果は一目瞭然、「余裕なきもの」「窮迫なるもの」が突出して多い。調査の直前に、芥川龍之介は海軍機関学校の嘱託教官になっているが、彼の月俸は六〇円であったというから、「余裕なきもの」たちの月収五〇円前後の暮らしはそれまではなんとか生活しうるものであっただろう。とすれば、「米騒動は、それなりの収入があった階層が急激に生活に余裕を失って参加した」ということになると、松山は推量する。この時代、社会のいわゆる中間層は急速に困窮を深めていったのであった。そういう社会の格差とそれによる分断のなかで、格差を縮小するため、行政が税を一括して徴収し、再分配するために、かの「学区」制度を廃止したのは頷けることであった。

が、そのことで地域コミュニティの一つの可能性が抹消された。民による〈自治〉である。一定の予算権がともなわねば〈自治〉は完きかたちでは成り立たない。住民たちの相互扶助という、そのコモンな機能、パブリックな機能が、地域コミュニティから「官」としての行政へと移管されたのである。これが、市民の多くが就く労働の「給料取り」化、そしてそれがもたらす職住不一致の生活、さらには鉄筋コンクリート造の公営集合住宅の定型化とそれによる家族の標準化および内部化と連動しつつ、都市生活の〈中景〉の痩せ細り、つまりは都市の「砂漠」化と〈私〉の漂流とをもたらしたのであった。

富裕であることが〈自治〉の条件なのではない。そうではなくて、地域コミュニティが生業の場所でなくなり、その財を共有して地域のために事をなす算段もまたできなくなることが、〈自治〉を崩すということである。現代のわたしたちの住宅事情をふり返れば、ほぼ徹底的ともいえる職住不一致のなかで、地域コミュニティは経済圏から引き離され、生産ではなく消費だけの空間になっている。個々の生業を相互に編むネットワークも相互扶助のしくみも、行政や企業のサーヴィス・システムにほぼそっくり移管されている。いやいや、消費すら、高度成長期以降、流通システムの大規模チェーン化に依存するかたちでしか成り立たなくなっている。

コミュニティがぎりぎりまで縮小し、「一住宅＝一家族」という住まい方が普遍化した現在、本来人びとの相互扶助であるべき負担がことごとく家族に押し被せられることになって、もはや単独では賄うことが限界にまできているのが、地域社会の現状だとすれば、わたしたちはふたたび、これまでとは違うかたちであれ、地域コミュニティのレジリエントな力を回復してゆかねばならない。みずからは閉じたプライヴェートな空間にいて、コモンなものは行政やディヴェロッパーが委託した管理会社にまかせるのではなく、コモンなものへと身を開いてゆかねばならない。それを《地域社会圏》として構想する建築家・山本理顕は、近著『脱住宅』のなかで、それは人びとが住まう場所を同時に（小さな）経済圏としても再生させることなしにはありえないと言う。八百屋やパン屋をいとなむにしても、菜園で採れた野菜の漬け物をお裾分けしたりハーブティーをふるまったりするにも、周辺の人に受け入れてもらえなかったら商売じたいが成り立たないからである。ともに住む人たちの相互承認と共存繁栄（地域のにぎわい）が経済活動の前提だからである。いいかえると、経済活動こそ人びとの意識を外へ、コモンなものへと開いてゆく。

山本は、そういう《地域社会圏》を構想するにあたって京都市内の「両側町」というしくみに着目する。ブロックとしての街区ではなく、街区と街区のあいだの街路を中心とした空間を、町の単位《ユニット》にしようというのである。町衆の暮らす「両側町」では当然のことながら各家が向かいあうかたちで開いている。一方、下級武士たちの侍屋敷は門で閉ざされており、門構えは外と直接の関係をもたず、外に対して格式を示すだけである。侍屋敷は下級武士という城勤めのサラリーマンの給与住宅であり、それがサラリーマンという近代の賃労働者の住宅となり、戦後の公営集合住宅へと変化してゆくという「単線的な歴史」から、これからの住宅設計はきっぱりと離れないといけないというのである。

もちろん《地域社会圏》が暮らしのすべてではありえない。流通や交通や情報のシステム、さまざまなサイズの市場のシステムなしに現代生活はありえない。グローバルなコミュニティから家族のような極小のコミュニティまで、さまざまに異なる水準に同時所属しているのが現代人である。が、暮らしの根っこはあくまで共同態であって、システムではありえない。だからこそ、過剰なシステム依存の生活から「民」による共同態の最低限の自己管理へと、暮らしの基盤となる位相をもういちど転換する必要がある。

勤労とはとりもなおさず、一日の大半を生活の場所とは異なる地域で働くことである。つまり一種の出稼ぎ。暮らしの場を留守にするこのミニマムの出稼ぎがいつのまにか仕事の普通のかたちになった。この過程で起こった二つのことが、わたしたちのいう〈中景〉の痩せ細りの理由となっている。

一つは、人びとが生計を立てるためになすさまざまな活動が「労働」として一括りにされていったこと。働く人が抽象的な「労働力」として、労働市場で選別され、売り買いされるものになったこと。いま一つは、「勤め」以外の活動が余暇のそれとみなされるようになったこと。なかでも家族を世話し養う「家事」や、家の普請の手伝い、祭の準備など地域での活動が仕事に数え入れられなくなったこと。この二つが、以後、仕事のあり方、地域の暮らしぶりを大きく変えることになった。

かつての「地方《ぢかた》」における家業のような生業《なりわい》にあっては、男も女も、ひとりの人が複数の技を身につけていた。仕事の合間に、隣近所の人に、家や備品の修繕を頼むとか、魚を捌いてもらうとか、さまざまの技術を提供しあうということが、暮らしのあたりまえの光景としてあった。地方の半農半漁の暮らしのなかでも、それぞれに塩作りや酒造り、建築や土木の技術を身につけ、その技を交換していた。その技を活かして農閑期には出稼ぎに出たりもした。そのことで人びとはおのずから複数のコミュニティに所属することになっていた。人びとの結びつきはそういう意味で、勤労と消費を軸とする現代の都市生活に比べ、はるかに流動的であった。じぶんがここという場所にいる理由、いていい理由、いなければならない理由が、もっと見やすかった。

若者たちがいま、「勤労」へと痩せ細っていない「複業」という仕事のあり方を志向し、そしてそれらの仕事をつうじて人びとが多様につながれる回路を、だからまた子どもをいっとき近所の人に預かってもらえるような関係を、じぶんたちの手で編んでゆこうとしているのだとすれば、そのセンスにはきっと大いなる希望が宿っている。

（鷲田清一）

民　生——生存権・生活権への出発

「民生」委員百周年と「ケアリングコミュニティ」

二〇一七年、民生委員制度が百周年を迎えたとして多くの記念行事が催された。しかし、この百周年の起点とされたのは一九一七年に岡山県で創設された「**済世顧問**」制度であった。その翌年には大阪府で「**方面委員**」制度が設けられたのをはじめとして、各地でさまざまな名称をもった社会福祉事業が展開されてきた。「**民生委員**」が正式な制度的名称となるのは、第二次世界大戦後の一九四六年に「民生委員令」が公布され、それまでの「方面委員」が民生委員と改称されて以後のことになる。さらに現在では民生委員は児童委員をも担うため、「民生委員・児童委員」と呼ばれている。このように、民生委員という名称自体は一〇〇年を通じてあったわけではない。しかし、民の生死、民の生活、民の生計などに係わる「民生」問題が、正面から取り上げられることになったのは「大正という時代」になってからであった。

こうした沿革をもつ民生委員制度は、その運営において「無報酬の報酬」という精神が強調され、民間ボランティアに依存してきた。そして今、この運動や制度に着目するのは、「地域包括ケアシステム」や「ケアリングコミュニティ」などの考え方が提示されている日本社会の福祉の今後のあり方を考えるために重要な示唆を与えてくれるように思われるからである。それは超高齢少子社会に直面し、「二〇二五年問題」への対応を迫られている日本社会にとって避けては通れない課題というだけではない。世界的にも不可避の問題となっている「地域社会とボランティア」との関係を考えていくための一つの参照事例としての意義をもつはずである。これに加えて、一九九五年の阪神・淡路大震災以降、次々と地震や洪水などの災害に見舞われ、さらに首都直下型地震や南海トラフ大震災に備える必要に迫られている日本社会にとって、災害ボランティアによる支援活動と行政との協働をどのように図っていくのかも、喫緊の課題として立ち現れている。

顧みれば、一九一〇年代から一九三〇年代に至る時代は、日本における社会福祉事業と福祉法制の揺籃期であるとともに、一九二三年の関東大震災を体験し、その復興や罹災者救済が進められた時代でもあった。そこではさまざまな制度設計が模索された。何よりも特筆しておかなければならないことは、一九一〇年代には民生の保障としての国民の「生存権」が主張され、さらには単に生存するだけでなく生活の質を確保する「生活権」の確保が提言されていたという事実である。「生存権」の保障という考え方は、けっして第二次世界大戦後に制定された日本国憲法において初めて唱えられたものではない。それは隠れた思想水脈であるかもしれないが、民生委員制度として一〇〇年を経た、「民の生」を地域社会においていかに保障し維持していくかという試みの源泉を示すものであった。その原点を確かめ、それによって世界に提示しうる日本の可能性について探ってみたい。

二〇二五年以後問題

さて、「二〇二五年問題」と称されている問題は、二〇二五年に問題が終わるというのではなく、むしろそこから始まるという意味で「二〇二五年以後問題」と呼ぶべきなのかもしれない。

二〇二五年が問題となっているのは、一九四七年から四九年までに生まれた「団塊の世代」約八〇〇万人が後期高齢者といわれる七五歳以上となり、六五歳以上の高齢者が三五〇〇万人に達すると推計されている人口動態にある。こうした高齢者の増加は、日本史上、初めて直面する事態である。

一九二六～三〇年における日本人の平均寿命は、男性四四・八二歳、女性四六・五四歳であった。それからほぼ一世紀を経た二〇一六年には男性八〇・九八歳、女性八七・一四歳となって過去最高を更新し、男女とも香港に次いで世界第二位となった。総人口でも一九二〇年に最初に行われた国勢調査で五五九六万人であったものが、二〇一五年の調査では一億二七〇九万人となっている。そして、二〇一八年には一〇〇歳以上の人が七万人を越え、四八年連続で過去最多を更新する見込みである。人類史上でも稀な「人生一〇〇年時代」が、日本社会に訪れつつある。

もちろん、問題は単に高齢者の比率が高まるというにとどまらない。高齢者世帯や独居老人の増加は、医療費や介護費の増大とその財源確保の問題、介護・医療従事者の人手不足などの問題への対応を迫られることになる。そして、社会保障費の増大は生産年齢人口の人々にのしかかり、増税につながる。年金などを含めた社会保障給付費は、二〇一五年度には約一一四兆円だったものが、二〇二五年度にはおよそ一・三倍の一四八兆円に膨れ上がるという推計もある。

このような事態を視野に入れて提示されているのが、「病院完結型」の医療から自宅や地域で直す「地域完結型」の医療への転換である。これは従来の日本の医療体制が入院患者に対して短期的に集中治療をおこなって社会復帰を図るというものであったのに対し、今後は生活習慣病などの慢性的疾患や複数の持病をかかえた高齢者を支えるための介護と医療に対応した体制へ移行するというものである。そこでは高齢者の病気を「根治する医療」ではなく、病気と共存しながら生活することを「支える医療」が重視されることになり、「病院から在宅へ」というスローガンに示されているように、自宅や高齢者住宅などがある居住地域において医療と介護とを連携させて支援するシステムの整備が必要となる。このシステムは、民生委員や住民やNPOなどの「地域の支え」によって運営するもので、「地域包括ケアシステム」と呼ばれている。そこには高齢者ができるだけ在宅で過ごすことによって社会保障費を抑える狙いがある。

しかし、在宅者への訪問診療や介護に二四時間対応するための人材を確保することは容易ではない。そこでは、医療機関と訪問介護・看護事業所などが密接に連携したうえで、地域住民の支援が不可欠となる。ここで想定されている支援する地域住民とは、民生委員のほか自治会や老人クラブなどのボランティアである。こうした地域におけるケアシステムについての考え方として、「ケアリングコミュニティ」や「地域包括ケアシステム」などが提唱されている。そこで焦点となるのは、要介護状態になっても住み慣れた地域で自分に合った暮らしを続けられるシステムであり、それは要するに地域をいかに作り直していくのかという問題に帰着する。

これと関連して、「二〇二五年以後問題」として考えなければならないのは、超高齢社会が死亡する人が急増する「多死社会」となるなかで起きる、看取りという問題である。現時点では、およそ八割の人が医療機関で亡くなっているが、「病院から在宅へ」の転換が進めば自宅や高齢者住宅などで看取りが増加することになり、それに対応できる体制を整える必要がある。そうでなければ、自宅や高齢者住宅などで最期を迎えようと思っていても、本人の意思には関係なく病院に救急搬送されて死去するという事態が生まれることになる。

このように「二〇二五年以後問題」にどのように対応していくのか、という問題は地域と人との繋がり方と密接に関連してくる。だが、考えてみればこのような「地域包括ケアシステム」とは、一周回って「民生委員」制度が構想された一〇〇年前の時点に立ち帰っていくことになるのではないだろうか。

もちろん、福祉国家制度を体験した社会とそれ以前の社会とは質的にまったく異なる。また、人口構成や社会資本の蓄積にも違いがある。その事実を前提としながらも、限定された国家財政の下で、地域社会における「民生」をどのような住民参加によって支えていくのかという課題において、同じような状況にあるのではないか。そうであるとすれば、起点に立ち帰ることによって、問題解決の糸口と繰り返してはならない問題点を見出すことも必要となるのではないだろうか。

自助と細民

日本で最初に生活困窮者に対する救済法として制定されたのは、一八七四（明治七）年の「**恤救《じゅっきゅう》規則**」である。恤とは、憐れむ、という意味で、「恤救」で気の毒な人に思いをめぐらし、情けをかけて救うという趣旨であった。ここに明らかなように、「恤救規則」は支配者たる天皇が恩恵を施して貧困者に手をさしのべるという思想に基づくものであった。しかしながら、その前文に貧困状態にある者の救済は「人民相互の情誼」によってなされなければならないと規定されていたように、貧困者に対しては家族・親族そして隣人などが扶養をおこなうことが基本原則とされていた。それは誰からも助けを得られず、苦しみを訴える相手さえない「無告《むこく》の窮民」だけをやむを得ず公費をもって救済するという制度であった。こうした制限的な救済の対象者となったのは七〇歳以上で労働不能の者・老衰者・廃疾者・一三歳以下の孤児・極貧者などに限られ、篩《ふるい》にかけて落ちた米（下米《げまい》）相場に基づいた米代が現金で支給された。

このように日本で最初の救貧法は、自治体が救助義務を負うイギリスの救貧法などとはまったく異なって家族や隣保による相互扶助を基本とし、それを支配者による慈恵的救済によって補うというものであった。その不備を改めるために、一八九〇年の第一回帝国議会には労働能力はあっても災厄などのために自活不能となった困窮者などに対しても市町村が救助するという「窮民救助法案」が提出された。しかし、この法案によれば困窮者が救助を求める権利を認めることになり、保護要件を満たしていない者までが権利を要求しかねないといった反対意見などが出て廃案となっていた。

こうして「恤救規則」の下では、市町村ではなく官＝中央政府による救済が基本とされ、公的救済は特別に慈恵的に与えられるものであって、民の側から権利として主張することはできないとする思潮が支配的であった。この官による救済の対象とならなかった困窮者に手をさしのべたのが、民による慈善事業である。石井十次《じゅうじ》の岡山孤児院をはじめとして、監獄の教誨師《きょうかいし》でもあった留岡幸助が少年教育のために設けた感化学校（現在の北海道家庭学校）、野口幽香《ゆか》が貧困家庭の児童のために設立した二葉幼稚園（現在の二葉保育園）などが救貧活動を担うことになった。さらに、キリスト教社会主義者の片山潜《せん》が一八九七年に東京・神田三崎町に設立したキングスレー館は、片山がロンドンで視察したセツルメント運動をモデルとして作られたもので幼稚園や小僧夜学校、女性むけの西洋料理講習会などを開いて地域福祉事業の拠点となることをめざすものであった。また、労働者の自立やキャリアアップを図るための教育文化活動として、職工教育会や労働者月次《つきなみ》懇親会などが開催された。セツルメントとは、スラムに住み込む（settle）という語から生まれたもので、日本では「隣保事業」とも呼ばれたように官による救済を受けられない民のための民による救済事業であった。

以上、概略を見てきたように、明治期においては恤救規則が定められたものの、困窮者救済という機能は極めて限定されたものであり、民間の慈善事業が補完的に機能したに過ぎなかった。そして、それを問題と考える社会的意識も少なかった。なぜであろうか。それは福沢諭吉『学問のすゝめ』、内田正雄『輿地《よち》誌略』と並んで明治の三大ベストセラーの一つであったスマイルズ『自助論』（Samuel Smiles, *Self-Help*. 1859）の中村正直による翻訳書『西国立志編』（一八七四年）などに代表される自助論の浸透があったためだと考えられる。

『西国立志編』は、当時としては異例の一〇〇万部以上を売り上げたといわれ、教科書にも採用されたりしたが、序文に掲げられた「天は自ら助くる者を助く」という言葉が人口に膾炙《かいしゃ》したように、自助努力を説くものとして普及していった。それは努力は必ず報われて人生の成功者となることができる、逆に成功できない人は努力が足りないからだ、社会的な脱落者となるのは怠けている報いだ、自業自得だといった自助論と一体となった惰民論としても受け入れられた。『西国立志編』ではまた「邦国および人民のみずから助くることを論ず」として独立自営した人民こそが、国家の独立を支える存在となるという思想が説かれたが、それは福沢諭吉が『学問のすゝめ』で主張した「一身独立して一国独立す」という議論とも相通じるものであった。それは主権国家としての独立を追求するために要請された思想であったことは間違いないが、裏返して言えば、自立自営できない人間は国家の独立に役立たない不要な存在とみなすことに他ならなかった。

このような自助論と並んで明治期を通じて強い影響力をもったのは、社会進化論であり、そこでは適者生存や優勝劣敗が人間社会を含む自然法則として主張された。これに従えば、社会的に成功した者は優者として生存していくのに反し、貧困に苦しむ者は劣者に過ぎず、不適者として生存できないのは理の当然として切り捨てられることになる。もちろん、こうした議論に対しては、人間には自然権としての人権が天与のものとして与えられている。さらに社会的動物である人間の世界に生物進化論をそのまま当てはめようとする社会進化論は誤っているとして天賦人権論を支持する馬場辰猪《たつい》らと、社会進化論を唱える加藤弘之との間に、いわゆる天賦人権論争が展開された。論争そのものには結着がつかなかったが、以後の日本社会では自助論と社会進化論が浸透し、現在でも貧困は自己責任であるといった議論が根強い。一八七四年に制定された「恤救規則」が、幾度も改正案が出されたにもかかわらず、一九三一年まで五七年間も生き続けたのもそのためであった。殖産興業と富国強兵が国家目標とされた時代にあって、国際的な生存競争に勝ち残ることが第一義であり、国民の生存は個人の責任と隣保相扶によって維持すべきこととされたのである。

こうした状況を観察して、日本の実態は富国強兵ではなく、「貧国強兵」ではないかとの疑念を呈したのが、中国の梁　啓超《りょうけいちょう》であった。梁啓超は康有為《こうゆうい》らとともに明治維新をモデルとして清朝の改革を図る変法自強運動を展開し、失敗した後に日本に亡命していたが、明治国家の下で暮らすなかで国家としての強盛が国民生活の犠牲のうえに成り立っているのではないかと観察していたのである。

確かに、日清・日露戦争を経て、日本では国際的には列強国となったとの自負も生じ、第二次産業も発展を遂げていた。しかし、その反面で労働力が農村から都市部に集中することによって、多数の低賃金労働者と都市雑業者が生まれるとともに、労働力が流出した農村部では従来の共同体的な隣保相扶も崩壊しつつあった。加えて、一八九一年の濃尾地震、一八九六年の三陸大津波、そして一九〇五年以降に頻発した東北地方の大凶作など自然災害による打撃も重なったことによって、都市と農村に「**下層社会**」が生まれ、それが「**社会問題**」として立ち現れてきていた。こうした「下層社会」に居住する人々は従前からの窮民と併せて「**細民**」と呼ばれるようになり、「細民」への対応は治安維持にとっても重要な政治的課題となったのである。

生存権と生活権

「大正という時代」とは、まさにこうした「細民」への政治的対応に向けて出発した時代であった。それを象徴するのが、一九一一年から内務省が東京や大阪の都市下層労働者居住地域でおこなった「**細民調査**」であった。この調査では世帯主の職業、家計状況と食費の割合などの基礎統計が取られ、これを契機として生活困窮が個人の能力や努力という次元の問題にとどまらず、社会的な構造に起因する「社会貧」であるとの認識が現れることとなった。

こうした時代認識を背景に、国民の生きる権利と幸福追求権を天賦人権論に基づく基本的人権としてだけではなく、人間に価する生活を営むために国民が国家に対して保障を要求する権利としての社会権として提示する議論が早くも一九一二年に主張されることになる。明治から大正へと元号が代わったこの年の五月、社会政策学会第二回地方講演会で経済学者・福田徳三は「**生存権**の理論」について論じたが、これを元に福田はオーストリアの法学者アントン・メンガーの社会権論を援用して一九一六年に「生存権の社会政策」を発表する。その主旨は、「人の要する所は生存なり。労働もその産物もこの生存を維持する手段に過ぎず。もし社会権が社会政策の基礎たる可《べ》きならばそれは生存権ならざる可からず」として、社会政策が実現しなければならないのは社会権の基礎としての生存権の保障に他ならないと主張するものであった。

そして、「生存権の社会政策」を実現するために不可欠な手段となるのが「新しい真のデモクラシー」であった。それが「新しく真」であるのは、旧来のデモクラシーが制限選挙権などによって有産者だけで運営されてきたのに対して、国民全体、「殊に財産なく労働にのみ衣食する大多数人民のデモクラシー」として社会全体のために実行される点にある。真のデモクラシーはソーシャル・デモクラシーとして参政権的側面だけでなく、国民全体の「経済上の安固、生活の保障」としての「生存権」を実現して初めて真の意義をもつはずであった。

福田の「生存権」についての議論は、一九一八年に全国的に広がった**米騒動**に際しては、「極窮権(Right of extreme need)」の提示として現れる。福田によれば、米騒動は国民の妄動的暴発などとして軍隊の出動によって制圧すべきではなく、根本的な問題を解決しない限り再発する可能性があるものであった。すなわち、国民が暴力に訴えてまで米を手に入れようとするのは、それなしには生存できないという極限的な困窮状況に追いつめられた末での自衛的な権利の実行に他ならず、それを否定する権限は政府にもないというのである。

福田は、「政治とは畢竟、民の生存を保障し安全にするを第一とすることを全然没却したに対する人民自衛権の発現」(「極窮権の実行」『中央公論』一九一八年九月号)として、「極窮権」の国民自身による発動を認めた上で、米騒動事件を教訓として「国民生活の安全保障を政治の第一義」とする経済政策を実行していかなければならないと力説した。ここには「国家の安全保障を政治の第一義」とした明治思潮とは異なり、「国民生活の安全保障を政治の第一義」とする「大正という時代」の思潮の一端が示されている。この「国民生活の安全保障」という考え方は、一九九三年に緒方貞子やアマルティア・センなどによってまとめられた国連開発計画(UNDP)における「人間の安全保障」という考え方にも通じるものであった。

福田の「国民の生存権」保障という提言は、その後、イギリスの美術評論家ジョン・ラスキンの「生存を楽しむ」という思想に示唆を得て、生存権を保障することによって「社会の各員が子供に至るまで年寄りに至るまで不具廃疾の者に至るまで、何ものをかその天分に応じその境遇に応じて日々に時々刻々に何ものかを造り出しつつあり得る」(「如何に改造するか」『黎明講演集』一九一九年五月)社会を実現すべきだとする主張へと展開していった。

福田によれば、自らが何ものかを創造しているという実感をともなった労働に従事することが「本当の幸福」であり、労働によって「生を営む」ということは、単に生活資料を得るだけではなく、自らの働きによって創造しているという感覚を実感し、生活を楽しむ「**営生権**」に基礎づけられるべきものであった。福田は生存権を労働権などと並ぶ社会権とみなし、「極窮権」と「営生権」のふたつが生存権の骨幹をなすと主張したが、同様に刑法学の牧野英一や民本主義者の吉野作造なども生存権の実現を要求していた。吉野も社会問題を解決するためには「貧乏の根絶」や「分配の不公平」を是正するだけではなく、「いやしくも人間として生まれた以上は、何らかの方法を講じて各々の生活を保障して遣《や》らねばならぬ」（「社会問題とは何ぞや」『婦人公論』一九二〇年四月号）として、生存権の保障を民本主義の内実をなすものと考えていた。

こうした「国民の生存権」としての民生論に対して、さらに「国民の生活権」としての民生論を主張したのが日本における消費経済学の開拓者の一人であった森本厚吉であった。森本はその著作『生存より生活へ』（文化生活研究会出版部、一九二一年）の標題に端的に示されているように、人間としての基本的権利として「**生活権**」こそが保障されるべきであると訴えていた。森本は吉野作造や有島武郎らと文化生活研究会を組織していたが、そこで追求していた文化生活とは、単に生命を維持するために生存することではなかった。また、経済的に安定したライフサイクルを送ることだけでもなかった。注目すべきは、「生活権」という概念を提唱するにあたって、森本がこれを英語で right to decent living と表現していたという事実である。「生活権」とは、人として慎み深く、品位を保つことのできる生活を送る権利を指していた。「生活権」とは露命をつなぐだけの一生を送るのではなく、人間としての個性を発揮していくための生活としての「**文化生活**」を享受する権利でなければならなかった。それは生存権とは次元の異なるものであり、「従来叫ばれて居った生存権の提唱は、今日では生活権の主張に変ぜなければならない」と明確に断言していたのである。

福田徳三は、内務省社会局参与として第二次世界大戦前では数少ない社会的立法の一つに数えられる「借地借家臨時処理法」の立法化を関東大震災後に進めた。しかしながら、福田や牧野・吉野らの「生存権」の要求も、森本の「生活権」という提唱も、広く国民の支持を得るには至らなかった。それが具体的な法権利として享受されるためには、第二次世界大戦後の日本国憲法の制定を待たなければならなかったのである。

「民生の測候所」としての方面委員制度

このように国民の「生存権」や「生活権」が論じられるようになると、それまでのように単に生活困窮者を救うための「救貧」だけでなく、生活困窮者の増加とさらなる困窮化を防ぐための「防貧」が政策課題として浮上してくる。このため慈善事業、感化救済事業などと呼ばれる民間の社会事業が内務省によって奨励されることになったが、それは貧困対策における国家的な責任を回避するものであった。社会事業を推進した内務官僚は、窮民救助は治安対策として重要であり、社会事業は勃興してきた社会主義と個人主義に対する予防策であるとみなしていたが、それを支持する官僚は内務省でも少数派にすぎなかった。

こうした内務省の対応を厳しく批判したのが、法務省や内務省で監獄法や感化法などの施行に携わっていた小河滋次郎《おがわしげじろう》であった。小河は「窮民の救済は政治的当然の任務であって、いずれの時代においてもこれを閑却して国家為政の活動ありということは出来ぬ」(『社会問題救恤十訓』一九一二年)と断言したうえで、「政治の方面に当然、為《な》すべきことを為さずして徒《いたず》らにその責任を私営慈善の領分に譲るがごときに至りては、実に言語道断と言わざるを得ぬ」として貧民救済は国家が責任をもって取り組むべき課題だと主張していた。

小河は国家が責任をもつ救済事業を充実させることを要求していたが、貧困の形態が千差万別である以上、画一的な行政対応では完全な救済を期待することはできないことを知悉していた。そのため行政的な救済事業では窮民を網羅できないだけでなく、「網羅しうるものと仮定しても、公的機関のみに由りて遺憾なき救済保護の精神的活動を望むことは不可能である」として、民による自主的活動を併用する必要があると考えていた。さらに窮民の救済は、単に財政的補助だけではなく、日常生活における精神的なケアを伴ったものでなければならないとして、「私的慈善事業の働きが、むしろ公的救済の経営を監督指導するの権威を持つまでに健全なる発達を遂げしめんことを理想とすべき」であると主張していた。こうした政府批判を重ねていた小河は、中央官界では疎んじられていったが、小河の意見に賛同し、大阪で救済事業を実施するために迎え入れたのが大阪府知事の大久保利武（利通の三男）であった。

大久保の招聘によって一九一三年に大阪府救済事業指導嘱託となった小河は、限られた行政費の中で民間のボランタリズムと社会行政を接合することによって救済事業をおこなうために、民間人有志を集めて貧困の調査と救済の網の目をめぐらす施策に着手した。一九一三年には行政担当者や民間活動家、ジャーナリストなどを集めて救済事業研究会（後、社会事業研究会と改称）を設立し、貧困問題について自由に意見を交換し研究する場を設け、機関誌『救済研究』（後に『社会事業研究』と改題）を刊行した。『救済研究』には大久保利武が「発刊の辞」を寄せたが、そこでは「文明の進歩、人口の増加は、人類の生存競争をして益々激甚ならしめ、その結果また幾多の弱者をして、劣敗の運命に陥るを免れざらしむ。これ豈《あに》文明の犠牲者にあらずや。然らば即ちこれを救済し、これを保護し、以て各その所を得しむるに努めるは、これ独《ひと》り同族相愛の本能を発揮し、人類共通の理想を実現するゆえん」であることが宣言されている。大久保は救済事業を公がおこなうことを否定する論拠とされた生存競争論に基づく自己責任論を否定し、貧困問題が文明問題であり、これを解決することは人類共通の理想であることを明言したのである。貧困問題が個人の怠惰や能力に帰責することのできない文明問題である以上、救済事業がどのように実施されているかは一国の文明の程度を測る標準となるべきはずであった。さらに救済事業の根拠として「同族相愛の本能」を挙げたが、この考え方は社会進化論に対抗する新時代の思潮として受け入れられた社会連帯《ソリダリティー》思想に基づくものであった。

大久保は、大阪が商工業が最も盛んな大都市であるがゆえに「商工業の発達進歩と共に競争激烈となり優勝劣敗の結果、貧民孤児などの数は益々多きを加え来り、近き将来において社会がこの点に注意を惹《ひ》くの必要を感じるに至るべきは明らかなれば啻《ただ》に人道問題の上のみならずまた実に社会政策としてこの問題を閑却すべきにあらず」(『救済研究』創刊号、「告辞」)と主張したが、貧民・孤児問題は大阪に限られた社会問題ではなかった。

一九一六年、大正天皇から岡山県における貧民問題について問われた笠井信一・岡山県知事は、実態を把握していなかったため帰県後に調査した結果、県民の一割が生活困窮状態に置かれていることを知り、ドイツのエルバーフェルト市(現在のヴッペルタール市)における名誉職救貧委員制度を参考に一九一七年五月から済世顧問制度を実施していた。**済世顧問**は「県下市町村の防貧事業を遂行し、個人ならびに社会を向上せしむることを以て目的」とするもので、済世顧問は郡市長の推薦によって知事が委嘱することになっていた。「済世顧問は名誉の職となし、これを優遇す」（第七条）とされたが、これは「民衆を治むるに民衆を以て治むべき」（岡山県済世制度二十年史編集委員会編『岡山県済世制度二十年史』一九三六年）という考えに基づくものであった。

大阪府でも小河滋次郎らが救済事業研究会において日本の隣保制度、イギリスの慈善組織協会、アメリカの児童保護制度、エルバーフェルト市の制度などについての研究を進めていたが、一九一八年に起きた米騒動によって早急に対応することが必要となった。大阪府では大久保利武に代わって知事となった林市蔵《はやしいちぞう》の主導によって一九一八年一〇月、方面委員制度が公布された。その趣意書に「我々委員は社会《せけん》のため人道のため弱き人や不仕合せな人達の味方となって出来るだけ犬馬の労を惜しまぬ覚悟」であることが宣言されたように、方面委員は林市蔵が提唱した「無報酬の報酬」によるボランティアであることに最大の特徴があった。「物質本位」「権力本位」の官に対し、「精神本位」「円満無礙《むげ》」な民によるきめ細かい対応が救済事業に不可欠であると訴えていた小河もまた「その仕事は全く掛け値なしの捨石的犠牲であり、縁の下の力持ち」である方面委員の活動に期待をかけていた。小河はまた「住民の家計状態の調査や救済指導を行うには男子より婦人が適任である。もし婦人の力を加えることができたら今以上立派な成績を修めることができるであろう。婦人の力の加わらない社会事業はあたかも塩気のない料理のごときもの」であるとして、方面委員として女性が活躍することに期待を寄せていた。

方面委員制度は、大阪市と隣接する東成・西成両郡を三五の方面に分け、五二七人の委員を任命することから始まったが、この方面の区分けは小学校区に基づくものであった。小学校区によって方面分けがおこなわれたのは、それが住民の生活空間の基礎であり、住民の事情に通暁した校区内の民間有志を方面委員として委嘱することが最適だと考えられたからである。

方面委員は区割りされた方面ごとに分担して家庭訪問をおこない、その調査結果をカード式台帳に記入して幾度も訂正を重ね、その調査結果に応じて適切な対応策を方面委員の会合で話し合って具体的な措置を施していった。小河によれば、方面委員が「民衆生活の全般に渉って、現実的具体的および不断的に、その時々刻々に変化しつつある事相」(『社会事業と方面委員制度』一九二四年)を正確に調査し、対応することによって「乱救」を減らし、救うべき人を見逃す「漏救」を防ぐことができるはずであった。小河にとって社会事業は行政官だけが担うべきではなく、「人と土地の情態を知る」「常識的な人格者」たる民間人が主体となって進めるべきものでなければならなかった。そうした人々を集め、同じ目的をもって協働していくことこそが「社会事業の民衆化」に他ならなかったからである。しかしながら、方面委員に任命されるのは、多くの場合は地域の有産者であったため、階級間の対立が顕在化することも避けられなかった。そのため小河は中産階級を主体とする方面委員の活動を通じて階級間の融和が進むことにも期待をかけており、「ミッドル・クラスが本尊となり、ブルジョアとプロレタリアが脇本尊となり、三尊相依り相助くること、すなわち社会各階級の一致協力あること」を理想としていた。

こうして大阪で始められた方面委員制度は「民衆の社会的生活状態」である「民生」を、その実態に即して調査し把握していくためのシステムでもあった。大阪の方面委員制度はその後、全国的に普及していくことになったが、その推進力となったのは自らも極貧の母子家庭で苦労した経験をもつ林市蔵であった。林が方面委員制度を導入した契機として、新聞売り親子の哀話が流布されたが（この逸話に因む銅像が大阪市の淀屋橋南詰に設置されている）、その虚実は措いても林が終生にわたって方面委員や民生委員制度の拡充に尽力したことは否めない。

林や小河らは方面委員制度が「社会民衆生活の気象台または測候所」となることを、また方面委員が市民の「生活上の測量技師」としての役割を担うことを期待してやまなかった。林は、方面委員が自分だけで解決できない問題や共有すべき知識などについて意見交換し合う場として方面常務連合会や月番制度による役員会議を毎月開催したが、これには行政担当者や民間の宗教家・教育者・慈善事業家なども参加していた。林は、それぞれが担当する方面で生じた救護に関する事項を報告し、それについての対応策を話し合う研修の機会となる会議を講習会などよりもはるかに実効性のある場として重視し、「方面道場」と呼んでいた。小河も方面委員が忌憚なく語り合う会議を「最も意義のある社会大学の延長であり、また社会科学の活きたるラボラトリューム（実験室）である」と評価していた。福祉教育が整っていない状況のなかで、福祉を担う人材を育成するための大学拡張運動の一環として方面委員の会合を捉えていたのである。

もちろん、大阪で方面委員の活発な活動が維持されたのは、仏教やキリスト教による慈善事業が寺院や学校を舞台として積極的におこなわれていたという基盤の上に、「地域住民としての自治の力と、ボランタリズムによってなされる自由な創意工夫の力」（『大阪市民生委員児童委員制度90年史』二〇〇八年）があったからに他ならない。大阪では地域社会の組織として学区組織や衛生組合などが活発に機能していたことや商業都市として自営業層が多く実行力もあったことが大きく作用したのである。

民生委員と「有償ボランティア」

大阪府で創設された方面委員制度は、その後、全国各地に普及していったが、運営方法や名称などについても地域的伝統などに応じて、それぞれに異なっていた。埼玉では福利委員、青森・福島・鳥取では共済委員、岐阜では奉仕委員、滋賀・北海道では保導委員、石川では社会改良委員、兵庫では救護視察員、京都では公同委員などと称されたが、これらの名称には事業に対する意義づけが込められていて興味深いものがある。

このうち京都について言えば、京都では中世末に生まれた自治自衛の隣保組織である「町組」が住民の生活安定を図る相互扶助を担ってきていた。この「町組」が明治時代に「公同組合」に改組され、その連合体として「連合公同組合」が組織されていた。そして、大阪府の方面委員制度をも参照して京都府では一九二〇年八月に旧京都市内に「公同委員」五二〇名が置かれ、生活困窮者の調査や救護にあたっていった。このように各地の委員の多くは、伝統的な自治組織や名誉職を基盤としていたのである。

こうした地域的な多様性と独自性をもって活動していた各地の委員が合同して進めたのが、「恤救規則」に代えて「救護法」実施にむけての要求であった。救護法は一九二九年に制定されたものの、実施が延期されたために各地の委員は「救護法実施期成同盟会」を組織して陳情活動を展開していった。そして、一九三一年の天皇への上奏運動を契機として「全日本方面委員連盟」が結成されたが、一九三二年一月に救護法が施行されると制度の統一が必要となり、一九三六年に「方面委員令」が公布されて方面委員制度が全国統一の制度となったのである。そして、戦後、林市蔵らの働きかけによって一九四六年に「民生委員令」によって民生委員と改められ、現在では民生・児童委員として活動している。児童委員は、一九四七年に公布された児童福祉法によって設けられたもので地区の子どもたちを見守り、子育ての不安や妊婦の相談・支援をおこない、児童委員の中から児童に関することを専門的に担当する主任児童委員が指名されている。

このように民生・児童委員は、市町村の小学校通学区域を担当区域としてボランティア活動を続けてきたが、二〇〇〇年の「民生委員法」改正によって民生・児童委員の役割が保護指導から住民の立場に立った相談支援へと重点が変更された。民生委員がボランティア活動として続いてきた背景には、「困った時はお互い様」「向こう三軒両隣」といった相互扶助観念があったが、何よりも「無報酬の報酬」という無償性に支えられてきた。

しかし、現在、民生委員制度は大きな転機に立たされている。民生委員は、業務の性質上、個人や世帯の情報を知ることが必要となるが、個人情報保護法などが施行されてプライバシー保護が重視されることによって、名簿作成などのための情報提供を拒否する事例が増えるなど活動が制約されてきているからである。さらに多様化する職務などの過重負担にも応じなければならないことから民生委員の定数不足という問題が出てきている。その反面で社会的孤立者・経済的困窮・幼児虐待・高齢者の安否確認など、日常生活圏のなかで適切に対応しなければならない事態は増加している。

一〇〇年にわたって続いてきた民生委員制度は、地域における住民の生活を維持するうえで貴重な社会的資源として日本社会で機能してきた。そして、今後の日本や世界にとっても一つの可能性を示唆するものであることは間違いない。だが、委員不足という難問から目を逸らすこともできない。この難問を解決するためには、民生委員と同様に無報酬で奉仕活動している保護司や人権擁護委員などを含めて一定の身分保障と活動権限を与えるなど、制度そのものを再検討することも必要となってきているのではないだろうか。

マックス・ウェーバーが指摘したように、「民主主義というものは、名誉職にある金持ちによって安い費用で治《おさ》められるべきか、それとも有給の職業官僚によって高い経費で治められるべきか、そのいずれかひとつを選ぶ以外に道はありません」（濱島朗訳『社会主義』講談社学術文庫、一九八〇年）というのが真実であるとしても、解決策は二者択一ではないはずである。既に二〇一五年度以降、「介護保険法」改正によって「地域包括ケアシステム」の構築が課題となり、そこではボランティア活動を持続させるために必要となる最低限度の経費を負担する「有償ボランティア」という考え方も提示されている。

本来、ボランティアとは報酬や相手からの見返りなど求めないはずである。しかし、ボランティア活動には交通費などの必要経費がかかることも否定できない。そうであるとすれば、ボランティア活動を息長く続けていくには過度な負担をかけないだけでなく、「有償ボランティア」という可能性を考える時が来ているのかもしれない。この問題はまた、約三〇分以内で必要なサービスが提供される日常生活圏として中学校区が想定されている「地域包括ケアシステム」における地域の住民が相互に支え合う機能を備えたケアリングコミュニティの範囲と運営をいかに作っていくか、という課題とも切り離して考えることはできないはずである。

（山室信一）

震　災——言葉の崩壊から新しい意識へ

言葉が壊れてゆく

「震災」は地震による災害のことだが、「震」はかならずしも大地が震えることだけを意味するのではなく、自然（あるいは地球）の震えそのものへの、驚き、恐れ、おののきに通じて、大地への基本的な信頼（「ベーシック・トラスト」中井久夫）が失われることを言う。それが「災」となることの一つは、それまで使用していた人間の言葉もまた壊れることにある。言葉が人間から逃げる。あるいは、言葉が人間を見捨てる、と言ってもいい。「震災」に直面した人間は、それまであった既成の文化、思想や表現の「亀裂」をこそ見出す。

「**関東大震災**」は大正時代に国内で起きた最大の「災」であった。現在、二〇一一年三月一一日の東日本大震災の経験を通してこの大災をふり返ると、「災」という踊り場で、関東大震災と東日本大震災の間で約九〇年という時間の隔たりを持ちながら、同じ言葉が生まれており、共通した人間の意識変容を見出すことができる。

大正一二年（一九二三）九月一日午前一一時五八分。関東地方をマグニチュード七・九の大地震が襲った。震源は神奈川県相模湾沖で、被害は神奈川県の湘南地方が最も著しく、東京府、静岡県、千葉県、埼玉県、茨城県、山梨県、茨城県の一府六県に及んだ。死者・行方不明者は約一〇万五〇〇〇人、全壊は約一〇万九〇〇〇棟、半壊は約一〇万二〇〇〇棟、焼失は約二一万二〇〇〇棟（全半壊後の焼失を含む）とされている（『理科年表』二〇一八年版）。

この大災直後、内務省の臨時震災救護事務局は大正一二年一〇月、災害の実情を記録し報告するため、総務部内に震災志編纂係を置き、三年後の大正一五年（一九二六）九月、内務省社会局編『大正震災志』（上下二巻、『大正震災志附図』、『大正震災志写真帖』の合計四冊）を刊行した。後に「関東大震災」と呼ばれることになるこの大災は、内務省では「大正震災」と称した。上巻の「正記　第一篇叙説」冒頭は、次のように述べている。

大正十二年九月一日、秋とは云へど、残んの暑さは煎りつけるやうに烈しく、湘南房総の海岸にはまだ暑を避ける人達が滞留してゐた其日の午に近い、午前十一時五十八分四十四秒に俄然として大地が震動し、引きつゞいて大小の余震が日となく夜となく襲来して、歓楽の巷も平和の村も大自然の威力に脅かされた。（中略）明暦の大火・安政の地震は物の本に見え、故老の語草には聞いてゐたが、眼前に起つた絶大の惨劇は、此等に比して猶遥に惨虐の程度が深酷で過大であつた。アンチオキアの震害、ロンドンの火災、メッシナ及桑港の震災は猛烈であつても、之を今次の破滅に比すると、猶其程度と範囲とに於て到底同日の談ではない。／有史以来未曾有と称せられた大震火災に依りて、恟々たる人心は更に引き続いての流言蜚語で、さらぬだに昂奮したる神経をいやが上に刺激し、戦々兢々として殆ど適従する所を知らざる有様であつた。

客観的な事実を報告するにあたって、冒頭の言葉はさながら講談のような語り口である。このことが逆に報告者の昂奮を伝えている。また、歴史上の他国の大災と比較して「大正震災」が「有史以来未曾有」とされているところが特徴である。「アンチオキアの震害」は、ローマ帝国時代の五二六年、シリアの都市アンチオキア（現トルコの「アンタキア」）が大地震によって壊滅したことを言う。「ロンドンの火災」は、一六六六年にロンドンで起こった大火のことで、市内の八五パーセントが焼失し、以後、木造建築は禁止になった。「メッシナ」は、イタリア・シチリア半島にある都市メッシーナで、一九〇八年、大地震と津波で約六万人が犠牲になった。「桑港の震災」は、一九〇六年にアメリカ・カリフォルニア州のサンフランシスコを襲ったマグニチュード約七・八と推定される大地震のこと。大正時代に入って、第一次大戦後の日本が世界と互角の立場になったという報告者の意識が、このように世界の歴史上の、そして直近の西洋の大災害との比較をさせたとも言えるだろうか。また、被害の甚大さの報告と同時に見逃せないのは、人々の心を惑わせた「**流言蜚語**」が記されていることである。大地震の翌九月二日、「戒厳令」を布告するために政府が利用したのもこの流言蜚語であった。

「文明」に向けられる懐疑の目

この大地震の名称に関しては、初期には震源地を明瞭にするために「相模灘大地震」とする意見もあった（須田晥次「相模灘大地震の真相」、『思想』一九二三年一一月号）。事実、相模灘に面した地方の家屋の倒壊と死者・行方不明者数は甚大で、伊東や熱海には大津波が押し寄せた。横浜も激震のために建物は壊滅状態になった。交通と通信機関が全滅したため、横浜港に停泊中の汽船コレヤ丸の無電を使って、内務大臣、警視総監、船橋海軍無線電信所、関西の県知事や横須賀軍港停泊中の軍艦、新聞社などに大地震の報告と救援を要請したのが、無電による震災の第一報とされている（『大正震災志』上）。

東京では地震よりは火災による被害が突出していた。地震発生が家庭で火を使う昼食時の時間帯であったこと。また、台風が中部地方から東北地方へ移動中で、風が強かったことにもよる。東京ではとりわけ隅田川沿いにあった陸軍本所被服廠跡地に避難した下町の人々が火災旋風に巻き込まれ、一挙に三万八〇〇〇人が犠牲になった悲劇が起きている。

日本の近代都市の象徴として成立していた「帝都東京」で、煉瓦造りの文化施設の大半は倒壊した。浅草に聳えていた凌雲閣（「浅草十二階」と呼ばれた煉瓦建築の塔）や丸の内のビル群、大蔵省、文部省、外務省、警視庁をはじめとする官公庁の建物や、帝国劇場、三越日本橋本店、当時、東洋一の監獄と称されていた豊多摩監獄などが大破あるいは倒壊した。これ以降、都市の大規模建造物には**鉄筋コンクリート造り**が奨励されるようになった。隅田川に架かる橋も焼け落ち、昭和初期にすべてが鉄橋に付け替えられる。都市中心部の景観がこの震災以降変わったのである。新宿、渋谷などが発展し、私鉄沿線の郊外に住宅地が広がり、郊外から都心の勤務先に通うという、現代につながる**サラリーマン**の生活スタイルが始まった。

先に引用した須田晥次の論文の末尾に、「総ては改造の世に際して居る。地震学も正に改造さるべき機運に際会して居る」（前出）とある。「**改造**」という言葉はこの大災以後、すべてのジャンルで流行するようになった。**ロシア革命**（一九一七）の一年半後の大正八年（一九一九）四月に創刊された総合雑誌『改造』は、総合雑誌『中央公論』（一八九九年創刊）を手本として出発しながら、より急進的な内容を持つことで読者層を広げたが、この雑誌のタイトルは大正時代を象徴する言葉となったのである。

関東大震災は近代に入ってから日本が最初に受けた大災であった。このとき、知識人たちの多くは自然と人間との関係に目を向けざるを得なかった。また、東京の都市文化と第一次大戦以降の日本の成り上がりぶりを批判した。そしてそこでのさまざまな提言は、二〇一一年三月一一日の東日本大震災以降の提言とも見間違うほどに、同一の主題に突き当たっていたのである。

「この大震災、大火災に面して誰しも直ちに感ずることは、絶大な自然の暴力に対する人間の無力である」と論じたのは安倍能成《よししげ》である（「震災と都会文化」、『思想』一九二三年一一月号）。彼は「我々は自然の暴威の前に文化其者を否定するに先だつて、先づこの貧弱なる東京文化を否定しなければならない。いやいや我々が否定するまでもなく、事実は余りにも之を否定してしまつた」と言い、矛先をこれまでの近代都市東京の文化に向ける。「我々は帝国劇場に西洋名手の音楽を聴き、東京会館の食堂で西洋料理を食ふことによつて、余りに自分を文明人と思ひ過ぎて居た」。そして、「自然がこの人間の増上慢に報復して恐ろしい一撃を喰はした時、人間は今更の如く自然との距離を意識する。しかもこの距離の意識は又切に自然との融合を願はしめる。この敬虔な心持の下に人間の力を緊張さすことは、かかる時に生き残つた我々の責務であらう」と述べる。

三宅雪嶺《せつれい》も東京の都市文化を批判しながら、大災後の人々の言葉について次のように述べている。

人々相ひ集まり互に語り合ふ際一応大災難の実況を述べ、扨《さ》て云ひ合はしたやうに云ふ処は外でもない。『誠に大変なことであつた。こんなになるとは思はなんだ。けれども之迄余り上つ調子であつて、今度のことがよい戒めにならう』といふのである。上流でもさう云ふのがあり、中流でもさう云ふのがあり、下流でもさう云ふのがある。余り上つ調子で止めどがなかつたとは、誰れ云ふとなく一般に一致して居る。（「震災関係の心理的現象」、前出）

これがこの時代の気分であった。そしてそのような日本人の一致した意見の時代背景を、三宅は次のように要約した。

上つ調子は一朝一夕のことでなく、明治大正を通じ種々の出来事がありながら、総じて割合に順調つゞきであり、二大戦役で世界強国の仲間入りし、世界戦役で戦場より遠ざかり、債務国が債権国となり、五大国の一に進み、或は三大国の一に進み、欧州ほど苦労せずに欧州より利益を得、有頂天にならうとする。戦場から遠く離れ、地理のために幸福を得たといふもの丶、何としても気楽に打ち過ぎ得るので、上つ調子にならずに居れぬ。東京でも大阪でも市区改正が進行し、大きなビルディングが勢揃ひし始め、温泉や、海水浴場や、景色のよい地や、別荘のないものは人でない勢である。それがそのま丶過ぎ得る時、何の怪しむところのなかつたが一たび大災難に遭ふや、夢の醒めたやうな心地せずに居れぬ。

日本が欧州での第一次大戦終了後も**シベリア出兵**などで戦争を継続していたことは、当時の国民には知らされていなかった。

茅野蕭々《ちのしょうしょう》は、一概に東京の都市文化を否定しない。「東京を中心とした我が国の文明が、その根底の極めて薄弱であり、外観に比して著しく内容の不充実であつたことは我々も之を否むものではない。しかしその必然的結果として、大震が起り得たものとは何人と雖《いえど》も信ずることは出来ないであらう」と冷静に述べる（「認識による征服（断想三章）」、前出）。「この恐ろしい事実を何等かの意味に於て精神化し、我々を全く無視して其の行程を続けて居る自然に迫つて、その活動に参与し、之を人間的に有意義ならしめたい、人間に対する自然の破壊力をも、自然の一部分たる人間の精神によつて、人間に対する化育の力を変じ度いとの願を禁じることは出来得ない」。そして、大災がもたらしたものとして、「兎に角物の所有と生死とに対する観念の変更は、殆ど避け難い必然の結果ではあるまいか」と言う。また、大震災によって所有の意識と生死観が変わったと述べた上で、「更にまた顧みて自己生存の不安をどうすればよいのであるか」と踏み込んでいるのが、茅野の特徴である。思想界においても、文学界においても、今後、大震災が与えた影響が必ず現れる、いや現れてほしいという願望を述べる。

詩人の魂が斯うした大震災に際して感動なしに過ぐることが出来ない限り、何等かの形に於てその作品の上にもそれが現れなくてはならないであらう。（中略）文学芸術が絶対に個性の所産であるに係らず、その個性はまた同時にその時代民衆の一員であり、一面その詩人自らの思想感情であると共に、他面には何等かの関係に於て時代民衆の声で無くてはなるまい。（中略）私の関心事は作家等の魂がこの変災に会して如何なる方面に動くかといふ点にある。

関東大震災以降、「自己生存の不安」を通して、言葉が変わらざるをえない、いや、「何等かの形に於てその作品の上にもそれが現れなくてはならないであらう」という茅野蕭々の提言あるいは予測は、東日本大震災の直後にも、文学芸術家たちが同じように主張したことであった。大地震によって大地への信頼が揺らいだとき、表現者は自らの表現に「亀裂」をこそ意識したのである。

人々はこれまで享受していた「文明」に懐疑の眼を向けた。東日本大震災では、福島第一原発が津波に襲われた結果、水素爆発が起こり、放射能汚染が広がり、原子力発電という「文明」に対して、強い懐疑の眼が向けられるようになった。それまでの所有の意識を変えさせ、人々は本能的に自然と向き合おうとした。思想界においても文学界においても、既成の思想や文学作品をかつてと同じようには、受け取れなくなった。罹災者たちにとっては、人間の生と死に対する「観念の変更は、ほとんど避け難い必然の結果」（茅野蕭々）であった。すべての言葉をもう一度、初期の状態へ戻して、震災で壊れた建物の瓦礫の上を素足で歩くような、そんな新たな言葉が求められた。それは大震災直後の一時的な現象であったかもしれないが、その思想と表現の「亀裂」こそが、関東大震災と東日本大震災に共通する人間の意識変容のありかたを示している。

以下、当時のメディア及び知識人たちの発言のなかから、キーワードとされた言葉を記しておこう。

精神

総合雑誌『改造』は、先にも述べたように大正時代を象徴するタイトルをもって創刊されたが、『改造』大震災号（一九二三年一〇月）は、その巻頭言に「大国難に当面して」と題し、「大改造の実際戦を担当」することを次のように宣言している。

我が国人は永遠に大創見の域に達せず、永久に模倣者として第二義的人種たるべく想像された。しかし今回の大国難に遭逢した人々は百年の精神的鍛錬を飛躍して更に深刻なる創見を迫られたのだ。我有史来かほどまでに崇高の念を味ひ得たことはなく、かほどまでに最深の人間味に泣いたこともなく、そしてかほどまで協力、互助の精神を未得したこともあるまい。／災厄の為めに家産を傾け、妻を失ひ、児を失ひ、或は一家全滅し、類族全滅し、帝都を全滅し、沈痛なる悲劇は彼処にも此処にも起つた。この荘厳なる出来事によつて人力の総和力も自然の威力に対して遥かに遜色あるを示した。／しかし我々はこの悲壮なる災厄に逢て人力の対抗力の度を知り、人智の自然を征する深刻なる力が未だ韜されて綽々たる別地あるをも知つた。我々は涙ぐましいほど深刻になつた。怖ろしいほど、底気味悪いほどの光景を仰いで徹底せる人生観に逢着したのだ。だが、自然が人類の力を殺いだ所に人間としての深みは湛えられ、大自然の威力に震慴して頭も上げ得ぬ裡に、鬼神も三舎を避くる勇猛心が培われた。そして大自然に反逆し、大自然を征服する堅牢なる鉄意志が完成したのである。（中略）伝統をすてて新しい感情に生き、新しい倫道に就き、旧世界と潔く袂別して新しい世界建設に努力するのが我々の当面せる正しい任務であり、そしてぃとしい児孫への義務ではなからうか。（中略）復興とか、再建とかそうした退嬰的思想に囚はれず、全然新日本を建設する覚悟を以つて摯実なる精神文明の新建に当面すべきだ。日露役に数倍せる物的損失も、我々の緊張と、努力とを以つてせば何者かあらん。我々は此機にあくまでも大改造の実際戦を担当して宿年の経綸を行なふべきである。

「精神的鍛練」と「精神文明の新建」という日本人の「**精神**」を強調したこの発言は、当時もっとも一般的で、各メディアで喧伝された考え方であった。震災後、日本人に「大自然を征服する堅牢なる鉄意志が完成した」と述べられているが、そんなものは「完成」していなかったにもかかわらず、「国難」に対して「精神文明」を日本人が情熱を持って呼号したとき、思想としてファシズムを呼び込む危険水域に入ったことを示している。

天譴

大震災は罹災者の年齢によって受け止め方が異なる。年齢と立場の相違がいかに異なった意見になるか。当時八三歳であった財界人・渋沢栄一の「天譴《てんけん》」説は最も有名で当時も賛否両論が沸き起こったが、東日本大震災の後も、この「天譴」説を踏襲する意見が復活した。

日本は明治維新から僅々数十年を出でずして世界列強の班に入つた。この長足の進歩は世界の均しく驚嘆する処である。と同時に我が国民の自ら顧みて衷心聊か自負する処が尠くなかつたと思ふ。私は近頃我が国民の態度が余り泰平に狎れ過ぎはしないかと思ふ。順調に進み平穏に終始すれば、勢ひ精神の弛廃するのは已むを得ない処かも知れないが、我が国民が大戦以来所謂お調子づいて鼓腹撃壌に陥りはしなかつたか、これは私の偏見であれば幸ひであるが兎に角、今回の大震災は到底人為的のものでなく、何か神業のやうにも考へられてならない。即ち天譴といふやうな自責の悔を感じない訳には行かない。（渋沢栄一談話「大震災と経済問題」、『龍門雑誌』一九二三年一二月）

以下は渋沢の「天譴」説に反論する二つの意見である。当時三一歳の芥川龍之介は、人間が太刀打ちできない「自然の冷淡」を言う。同じ意見は当時三五歳の菊池寛にもあった。また、当時一八歳で、東京で一番高い七階建てビル「第一生命」のエレベーター・ボーイをしていた秋山清は、渋沢の「天譴」説に怒りを覚えたことがきっかけで詩人となった。

自然

この大震を天譴と思へとは渋沢子爵の云ふところなり。誰か自ら省れば脚に疵《きず》なきものあらんや。脚に疵あるは天譴を蒙る所以、或は天譴を蒙れりと思ひ得る所以なるべし、されど我は妻子を殺し、彼は家すら焼かれざるを見れば、誰か又所謂天譴の不公平なるに驚かざらんや。不公平なる天譴を信ずるは天譴を信ぜざるに若かざるべし。否、天の蒼生に、——当世に行はるる言葉を使へば、自然の我我人間に冷淡なることを知らざるべからず。／自然は人間に冷淡なり。大震はブウルジヨアとプロレタリアとを分たず。猛火は仁人《じんじん》と潑皮《はっぴ》とを分たず。自然の眼には人間も蚤《のみ》も選ぶところなしと云へるトウルゲネフの散文詩は真実なり。のみならず人間の中《うち》なる自然も、人間の中なる人間に愛憐を有するものにあらず。大震と猛火とは東京市民に日比谷公園の池に遊べる鶴と家鴨《あひる》とを食《くら》はしめたり。もし救護にして至らざりとせば、東京市民は野獣の如く人肉を食ひしやも知るべからず。（中略）同胞よ。面皮《めんぴ》を厚くせよ。「カンニング」を見つけられし中学生の如く、天譴なりなどと信ずること勿《なか》れ。（中略）同胞よ。冷淡なる自然の前に、アダム以来の人間を樹立せよ。否定的精神の奴隷となること勿れ。（芥川龍之介「大正十二年九月一日の大震に際して（三、大震に際せる感想）」、一九二三年九月）

怒りと詩

エレベーターを運転中に関東大震災に遭遇し、ようようエレベーターを這い出す。そのあと二、三日、被災した都心を歩きまわる。朝鮮人襲撃の流言蜚語が流される中、そんなことはありえないと町内の自警団の人たちを説得。しかし、その数日後、下宿していた大家さん（麻布区龍土町三三番地）から出て行くようにいわれ、追い出される。／秋、新聞に子爵渋沢栄一の、関東大震災は、日本人が奢侈《しゃし》に流れ、ぜいたくになりすぎたことへの天譴である、との談話が載る。これに対し、抑えがたい怒りがこみあげ、その思いを長い文章に綴る。これが詩らしきものを書くキッカケとなる。（「秋山清年譜」、『秋山清著作集』別巻）

大災以後の流行語の一つに「**この際だから**」という言葉があった。「こんなときだからぜいたくをつつしもう」という反省の意味で使われたのだが、後に「奉仕のため」、「良品の廉売」などという広告コピーにつながった。震災のために一時的に縮小した消費生活が、震災後は大量化と大衆化へ向かい、「この際だから」という言葉は庶民レベルでその呼び水となったのである。

永井荷風（当時四四歳）は、震災によって崩壊した東京を歓迎し、「自業自得天罰覿面《てきめん》」と言った。同じように谷崎潤一郎（当時三七歳）は「しめた、これで東京がよくなるぞ」と喜んだ。しかし二人とも昭和初年代になってから、震災によって江戸文化の余映が消滅したことを悲しんでいる。

自業自得天罰覿面

十月三日。快晴始めて百舌の鳴くを聞く。午後丸の内三菱銀行に赴かむとて日比谷公園を過ぐ。林間に仮小屋建ち連り、糞尿の臭気堪ふ可からず。公園を出るに爆裂弾にて警視庁及近傍焼残の建物を取壊中往来留となれり。数寄屋橋に出で濠に沿ふて鍛治〔ママ〕橋を渡る。到る処糞尿の臭気甚しく支那街の如し。帰途銀座に出で烏森を過ぎ、愛宕下より江戸見阪を登る。阪上に立つて来路を顧れば一望只渺々たる焦土にして、房総の山影遮るものなければ近く手に取るが如し。帝都荒廃の光景哀れといふも愚なり。されどつら〳〵明治以降大正現代の帝都を見れば、所謂山師の玄関に異ならず。愚民を欺くいかさま物に過ぎざれば、灰燼になりしとてさして惜しむには及ばず。近年世間一般奢侈驕慢、貪欲飽くことを知らざりし有様を顧れば、この度の災禍は実に天罰なりと謂ふ可し。何ぞ深く悲しむに及ばむや。民は既に家を失ひ国帑《こくど》亦空しからむとす。外観をのみ修飾して百年の計をなざゝ〔ママ〕る国家の末路は即此の如し。自業自得天罰覿面といふべきのみ。

（永井荷風『断腸亭日記巻之七』、一九二三年一〇月三日）

しめた

大正十二年の震災の時、私は箱根の山中であの地震に遭ひ、東京方面へは山路が崩れてゐて出られないと云ふので、九月四日に沼津から大阪行きの急行に乗つた。私の目的は神戸から船で横浜へ行くつもりだつたところ、一時証明書のない者は乗船を許さなかつたことがあつて、その期間三四日のあひだ、京都大阪神戸で暮らしたが、梅田、三宮、神戸の駅頭には関東罹災民を迎へる市民が黒山のやうに雲集し、出口に行列を作つてゐてわれわれの姿を見ると慰問品を配り、停車場前には接待所などが設けられてあり、分けても梅田駅頭の活況は眼ざましいものがあつたのに、驚いたことには、七条ステーション前の広場は森閑として、平日と何んの異なる所もない。私はそれを見て実に異様な気がしたものだつた。この時ぐらゐ京都の土地柄をまざまざと見せつけられたことはなかつた。当時上方へ遷都の噂が立つたことがあつて、その時分祇園のお茶屋の或る女将は、「そんなことになつて偉いお方が大勢京都へやつて来られたら私共はかなひません」と云つてゐたが、これが京都人の正直な気持ちなのだ。（中略）京都の町は却つて平素よりも活気を失ひ、根もない流言などを恐れて早くから戸を締め、他人の救済よりも先づ自警団を組織して火の消えたやうに静まり返つてゐた。然るに阪神沿線の芦屋などでは蓄音機がのどかに聞えてゐたくらゐで、大阪は救済事業も盛んである一方、さう云ふ明るい気分もあつた。（谷崎潤一郎「私の見た大阪及び大阪人」、『鶉鷸隴雑纂』所収、一九三六年四月）

私は、かの大震災の折、自分が助かつたと思つた刹那横浜にある妻子の安否を気遣つたけれども、殆んど同じ瞬間に「しめた、これで東京がよくなるぞ」と云ふ歓喜が湧いて来るのを、如何ともし難かつたのである。（中略）私は此の未曾有の瞬間に妻子と相抱いて焼け死ぬことが出来なかつたのを悔い、彼等を置いてひとり箱根に来てゐたことを、責め、怨み、憤つたけれども、「東京がよくなる」ことを考へると、「助かつてよかつた、めつたには死なれぬ」と云ふ一念が直ぐその後から頭を擡げた。妻子のためには火の勢ひが少しでも遅く弱いやうにと祈りながら、一方では又「焼けろ焼けろ、みんな焼けちまへ」と思つた。あの乱脈な東京。泥濘と、悪道路と、不秩序と、険悪な人情の外何物もない東京。私はそれが今の恐ろしい震動で一とたまりもなく崩壊し、張りぼての洋風建築と附け木のやうな日本家屋の集団が痛快に焼けつゝあるさまを想ふと、サバ〳〵して胸がすくのであつた。（同、「東京をおもふ」、同前）

感　動

大災による東京の惨状を、第一次大戦における欧州の惨状と想像上で重ねる意見も生まれた。竹久夢二（当時三九歳）は、もっとも早くそのことに気づいた一人である。

私自身が命を助つてゐるのだから、さう言つては申訳ない気がするが、しかしお気の毒だとか、可哀さうだとか言つたゞけでは、どうも心持に添はないものが残る。もつと何かしら心の躍上がるやうな、喜びでも、悲しみでもない、この大きな感動を、さて何と言つたらよからう。

「悪い世の中になつたね」／明治の前に生れた優雅な老画家」は、私にさう話すのだつた。もはや、新しい伝統のない時代を迎へる若さを失つたこの先輩を、私はいたましく眺めた。／「欧洲戦争までだつたね、我々の時代は」何か傷ついた高貴なものを見る心持で、今更らしくアトリエの作品を見上げた。／「ぼくなどは、欧洲戦争の影響は、好くも悪くも受けてゐないせいか、外国電報を見ても、少しも実感が来なかつたが、今度の騒ぎで、はじめて世界の病気を見たやうな気がしました。独逸の表現派の絵が、やつとわかつた気がしますよ」と私が言ふと、先生の顔は曇つてきた。（竹久夢二「変災雑記」、『改造』一九二三年一〇月）

大衆歌謡

大災は、さまざまなジャンルで「**大衆**」を発見させた。後に大衆歌謡曲の作詞家となる西条八十《やそ》（当時三一歳）は、大地震が起こるまでは芸術至上主義の象徴派詩人であり、鈴木三重吉が主宰する『赤い鳥』の中心的な童謡作家でもあった。童謡「唄を忘れたかなりや」は大正七年（一九一八）の作品である。八十は震災当日、「月島が海底に沈んだ」という流言を信じ、月島に住む兄夫妻を訪ねたが、大混乱のなか途中足止めとなり、上野の山で一夜を過ごした。この夜、上野の山には多数の罹災者たちがいた。このとき、八十の隣にいた少年がハーモニカを吹こうとした。八十は周囲の人々が、何をのんきなことを、と怒りだすだろうと思い、止めようとした。しかし、少年は吹き始めた。

それは誰も知る平凡なメロディーであった。だが吹きかたはなかなか巧者であった。と、次いで起った現象。――これが意外だった。ハーモニカのメロディーが晩夏の夜の風にはこばれて美しく流れ出すと、群集はわたしの危惧したように怒らなかった。おとなしく、ジッとそれに耳を澄ませている如くであった。（中略）山の群集はこの一管のハーモニカの音によって、慰められ、心をやわらげられ、くつろぎ、絶望の裡《なか》に一点の希望を与えられた。／少年の気まぐれな吹奏は、ほんの短かい時間で終り、山はもとの闇黒の寂寞に還ったが、松の根かたに腕拱《うでくまぬ》いていたわたしは、このことから、ある深い深い啓示を与えられた。／「俗曲もまたいいもんだ」／と、わたしは呟いた。／「こんな安っぽいメロディーで、これだけの人が楽しむ。これだけの人が慰楽と高揚を与えられる」／わたしは大衆のための仕事の価値をはじめてしみじみと感じた（西条八十『唄の自叙伝』）。このときの感動が、後日ぼくにレコード歌を書かせる契機となったのであった。（同、『私の履歴書』）

「流言蜚語」と可能性

大衆をめぐる別の局面として「流言蜚語」がある。日本在住の植民地出身の人間が暴動を起こすという噂が広がり、各地で自警団が結成され、大衆によるその放縦と暴行は歯止めが利かなかった。

「不逞鮮人」という言葉が使われ、大地震の夕方には、朝鮮人「大挙暴動」説や「井戸に毒物が投入される」という話が捏造された。内務省警保局や軍部が船橋海軍無線電信所から無電で公的機関などに広げたもの、各地の新聞社が号外などで広めたもの、民間人が口伝えで広めたものなど、すべてが根拠のない風説であった。九月二日に政府は「**戒厳令**」を東京市、府下荏原《えばら》郡・豊多摩郡・北豊島郡・南足立郡・南葛飾郡に布告。九月三日には戒厳区域を東京府と神奈川県に改め、更に埼玉県と千葉県を追加した(『大正震災志』上)。しかし、自警団による朝鮮人虐殺、それを止めようとした日本人も虐殺される事件が続いた。「**主義者**」という言葉で労働運動の活動家や社会主義者たちが警察に予防検束され、拘束中に軍部に殺戮される亀戸事件(九月四日)があった。また軍部によって、アナーキストの大杉栄(当時三八歳)、伊藤野枝(当時二八歳)、甥の橘宗一(当時七歳)が虐殺された(九月一六日)。そのことの反動として、一二月二七日に難波大助(当時二五歳)による摂政暗殺未遂事件(虎の門事件)が起こった。これらの大災がもたらした負の歴史を忘れるわけにはいかない。「流言蜚語」が跋扈した理由として、和辻哲郎(当時三四歳)は、「可能性」という言葉が、震災前と震災後で変容していたことを指摘している。

さういふ不安な日の夕ぐれ近く、鮮人放火の流言が伝はつてきた。(中略)自分は洋服に着換へ靴をはいて身を堅めた。米と芋と子供のための菓子を持ち出して、火事の時にはこれだけを持つて明治神宮へ逃げろと云ひつけた。日がくれると急製の天幕のなかへ子供を入れて、その外に木刀を持つて張番した。(中略)自分は放火の流言に対してそれがあり得ないこととは思はなかつた。（中略）が今にして思ふと、この流言の勢力は震災前の心理と全然反対の心理に基いてゐた。震災前には、大地震と大火の可能性を知りながら、ただ可能性であるだけでは信じさせる力がなかつた。震災後はそれがいかに突飛なことでも、たゞ可能でありさへすれば人を信じさせた。例へば地震の予言は事前には人を信じさせる力を持たなかつたが、事後には容易に人を信じさせた。（三日の夜には午後十一時半に大震があるとの流言で、漸く家にはひつてゐた人々が皆屋外に出たのである）。そのように放火の流言も、人々はその真相を突きとめないで、たゞ可能であるが故に、またそれによつて残存せる東京を焼き払ふことが可能である故に、信じたのである。（和辻哲郎「地異印象記」、『思想』一九二三年一一月号）

流言蜚語は関東大震災のときだけの現象ではない。東日本大震災でも、インターネットを通じて、ツイッターなどで、根拠のない風説は、「たゞ可能であるが故に」、ただそれだけの理由で日本全国に広まったことを記憶しておきたい。

（佐々木幹郎）

趣味・娯楽——民衆文化再編成への胎動

奇妙な「事典」

私の手元に一冊の事典がある。『趣味娯楽芸能百科事典』と題されたもので、東京書院という出版社から一九五八年に出版されている。「まえがき」には、「一人で楽しめる娯楽、趣味、芸能から、宴会などでの隠し芸や余興、珍芸に至るまでの社交用のもの、まじめな会合で楽しむ遊戯や競技、歌合戦、合唱、民謡やダンスの踊り方など何十人でも遊べるもの、趣味の犬、小鳥類、魚類の飼い方から副業、さては釣り、短歌、俳句、生花、楽器の独習からスポーツの楽しみと、実に多種多様、全般にわたって網羅している」とあり、われわれが趣味や娯楽と呼んでいるものを集大成した、まさに「百科事典」そのものである。だが、いったいこのような本、誰がどのような目的で使うのだろうか。典型的な「実用書」のようにもみえるが、「実用」のためなら、たとえば魚を飼う人は熱帯魚の入門書を買えばよいのであって、趣味や娯楽の世界の全貌を概観するためにわざわざ本を買うというのは、ややピンとこない感じではある。それならこの本はいったい何なのか。

大正論のはずなのに、いきなり第二次大戦後、一九五八年に出版された本の話からはじまったので、あるいは当惑されている読者の方もおられるかもしれない。しかし考えてみると、熱帯魚を飼うこと、楽器を習うこと等々、それらの個々の活動は常にいろいろな形で存在していたかもしれないが、それらが「趣味」や「娯楽」という言葉で括られてひとつのカテゴリーとして認識されるというのは、それとはまったく別の話である。そうであるなら、この「事典」は、太平洋戦争敗戦後の、この一九五八年という時点の日本において、「趣味」や「娯楽」の世界がどのように表象され、位置づけられていたかということを物語るドキュメントであるとみることもできるだろう。そして、もしそこから何らかの特徴的な状況を読み取ることができたとすれば、それを手がかりとして「趣味」や「娯楽」をめぐる表象の歴史をさらにさかのぼり、大正という時代がそこにおいてもっている意味を浮き彫りにすることもできるのではないだろうか。

そこでこの戦後生まれの『趣味娯楽芸能百科事典』にもう少しこだわってその様子を観察してみることにしよう。というのも、この「事典」、目次を見ただけで、今のわれわれの目からすると、いささかカオスな構成の「トンデモ本」にも見えかねないものだからである。その目次は参考資料として別掲してあるのでそれをご覧頂きながら少し考えてみたいと思うが、これを見るとおそらく誰でも、いったいどういう秩序で分類しているのかまったくわからないという印象をもつのではないだろうか。たとえば音楽に関わる項目がどのように配置されているかを見てみれば、「音楽」という統一的な概念が存在して、それを分類してゆくような発想がそこにはまったくないことがわかるだろう。

第二編は「のど自慢歌曲」という項目で、明らかに音楽であるが、端唄、小唄等々の日本の伝統的な歌のジャンルが並べられているところはともかくとして、最後の「のど自慢替え歌」というのがいささか謎めいている。ここには《高原の駅よさようなら》、《誰か悔なき》、《初夜エレジー》といったタイトルが並んでおり、同時代の流行歌の替え歌が集められているようなのだが、替え歌だけが登場しており、肝心の元歌の方は影も形もない。それではこの本にはその種のものはないのかというと、これはなぜか第八編の「娯楽芸能」という項目のところにある「歌謡曲の歌い方」という項目でカバーされているようである。ただし、この項の内容を見ると第二編のように個々のジャンルごとのレパートリーの歌詞集になっているわけではなく、「コンクール審査の要点」、「歌い方の要領」という項が置かれているだけである。そもそもこの第八編の「娯楽芸能」という区分自体、本全体が『趣味娯楽芸能百科事典』であることを考えると、いったいどういう原理で集められたものかがよくわからない。そこに集められたものの多くは音楽だが、「素人芝居」、「人形劇」なども混在しているし、音楽にしても、「歌合戦」、「歌謡曲の歌い方」、「合唱のし方」、「即席楽団」、「たのしく歌う歌」と、アトランダムとしか言えないような並び順である。ちなみに歌詞集的な機能を果たしているのは最後の「たのしく歌う歌」（しかも本文では「みんなで歌う歌」となっている！）のところだけであるが、ここには《仕事の歌》にはじまり、《トロイカ》、《バイカル湖のほとり》などのロシア民謡を中心に、《ケンタッキーのわが家》（アメリカ）、《フニクリ・フニクラ》（イタリア）、《ローレライ》（ドイツ）など、この時代のうたごえ運動やうたごえ喫茶で愛唱されていた各国の民謡（あるいは民謡もどき）の歌曲が集められている。

音楽に関してもうひとつ特徴的なことはクラシック音楽の取り扱いである。これが出てくるのは第十一編の「趣味のいろいろ」（これまた『趣味娯楽芸能百科事典』の中での位置づけがよくわからないネーミングの章である）だが、そこでは「レコードの集め方」というタイトルで取り上げられており、これまた音楽とは無関係の「魚の釣り方」、「写真の写し方」などと一緒に並べて置かれている。中を見ると「音楽の曲の知識」、「古典音楽と現代音楽」などの項があり、クラシック音楽に関わる概説的な説明もかなり書かれているのだが、それがあくまでもレコードを集めるための知識として位置づけられているのである。

こう見てくると、ここには、出てくるものを「音楽」という上位概念で括り、分類して記述するというような意志が全くないように思われてくる。場合によっては、レベルの違いなどかまわず、単に思いついたものからアトランダムに並べただけの無秩序なものに見えなくもないのだが、実はそういうわけでもない。それぞれの章でどのようなものが括られているかを注意深く見ていると、それらが属している一つの「世界」の姿がぼんやりと見えてくるのである。言い換えればこの本は、別々の文化的背景を伴った複数の「世界」をゆるやかに並べ合わせ、それらを「趣味」「娯楽」という概念で包み込んだようなものになっているのである。それは決して無秩序などではない。それがまさにこの時代の「秩序」だったのではないだろうか。

「趣味」「娯楽」の世界に流れ込んだ伏流

それでは、ここでゆるやかに並べ合わせられた別々の世界とは具体的にはどのようなものなのだろうか。そのそれぞれからはどのような文化的背景が見えてくるのであろうか。さきほど取り上げた音楽に関わるいくつかの章を例に考えてみよう。

まず、第二編の「のど自慢歌曲」の項であるが、ここに並べられている端唄、小唄等々の歌のジャンルを見てみれば、これらが酒宴の席で「**隠し芸**」として素人が演じるためのレパートリーであることは容易に想像できるだろう。文中の説明でも、本格的にやるのは大変だが、宴会でやるのにはこうやればよい、というような書き方がしばしばされており「隠し芸」としての使用が想定されていたことは間違いない。それゆえ、同じ伝統邦楽であっても三曲のように、「隠し芸」としてはまず使われないようなものは取り上げられていない。ついでに言うと、この本では最初の第一編が「かくし芸と余興・演芸」となっており、踊り、声色、剣舞、小咄、さまざまな珍芸等々、音楽以外の宴会芸が集められているので、この第二編はそのうちの音楽部分に特化した位置づけになっているとみることもできるだろう。

ちょっと調べてみるとわかるのだが、この種の「隠し芸」だけを集めた「マニュアル本」は、同時代に実はかなり多数出ている。たまたま私が集めただけでも、『かくし芸全書――素人演芸何んでもござれ』（海野一郎編、大同出版社、一九五三）、『素人かくし芸全集――うたい方と踊り方』（小泉栄之助編、金園社、一九五八）、『かくし芸の覚え方』（寄席研究会、三洋社、一九六二）といったタイトルがたちどころに出てくるが、これらの収録内容を比較検討してみると、それぞれに多少の特色はあるにしても全体としては、『趣味娯楽芸能百科事典』の最初の二つのセクションがカバーしている範囲を中心に構成されていることがわかる。

ところがさらに調べてみると、この系譜の指南書は戦後に始まったというわけではなく、戦前にも数多く出されていることがわかる。酒席で披露する芸に関わる指南書の系譜は少なくとも明治二〇年前後まで遡ることが可能だが（筆者がこれまでに内容を確認した限りでの一覧表を章末に付したので参照されたい）、これをみるとわかるのは、当初は花柳界でのお座敷あそびが主たる対象だったということである。とりわけ初期のものには「粋人必携」といったタイトルが冠されているケースが多い。粋筋でそれなりの扱いをされるために最低限心得ておく必要のある条件のひとつとしてこれらの「芸」が位置づけられており、それらの全貌をきちんとおさえておくためのツールとしてこれらの本が作られているのである。『粋人遊びの友』のように、序論部分に「粋人遊びの心得」なる節を設け、遊びは短時間に少額でなすべきものであって、いくら楽しくても大金をなげうって長時間を費やすのは馬鹿者である、等々の講釈をたれているものもあるなど、とりわけこの初期のものには、単なるレパートリー集以上の性格をもたされているものが多い。考えてみれば、こんなものを読まなければわからないという時点で、すでに「粋人」失格のようなものなのだが、そのことは逆に、これらの本の底流に流れている「これを読めば誰でも粋人になれる」というトーン自体が、政治体制の大きな変動の中で、お座敷に出入りする人々の社会階層が変化し、お座敷自体のあり方もまた大きな変動を余儀なくされている状況を示しているとみることもできるだろう。そして、隠し芸指南書が「粋人必携」的なあり方を残しつつも、芸者あそびのイメージから徐々に切り離され、より一般的な宴会への志向を強めてくる流れが生じてきたように思われるのが、まさに大正期あたりなのである。

こうした成り立ちを考えるならば、大正期以降に大量に出版されることになる「隠し芸」の指南書の内容が、「粋人必携」的な雰囲気を色濃く残していることは当然であるとも言える。大正一四年に出た『実地活用趣味のかくし芸』には、「庶民社」という出版社の名前とは裏腹に、「待合或は料理店に遊ぶ時の心得」などという一節が設けられ、芸者がはいってきたときにいかに振る舞うのが良いかといった話が延々と繰り広げられているし、昭和三年に刊行された『かくし芸十八番』にいたっては、同年に出た『芸者』というタイトルのものとほとんど同内容だったりもしている。その影響は戦後にも残り続けている。『趣味娯楽芸能百科事典』の隠し芸の項目にしても、剣舞やら藤八拳やら、今では見慣れないものがいろいろ出てくるが、これらはいずれも戦前の典型的な座敷芸のレパートリーであり、かつての隠し芸の指南書には必ず出ていたようなものである。宴会に関与する人々やそれを支える社会的コンテクストは変化しても、宴会のあり方のルーツ自体はかなりの部分が戦前のお座敷の文化に求められるということであろう。そしてこの事典をはじめとするマニュアル本もまた、戦前のこの種の指南書をルーツとして形作られてきたのである。

とはいえ、『趣味娯楽芸能百科事典』の中に広がっている世界は、決して「座敷芸」の世界の延長線上にとどまっているわけではない。前節で述べたように、ここには別々の文化的背景を伴った複数の世界が重なり合っているのであり、そのことがあれほどまでにカオスな印象を醸し出しているのである。そこに流れ込んでいる、座敷唄とはまた別の伏流を探索してみるために、「素人芝居」、「歌合戦」、「たのしく歌う歌」などが並ぶ第八編の「娯楽芸能」という不思議なカテゴリーについて考えてみることにしよう。比較的若い世代のある程度大人数の集団による寄合のような場での実践を想定しているであろうことは、何となく見当がつくだろう。冒頭の「素人芝居」という項は「村の青年男女や、学校、職場などいろいろなグループで、何かの集会や行事などに、素人ばかりで二、三日の練習で余興に芝居（劇）をやることが盛んになってきましたので、これについてやり方を紹介しておきます」とはじまっており、どうやらその種の村の青年団的な集まりを念頭に置いた選択肢が示されていると考えると、すっきりと説明できるようだ。「歌謡曲の歌い方」の項に、レパートリーの説明などはほとんどなく、「コンクール審査の要点」などという話が書かれていることも、そう考えれば納得がゆく。また、「歌合戦」の項では、浪曲や詩吟など特殊なものを入れない方がよい、と書かれており、「童謡に対して詩吟、歌謡曲に浪曲では採点する人がこまる」とあるところから、歌謡曲や童謡などを中心に皆で歌を競うような、比較的若い世代による集まりという、座敷芸とはだいぶ違ったシチュエーションが想定されていることはたしかである。

大正期以降の「娯楽」の概念の展開を考える上で、民衆の娯楽という問題が大きなポイントであることは論をまたない。大正期と娯楽というと、権田保之助などの**民衆娯楽論**がまずは思い浮かぶであろう。それまでどちらかというとエリート中心に進んできた生活の近代化という問題が民衆レベルにシフトしてゆく中で、彼らが文化を作り出す力に焦点があてられ、その実態の解明が進むようになったのもまさにこの時代である。ただ、権田などの着目する民衆娯楽の中心は、浅草をはじめとする都市の状況にあったため、大正期の文化というとどうしてもそちらの方に目を奪われてしまいがちになるのだが、実際には、農村部などでの娯楽もまた、「**文化改良**」の一環をなす大きな課題として取り組まれていた。というより、都市への人口流出の動きが強まる中、農村部についても文化の近代化を一刻も早く実現させ、若者たちにとって魅力ある環境を作ってゆくことが急務となっていた。さまざまな遊興施設の立ち並ぶ都市部とはまったく違う農村部の環境の中で、農村部にふさわしい娯楽のための環境を国が先頭に立って整備してゆくための取り組みがなされるようになったのである。

その際に大きな役割を果たしたのが**青年団**という組織である。青年団というと、若者組、若衆などと呼ばれた前近代的なコミュニティのあり方を解体して近代的に組み替え、国の支配体制のなかに組み込んでゆくための組織という、支配者側の思惑ばかりが強調されがちだが、実際には農村部に暮らす若者たちが近代的な思想や文化を受容するための重要な回路でもあり、娯楽という面でも、農村部の若者が新たな娯楽の世界に触れる唯一の場としての役割を果たすものとなったのである。

青年団の成立と展開というテーマはここで簡単に論じるにはあまりにも大きなものであるし、政府の主導した公的な事業としての**大日本青年団**や**日本青年館**の歴史については浩瀚な年史が刊行されてもいるので、ここでは触れないが、青年団と娯楽との関係という点で興味深い天野藤男（一八八七—一九二一）という人物についてだけ述べておこう。天野は静岡中学校卒業後、地元で代用教員を務めていた時期に見出され、内務省嘱託となり、青年団の立ち上げと整備に尽力した人物であり、とりわけ**処女会**（女子青年団）の普及と発展は天野の尽力なしには考えられなかったと言われている。その天野が一九一三年に『農村と娯楽』（洛陽堂）という本を著している。この本では、農村における娯楽を整備する必要性やそのための具体的な方策が論じられているのだが、その中に「青年会を中心とせる娯楽」と題された一章が設けられ、運動会の開催をはじめとしたさまざまな活動の提案がなされているのである。青年団の活動に関わる具体的な指針はその後、日本青年館などを中心にさらに深められてゆく。『自治的青年団幹部の要領』（広畑庄太郎、日本青年館、一九二二）、『青年団と娯楽施設』（大日本連合青年団編、日本青年館、一九三六）といった本の中では、青年音楽、素人芝居等の実践といった指針が示され、そのための施設の整備が推奨されている。また、その実践のための材料として『青年歌謡集』（大日本連合青年団編、日本青年館、一九二八）、『青年倶楽部：青年団演芸用娯楽台本』（伊藤松雄、日本青年館、一九四一）といったものも作られるようになる。

『趣味娯楽芸能百科事典』の「娯楽芸能」の章には、青年団の活動にまつわるそのような実践の余韻が感じられる。戦争をはさんだ時期でもあり、実際に演じられる演目や具体的なやり方などはたしかにずいぶん変わっているとはいえ、そこにおさめられている内容の広がりの範囲は、まさにそのような流れの延長線上に置いてみることでそのリアリティを感じることができるようなものであると言って良いだろう。

最後にもうひとつ、「レコードの集め方」という項目が、「魚の釣り方」、「写真の写し方」などと並んで登場する「趣味のいろいろ」という章について、その背景を考えてみよう。これが家庭を場とした「趣味」のリストであること、それも当時としてはかなりモダンなライフスタイルを示すようなものであったことは容易に想像がつくであろう。一言で言うなら、この時期、とりわけエリート階層の、今で言う「ハイソ」な家庭たることの証として、「**趣味豊かな家庭**」たることが追求され、それと結びつく形でここに挙げられているような一群の活動が「趣味」というひとつのカテゴリーに結び合わされてきたのである。もちろんその中には、あくまでも個人の「趣味」であり、家族総出で行うものではない種類のものも多いが、それらがあくまでも社会的な活動とは切り離されたプライヴェートなものとして位置づけられ、家庭におけるライフスタイルと表裏一体のものとして認識されていたということが重要である。これまた顕著になってきたのは大正期のことであるが、そのことは産業構造や社会構造の変化に伴った「職住分離」が進み、社会的な活動と切り離された「**家庭**」やそれを担う「**専業主婦**」、「**子ども**」といった概念が形をとってくるようになった動きとも連動しているだろう。西洋における「市民階級」の誕生に伴う「家庭」に関わる一群のイデオロギーの成立の日本版であるとも言える。

そのような意味での「趣味」の世界を最も象徴的な形で示している本がある。一九三五（昭和一〇）年に刊行された『趣味大観』（鶴橋泰二編、趣味の人社）と題された本である。前半は、多種多彩な「趣味」が、音楽にはじまり、美術、スポーツなど、全部で六つのカテゴリーに分類され、紹介されているが、「写真」、「釣」、「蓄音器」といった項目も見ることができる。また、最後のカテゴリーは、「古銭」、「郵便切手」、「人形」といったものから「千社札」、「きれぢ」といった、今ではちょっと珍しいものまで、「収集」に関わる対象が一堂に会する形で集められていることも興味深い。

もっとおもしろいのはこの本の後半で、政治家、実業家など、一〇〇〇人以上におよぶ各界の「名士」たちの趣味について、それらの人々が「如何に趣味を撰び、如何に趣味と生活を連繋し、如何に趣味が人格陶冶に関連裨益せるかを各人毎に研調詳述」している。その後にさらに「現代代表令嬢総覧」なるものが続き、ここでも三〇〇名以上が取り上げられ、「現代に於ける名家の令嬢の趣味と家庭の関係等」が詳しく論じられている。この時期、春秋社から刊行されていた『ムジカ』という音楽雑誌では「令嬢音楽」という特集が組まれており、巻頭の「音楽令嬢アルバム」と題されたグラビア・ページでピアノなどを習っている大物実業家の「令嬢」などが紹介されている。これなども、一九世紀のドイツなどでブルジョワジーの娘たちがこぞってピアノを習うという一大ブームが生じたことを彷彿とさせよう。

ドイツの場合にはこのピアノ・ブームは「**家庭音楽**（Hausmusik）」の思想と深く結びついていた。女性がピアノを習うことは、居間の中心にピアノを置くことと並んで、この時期に生まれた**ブルジョ**

ワジーの家庭のライフスタイルを象徴するものであった。ピアノを習った女性は、家族の合奏の要になるなど、家庭における音楽実践の中心となり、趣味と教養にあふれた家庭を作り出してゆく責務を果たす、というのが、その意味であった（だから女性のピアノに要求されたのは、プロのピアニストのように難曲をバリバリ弾きこなすことではなく、《乙女の祈り》のような可愛らしい小品で教養豊かな家庭を演出することであった）。

日本の場合にも同様に、「専業主婦」の思想と相俟って、女性が楽器を習うことが家庭におけるそのような役割と結びつけられる形で認識されていた局面があったことは間違いない。雑誌『婦人界』は一九一〇（明治四三）年六月に「婦人と娯楽」という臨時増刊を出しており、その表紙にはヴァイオリンを演奏する女性の姿が描かれているが、目次を見ると、童謡《金太郎》の作曲などで知られている田村虎蔵による「家庭音楽」という論考が見られることもさることながら、他にも「婦人の娯楽としての絵画」、「婦人の娯楽としての園芸」、「婦人の娯楽としての歌留多遊び」等々、さまざまな「娯楽」が並べられており、音楽もまた、教養ある家庭を彩るアイテムのひとつとして位置づけられていたことがわかる。

もっとも日本の場合には、この「ピアノを弾く女性」の姿が多分に「絵に描いた餅」的なものであったことも否定できない。昭和初期あたりの「**モダン住宅**」の図面には、たしかに居間にピアノが置かれているものなどもありはするが、それはごく特殊な例であり、多くの家庭にとって、洋風の居間を設け、そこにピアノという高価な楽器を置くことなど、無縁な世界であったろうし、いかに「唱歌」の授業で西洋音楽的な教育がほどこされていたとはいえ、都会のごく一部の人々を別にすれば、西洋音楽的な教養が行き渡っているなどと言える状況では到底なかった。

そういう中で興味深いのは、大正期に、いわば「家庭音楽」思想の「日本化」ヴァージョンとして登場した、田辺尚雄の「**家庭踊**」というものである。家庭踊は、《梅は咲いたか》、《木曾節》などの俗曲や民謡を洋楽仕立てにアレンジした音楽を伴奏に皆で踊るというものであるが、田辺は自らの考案したこの踊りについて『家庭踊解説』（音楽と蓄音機社、一九二二）という本を書いて解説している。田辺はその中で、今の日本の家庭は趣味に乏しく、「家庭の改造」が急務であることを訴えるが、一方で、家族の成員の趣味も世代や環境によってバラバラであり、そのために、「主人が謡曲をやると子供が影で之を嘲ったり、細君が琴でも弾けば主人はこれを喧しいといったり、子供が唱歌でも歌えば親は之を五月蝿と叱ったりする」ような状況になっており、西洋音楽も従来の日本音楽も、家族全員が挙って心から楽しめるような存在になりえていないということを主張する。その欠陥を補い、簡単に誰でも参加することができ、かつ和洋どんな楽器でも演奏でき、さらに歌詞においても振付においてもきわめて健全に作られているような、そんな条件を満たすものとして、この家庭踊を考案したと田辺は述べている。

田辺自身の言によるならば、この家庭踊は、一九二一（大正一〇）年から翌年にかけて、北白川宮邸、朝香宮邸などで採用されて踊る会が催されるなど、かなり大きな広がりをもったようであるが、この家庭踊の例に限らず、大正期の文化状況には、一方でこれまでの自分たちの文化を否定し、西洋をモデルに「**改造**」をはかろうとする理念を掲げつつ、しかし事実上はさまざまな形で「旧文化」が母胎となっているような側面がいたるところにみられるように思われる。「趣味」豊かな家庭の表象もまた、そのような矛盾や温度差を孕みながら、再編成されていったのである。

「趣味・娯楽マニュアル」への道

前節では、戦後の『趣味娯楽芸能百科事典』に流れ込むことになるさまざまな伏流が戦前期にすでに存在しており、とりわけ大正期前後に大きな展開を見せるようになっていた状況を確認した。しかし、個々の事象が存在していたということと、それが「趣味」や「娯楽」という概念のもとに括られてひとつの世界をなすということとの間には、まだ大きな距離がある。極端に言うならそれは、座敷唄の文化と、村の青年団の文化、それに近代的な家庭の文化がそれぞれまったく別個のものとして存在しており、相互に接点のある営みを行っているにもかかわらず、それらが共通の土台の上にあるという認識を全くもっていなかったというような状況であったと考えられるからである。

それらをひとつに結び合わせ、「趣味」や「娯楽」というひとつの「世界」に変貌させるには、ある種の触媒を介した「錬金術」が必要となる。その有力な触媒役のひとつとなったのが出版物であり、その大規模な展開が起こったのもまた大正期のことであった。大正期は、出版産業が急速に拡大し、新たな雑誌の創刊や辞書の刊行など、その後の出版界の屋台骨をなす基本的な枠組みが作られた時期であったが、そういう中でさまざまな大規模企画が世に出された。その動きは大震災後の全集物刊行のブームへとつながってゆき、大正末から昭和初頭にかけて、世界文学全集、世界戯曲全集、世界美術全集、世界大思想全集等々の大規模な全集や叢書が各出版社から次々と出版される、俗に言う「円本ブーム」となった。

そういう中でとりわけユニークな動きを示した出版社に誠文堂がある。今日の誠文堂新光社の前身である。小川菊松という人物が一九一二（明治四五）年に創業したものだが、実用書などを軸とした独特な企画物を中心にしてこの時期にその地歩を確立していった。その誠文堂の名をいっぺんに高めたのが、『是丈《これだけ》は心得おくべし』と題された実用書シリーズであった。一九一八（大正七）年から、『社交要訣　是丈は心得おくべし』を皮切りに、「日常法律」、「保健衛生」などをテーマにした巻が次々と刊行され、一大ベストセラー・シリーズとなった。平凡社から出て大ベストセラーとなった『ポケット顧問　や、此は便利だ』と双璧をなすものと言われ、あまりの売れ行きに、一時期、出版取次店ではこれらを出荷する便をそれぞれ「や便」、「是便」と呼んでいたという話もあるくらいだ。

『是丈は心得おくべし』は、日常生活で役立つ知識、情報を提供する実用書の典型とも言えるが、最終的に全一六巻となったこのシリーズのラインアップを見て興味深いのは、狭義の「実用」にとどまらず、「日常科学最新知識」、「書画骨董建築装飾」などの広い範囲をカバーしていることである。特に本論を考える上で注目すべきなのは第一四編にラインアップされている『宴席座興かくし芸』（一九二一年）という巻の存在である。言うまでもなく、これは前節でとりあげた「お座敷」にかかわる指南書の発展型として生まれたものと言え、そこに掲載されているレパートリーも、ほぼそれまでのものに従っている。この『是丈は心得おくべし』シリーズはすべて「加藤美命先生著」となっていることからもわかるように（この人物については、南陀楼綾繁「大正の何でも博士　加藤美命のこと」、『sumus』一一号、二〇〇三年、二二―二八ページを参照のこと）、この著者はお座敷の内情に詳しい「専門家」というわけではないようであるから、そこでの記載がそれまでに出ていた指南書と大同小異であることは無理からぬことであると言うべきかもしれない。本書には宴席を設ける場合のホストとなる主人の心得や幹事の役割等々についても触れられているから、むしろ、時代が変わり宴席のあり方が変化してゆく中で、お座敷での体験で培われたノウハウをさまざまな宴席に応用してゆくための手引きとしての活用を想定したものと位置づける方が適当であろう。

ここでとりわけ重要なのは、お座敷の指南書の系譜の中で明治期から引き継がれてきた内容が、大正期になって、こうした「実用書」のシリーズの一角をなすという形で、近代人が「心得おくべき」一般的な知識の枠組みの中に位置づけられるようになったということである。『宴席座興かくし芸是丈は心得おくべし』中の「素人踊の即席稽古」という項には以下のような記載がある。

唄音曲は師匠につかずも聞き覚え、聞きかじりでも器用に誤魔化しても行けるが、踊となると、さうはお安く出来ない。まづ藤間花柳阪東中村其他の諸流を合せて二十余の流儀流派もあり、その何流にしたところが、四年や五年の修業では目鼻がつかぬとされてゐるもの、これを文字の上で紹介して、オイソレと立ち上がらせようといふんだから、乱暴だといふお叱りもあらんが、そこはそれ、例のそこで、さう物事をむづかしくばかり云はんでも、又、何とか埒を明ける法もあるもの。どうせ名人上手の向ふを張らうといふんでもなし、好い加減愛嬌のあるところで大向をワーッと云はせれば事が足り、さう迄行かんでもお酒を飲んでの座敷運動と思へば、とがめ立する神もあるまじと高を括つて出かける。

もちろん、それまでの座敷芸の指南書とて、所詮は素人向けであり、踊りの専門家に張り合えることを目指すものでなかったには違いなく、その意味では大きく変質したとは言い難いかもしれないのだが、少しでも「粋人」の域に近づこうとする強い志向が時の経過とともに急速に薄れはじめていることを、この記述は感じさせるのではないだろうか。そして、このような形でゆるい広がりをもつことで、座敷芸にとっては、それだけが独自の世界を形作るのではなく、「趣味」や「娯楽」という、より大きなカテゴリーの中に溶け込み、雲散霧消してゆくことへの下地が形作られることになったのである。

誠文堂はその後も、この種の「常識本」を中心とした実用書の出版を柱にした活動を展開してゆく。大正末年の「円本」ブームの際には誠文堂は、『大日本百科全集』なる企画を立ち上げている。全三六冊、すべて一冊一円という企画で、一九二七（昭和二）年四月一一日付けの読売新聞には、一面ぶち抜きの広告が掲載されている。全集ながら、一二冊以上であれば何冊かを選んで予約できる、「選択自由予約」という当時としては「革命的」な制度を採用したり、全巻申し込み者にはブックエンドが景品としてついたりと、売り方にも相当工夫する形で展開している様子が伝わってくる。「百科全集」という名前だが、かなりの部分は『是丈は心得おくべし』シリーズと同一線上の日常的な生活豆知識的なものが占めており、『家庭日常科学』、『家庭医学』などにはじまり、一方の極には、『経済常識』、『世界名著解題』などの一般教養的なものもあるが、他方の極には『家庭料理』、『和洋裁縫』、『妊娠と育児』など、生活そのものに関わるタイトルも多い。そういう中で興味深いのは、「趣味」、「娯楽」に関わる部分の扱いである。『将棋大観』、『囲碁大観』、『小鳥の飼い方』、『四季の家庭園芸』など、とりわけ家庭での趣味や娯楽に関わるようなタイトルがかなりおさめられていることを確認できるのだが、何と言っても注目すべきなのは、それとは別に「趣味」と「娯楽」をタイトルに掲げたものが一点ずつ収録されていることである。

『娯楽大全』は芝居の批評などで活躍していた中内蝶二の執筆によるもので、「宴会かくし芸づくし」という章からはじまるのは相変わらずのパターンであり、長唄や義太夫を習得するための心得などがかなり丁寧に解説されているあたりも中内の面目躍如たるところであるが、その一方で、旧来の宴会芸の指南書をはるかにこえる広がりをもっている。誠文堂の発行した内容見本のパンフレットには「旅行に海水浴に本書を持参して退屈なく汽車中で出来る遊びまで書いてあるので旅行鞄に忘れてならぬ単行本である。然も娯楽百般を収めて余す処がない」とある。海水浴だけでなく、茸狩、潮干狩、登山といったアウトドア系のものが数多く挙げられているところは、旅行ブームがはじまったこの時代を反映している。その一方で、「歌留多早取法」、「トランプの遊び方」など、室内ゲームにもかなり重きがおかれている。また、「相撲の見方」、「芝居総まくり」、「活動写真通」などの項目もあり、集団で行う活動だけでなく、スポーツ観戦、芝居や映画の鑑賞など、個人で楽しむものも「娯楽」という語のもとに括られている。そのために同じ隠し芸を扱った本であるにもかかわらず、これまでの指南書とはまったく違った景色のうちに置かれている印象がある。

もうひとつの『趣味百話』は、同じ誠文堂の雑誌『子供の科学』の編集長であった松山思水が執筆している。「趣味の写真術」にはじまり、犬や兎、金魚の飼い方などの飼育系、切手やマッチ、刀剣等の収集系、映画、新劇などの鑑賞系など、かなり雑多なものが集められているが、いずれも家庭を場とすることが前提になっており、「趣味豊かな家庭」を築くことに向けられた一冊になっているとみることができよう。

音楽に関して見てみると、西洋音楽の楽曲の形式やジャンルなどを概説した「洋楽の聴き方」の項がメインで、その他には「能楽と謡曲」が多少関わる程度であり、座敷芸の指南書を賑わせていた邦楽の諸ジャンルも、箏曲などのその他のジャンルもまったく取り上げられていない。また、「洋楽の聴き方」に続いて「蓄音機とレコード」が立項されており、戦後の『趣味娯楽芸能百科事典』で「レコードの集め方」という項目が登場する伏線となっているともみることができるだろう。

誠文堂では引き続き、『十銭文庫』というシリーズを刊行し、一九三一(昭和六)年には一〇〇冊におよぶシリーズとなる。通常の文庫本よりもさらに一回り小さい簡易なものだが、タイトルをざっと見ただけでも、『写真術入門』(竹山茂雄)、『犬の飼ひ方』(中根栄)、『釣魚の秘訣』(橋爪光雄)、『麻雀必勝法』(広津和郎)、『素人手品一百種』(松旭斎天勝)等々、まさに各種「趣味」のオンパレードというようなものになっている。『俳句入門』は高浜虚子、『洋画の描き方』は東郷青児が書いている。音楽に関しては堀内敬三の『西洋音楽入門』を筆頭に、『楽譜の見方』(小松耕輔)、『レコード名曲解説』(塩入亀輔)と、複数出ている。もちろん、隠し芸についても、『モダン宴席かくし芸』(桜川忠七)というものがリストアップされている。

こうして「趣味」と「娯楽」の世界は、はっきりとした形を伴って姿を現すことになった。もちろん、この両者はかなりゆるい概念であることも事実であり、その間に明確な線引きができるほどに、それぞれの意味内容の違いがはっきりと認識されているわけでもない。

これまで述べてきたこととの関連という観点から言うなら、「娯楽」という語は、座敷遊びや隠し芸の系列に関わるコンテクストで使われることが多く、「趣味」の方は家庭生活に関わるコンテクストで使われることが多いというくらいのことは大まかには言えるかもしれないが、前節で取り上げた雑誌『婦人界』の「婦人と娯楽」特集などは、今のわれわれの感覚では「趣味」という言葉を使いそうな部分で「娯楽」という語を使っているなど、この両者の関係性自体からしてすでに歴史的に変化していると考えるべきだろう。ただここで述べてきたような過程の中で、「娯楽」や「趣味」に関わる世界が出現し、無秩序に広がっていた多様な活動をゆるやかに束ねるような状況が進行しているさまは想像できるだろう。そしてまさに大正期前後を境に、お座敷をはじめとする様々な場でこれまでに培われてきたいろいろな文化実践がそういう新たな枠組みの中で再編成されてゆくことになったのである。

とはいえ、文化は一夜にして変わるというようなものではないから、古い精神が新しい衣をまとっていたり、これまでには考えられなかったような新たな方向性をもった動きが古い枠組みに押し込められていたり等々、様々な形でミスマッチ的にみえる状況が起きていたことは想像に難くない。それがまさに、戦後になって編まれた『趣味娯楽芸能百科事典』の呈していたカオス的な状況の正体だったのだろう。

それから……

最初に述べたように、『趣味娯楽芸能百科事典』での趣味と娯楽の世界の描き方をわれわれの今の感覚で見ると、かなり奇妙な印象をもつ。ということは、別の言い方をすれば、今のわれわれはこの時代の人々とは違う「趣味」や「娯楽」の表象をもっているということであり、その後の時代にこれらの語をとりまく文化状況はまた大きく変化したということにもなるだろう。いったい何が変わったのか。

『趣味娯楽芸能百科事典』に類する本を今、書店で見つけ出すことは難しいが、比較的最近までこの種の本が書店の実用書の棚に位置を占めていたことはたしかである。たとえば私の手元には、『みんなで余暇をたのしむ　趣味と娯楽』（光文書院、一九七三）という本がある。一〇〇〇ページ近い浩瀚な本であり、タイトルにはないが、もしそこに「百科事典」という語が冠せられていたとしても、何の違和感もなかったであろうシロモノである。

項目立ては『趣味娯楽芸能百科事典』とは比べものにならないくらい整理されている。たとえば音楽関係は、「趣味の音楽と演劇」という項目に整理され、クラシック音楽の説明にポピュラー音楽が続くような構成になっている。そのこともあってか、「趣味・娯楽」の世界が、（きわめて印象批評的な言い方であるが）いろいろなものがきれいにかき混ぜられた均質なものとして提示されているように感じられる。逆に言うと、『趣味娯楽芸能百科事典』の場合には、それが十分にかき混ぜられておらず、あちらこちらで「だま」のようになっており、だからこそ、本論でみたように、それぞれの部分の出自や来歴の残した痕跡のようなものをたよりにそこにいたる系譜をたどってみることもできたのである。今やそれがきれいに消え去り、「趣味」と「娯楽」の概念もまた、つきまとっていたニュアンスがきれいに消えて、ほとんど違いがなくなってしまったように思えるのである。

監修者として小川長治郎という名前が書かれており、「日本レクリエーション協会　専務理事」という肩書がついている（ちなみにこの人は、その少し後に出た『趣味・娯楽全書』〈富士出版、一九七八〉の監修者にもなっている）。少々乱暴な言い方をしてしまうと、様々な温度差やニュアンスを伴って混在していた様々な文化実践が、まさにこの「**レクリエーション**」という概念によって一元化され、きれいに混ぜ合わされてしまったのではないか、そんな印象をいだくのである。「レクリエーション」という概念が敗戦後の連合軍による統治の過程でアメリカ経由でもたらされたものであること、そしてそれがあっという間に戦後の職場などに広がり、様々な文化運動にもつながっていったということは、ここであらためて述べるまでもないだろう。

もっとも、さらに細かく見てみるならば、実際には話は意外に複雑である。「日本レクリエーション協会」の設立自体はたしかに戦後の一九四七（昭和二二）年であるが、その前身となる「日本厚生協会」は一九三八（昭和一三）年にすでに設立されており、この時期、ともすると国民精神総動員体制の中で完全に抑圧されていたかのように思われがちな「娯楽」に焦点があてられ「国民娯楽」として称揚されるようになっているような状況が浮かび上がってくるのである。実際、太平洋戦争が開戦された一九四一（昭和一六）年以後にも、『これからの国民娯楽』（渡辺登喜雄、南方書院、一九四二）、『青少年健全娯楽集』（進藤進、紹文社、一九四二）、『国民娯楽演芸読本』（山地幸雄、朝日書房、一九四二）、『修養娯楽健全手帖』（秩父三郎、大成社、一九四三）、『産業戦士健全娯楽台本』（竹村春二、軍事教育社、一九四三）といった本が続々と刊行されている。そして、「農村娯楽」に関連して前にみた日本青年館からもまた『面白い室内娯楽』（大日本青少年団本部編、日本青年館、一九四一）なる本が刊行されたりもしており、はからずも青年団運動が戦時体制に組み込まれてゆく状況を映し出してもいるのである。

その意味では、大正期から戦時体制へ、そして戦後の「レクリエーション」運動繚乱の時代へという動きが見せている、一見左右両極の間を揺れ動いているような激動の歴史も、実は根はひとつであり、同じものが逆になったり裏返ったりしながら様々な顔を見せていたに過ぎなかったようにも思われるのである。『是丈は心得おくべし』や『大日本百科全集』、『十銭文庫』など、大正期の誠文堂の活動に象徴される、様々な来歴をもつ文化実践を「趣味」と「娯楽」という共通の枠組みの中で再編成し、つなぎ合わせてゆく動きは、いわばその「原点」をなすものとみることができるだろう。

こうした再編成の動き自体は、明治以後の日本文化の近代化過程に必然的に伴ってきたものと言って良いだろうし、その後の時代に生じたさまざまな動きもまた、そこに含まれていた潜在的な可能性がそれぞれの状況の中で形をなしてきたものであったということを考えるならば、その是非はここで簡単に論じられるものではないだろう。ただ明らかなのは、大正期という時代は、そうした再整理や均質化の動きを孕みつつも、随所に様々な形で「だま」が残り続けていた時代だったのであり、そのことがむしろ、この時代の文化の魅力にもなっているということだ。そこではむしろ、西洋化や近代化の動きは、文化の再編成や均質化ということ以前に、あちらこちらに淀みや「だま」を新たに作り出したのであり、そのこと自体が文化の活性化を生み出した側面があったように思えるのである。もちろんそれは、同時代の様々な文化的コンテクストが絡み合う力学の中でたまたま生まれたものであり、今の状況の中で作り出そうとして作れるようなものではないだろう。だがそういう力学の中で、はからずも意図せざるところで驚くべきものが生み出されることがある、それが文化というものであることもまた事実なのである。

『趣味娯楽芸能百科事典』目次（石黒敬七監修、東京書院、一九五八）

（1）かくし芸と余興・演芸
(1) 民謡の踊り方
(2) お座敷舞踊の踊り方
(3) お座敷珍芸
(4) 寸劇と無言劇
(5) 落語と小咄し
(6) 芝居の声色（声帯模写）
(7) 詩吟と剣舞
(8) 香具師の口上
(9) 映画説明
(10) 拳の打ち方
(11) 江戸小咄し
(12) 西洋小咄し
(13) 影絵の写し方

（2）のど自慢歌曲
(1) 民謡集
(2) はやり唄
(3) 端唄
(4) 小唄
(5) 都々逸
(6) 長唄
(7) 清元
(8) 新内
(9) 常磐津
(10) 歌沢
(11) 浪曲
(12) 義太夫
(13) のど自慢替え歌

（3）楽しいゲーム集
(1) やさしい遊戯ゲーム
(2) パーティ・ゲーム
(3) 探しものゲーム
(4) 曲芸ゲーム
(5) クイズ・ゲーム
(6) 戸外ゲーム
(7) ミクサー・ゲーム（集団ゲーム）
(8) お正月ゲーム

（4）知恵あそび
(1) マッチの軸木あそび
(2) 算数あそび
(3) 知恵の板あそび
(4) 碁石の問題
(5) いろいろパズル
(6) なぞなぞ（謎）
(7) 語呂合わせ
(8) 早口言葉
(9) 回文

⑽ クイズの解き方
⑾ 一筆書き
⑿ 漫画の書き方
(5) 簡単にやれる奇術と手品
(1) 奇術と手品のやり方
(2) トランプ奇術
(3) 陰顕文字
(4) 読心術
(6) 占いと運勢判断
(1) トランプ占い
(2) 花札占い
(3) 麻雀占い
(4) マッチ占い
(5) 眼による占い
(6) 口による占い
(7) 性格占い
(8) 帽子占い
(9) 履物占い
⑽ 指輪占い
⑾ 切手占い
⑿ 爪占い
⒀ 花言葉の占い
⒁ 誕生石の意味
(7) 各種ゲーム集
(1) 碁の打ち方
(2) 将棋の指し方
(3) 麻雀の打ち方
(4) トランプの遊び方
(5) 花札の遊び方
(6) 百人一首早取り法
(7) 「いろは」かるた
(8) 十六むさし
(9) ダイス・ゲーム
⑽ ドミノ・ゲーム
⑾ チェス(西洋将棋)
⑿ チェッカーズ(ドラウト)
⒀ 碁石遊び
⒁ 競馬ゲーム
(8) 娯楽芸能
(1) 素人芝居(劇)
(2) 人形劇
(3) 歌合戦
(4) 歌謡曲の歌い方
(5) 合唱のし方
(6) 即席楽団
(7) たのしく歌う歌
(9) 福引のつくり方
(10) 趣味の動物の飼い方
(1) 犬の飼い方と訓練
(2) 鶏の飼い方
(3) 伝書鳩の飼い方
(4) 十姉妹の飼い方
(5) 文鳥の飼い方
(6) カナリヤの飼い方
(7) うずらの飼い方
(8) 金魚の飼い方
(9) 熱帯魚の飼い方
⑽ 海水魚の飼い方
(11) 趣味のいろいろ
(1) 魚の釣り方
(2) 写真の写し方
(3) 社交ダンスの踊り方
(4) 四季の草花の作り方
(5) 短歌の作り方
(6) 俳句の作り方
(7) 切手の集め方
(8) レコードの集め方
(9) ハイキング・登山のし方
⑽ 茶の湯の手ほどき

(11) 生花の手ほどき
(12) カクテルの作り方
(12) 楽器とスポーツ
(1) ハーモニカの吹奏法
(2) アコーデオンの独習
(3) ギターの独習
(4) マンドリンの独習
(5) バドミントン
(6) スケートの練習
(7) スキーの練習
(8) クロッケー
(9) 撞球のコツ
(10) 卓球（ピンポン）
(11) ゴルフの習い方
(13) みくじ・易・相性・運勢・人相・手相（の占い方）
(1) みくじの原理と占い方
(2) 易（八卦）の原理と立て方
(3) 相性の原理と見方
(4) 運勢判断の原理と占い方
(5) 人相占いの原理と占い方
(6) 手相の原理と見方
(附録) 趣味の手相
(1) 掌の諸線
(2) 手の型
(附) 手相研究の方法

隠し芸の「マニュアル本」の一例

粋客必携 粋人の宝（名倉亀楠著、大阪・名倉昭文舘、一八八九）
粋人必携 うさばらし（竹廼家すずめ＝吉川作太郎著、東京・小川尚栄堂、一八九一）
座敷遊戯 花のしをり（大東楼愚楽人校閲、双井小癲粋史編著、大阪・佐藤豊造発行、一八九三）
粋人 遊びの友（蘆都一文内史閲、摂陽愛花情史編、大阪・中島抱玉堂、一八九三）
酒席遊戯（曾呂利新左衛門＝猪里重次郎著、名古屋・玉潤堂、一八九六）
宴会集会 余興百談（袖の家浦人著、東京・山崎国華堂、一九〇一）
酒席百芸（正覚坊著、東京・盛林堂、一九〇三）
遊芸博士 粋人世界（波廼舎主人編、大阪・柏原奎文堂、一九一〇）
宴会お座敷芸（大通散士編、東京・盛陽堂書店、一九一一）
酒席余興 お座敷二輪加（佐次郎兵衛作、大阪・名倉昭文舘、一九一一）

酒席百芸（町田桜園著、東京・盛林堂、一九一六）
宴席座興かくし芸 是丈は心得おくべし（加藤美侖著、東京・誠文堂、一九二一）
実地活用趣味のかくし芸（園山露香著、東京・庶民社、一九二五）
かくし芸十八番（渡辺迷破著、大阪・法令館、一九二八）
芸者（渡辺迷破著、大阪・法令館、一九二八）
粋人読本（滑稽新聞記者投稿家総出・ネヂ鉢巻大奮闘力作、大阪・滑稽新聞社、一九二九）
宴会即席座興 かくし芸大全（加藤美侖著、東京・泰光堂、一九三四）
酒席余興 かくし芸図解（萩の茶屋人著、東京・金竜堂、一九三四）
なんでもある かくし芸百番（花岡美山著、東京／大阪・日本図書出版社、一九三四）
即席応用 かくし芸図解全書（遊芸研究会著、東京・東京書院、一九三九）
これ丈は知らねばならぬ 隠芸大全（松廼家米吉著、東京・大同出版社、一九四〇）
宴会・座興 即席かくし芸全書（文教科学出版社編集部編、東京・文教科学出版社、一九四〇）
素人演芸何んでもござれ かくし芸全書（海野一郎編、東京・大同出版社、一九五三）
誰でも出来る 余興と演芸（丸山柳太郎編著、東京・愛隆堂、一九五五）
うたい方と踊り方 素人隠し芸全集（小泉栄之助編、東京・金園社、一九五八）
かくし芸の覚え方（寄席研究会編、東京・三洋社、一九六二）

（渡辺　裕）

踊り場の光景 ガール

「大正という時代」の画期性は、何よりも女性の社会的役割や活動がクローズアップされたことにあろう。教科書などでも銀座を颯爽と闊歩する洋装・断髪の女性の写真が掲載され、**モダン・ガール＝モガ**として印象づけられている。他方で、モガや**モダン・ボーイ＝モボ**などの風俗は、エロ・グロ・ナンセンスの軽佻浮薄な風俗を示すものとしても記憶されることになっている。ただ、当時の言葉としては、エロ・グロ・テロが跳梁する「3ロ時代」、あるいは**スピード**（速力）・**スクリーン**（映画）・**スポーツ**（運動競技）の「3エス時代」こそが、モダンという時代を表象するとも言われていた。

こうしたモダンという時代が強調された時代における女性の社会的進出は、もちろん日本に限られた現象ではなく、一九一〇年代以後の世界的動向であった。とりわけ第一次世界大戦に女性が看護婦や工場労働者などとして動員されたことから、女性の社会的・政治的参加が世界的な趨勢として広がっていった。特に戦場に出る看護婦が断髪したことから、襟首から下に達しない断髪によるボブ（bob）ヘアと電髪（パーマネント）が活動的な女性の象徴となり、それが勃興していたハリウッド映画や写真グラフ雑誌という新興メディアを通じてグローバルに普及していった。また、イギリスやアメリカなどで婦人参政権が認められるなど、女性の政治的発言権も飛躍的に強まっていく。

こうして日本や朝鮮でモダン・ガールと称された「新しい女」は、アメリカやイギリスではフラッパー（flappers）、フランスではギャルソンヌ（garçonnes）、ドイツではノイエ・フラウエン（neue

Frauen)、アフリカのケニアではスクールガールズ（schoolgirls）と呼ばれ、台湾では黒猫《オニヤオ》（なおモダン・ボーイは黒狗《オゴウ》＝黒犬）、中国では近代小姐《シャオジエ》（北京）・摩登《モダン》小姐（上海）などと称されていったのである。

もちろん、日本における新女性の登場は、第一次世界大戦とその後の国際的な民主主義的思潮の高まりだけに影響されたものではない。既に一九一一年には平塚らいてう等が、女流文学の振興と女性解放をめざして**青鞜社**《せいとう》を創立していた。また、一九一四年には**宝塚歌劇団**が第一回公演「ドンブラコ」によって登場し、一九一九年には劇団員養成機関としての宝塚音楽歌劇学校が設立されることになった。ちなみに宝塚歌劇団では一九二七年に英米仏の演劇視察から帰国した岸田辰弥《たつや》が「モン・パリ」を上演し、手足を大胆に出した衣装や一五段階段のフィナーレなどの演出を取りいれ、以後は「パリゼット」（主題歌「すみれの花咲く頃」）などで「パリ」物がお家芸となっていった。

他方、**職業婦人**の社会的活動も活発となり、一九一六年には日本最初の労働組合婦人部として友愛会婦人部が設けられ、機関誌『友愛婦人』を刊行した。さらに、一九二〇年には平塚らいてう・市川房枝・奥むめお等が婦人の政治活動を禁じた治安警察法第五条の撤廃請願運動などを進めるために、新婦人協会を設立し、『女性同盟』を創刊している。

さらに女性への注目が集まったのは、化粧品や洋服、喫煙、美容などに現れたファッションや消費生活の変化であった。一九二二年には銀座の**資生堂**が美容・美髪・子供服の三科を設置して美容皮膚・美顔術とカールを実施し、一九二三年には山野千枝子が東京丸ビル内に丸の内美容院を開店し、ここから**美容院**の呼称が広まっていった。山野はまたマネキンクラブを創設し、モデルを使ったファッションショーによって洋装の普及にも努めていた。

このように日本史上、初めて現れた女性たちのさまざまな活動は世間の耳目を集め、そこでは警戒と期待、賞賛と軽侮などの相反する想いが入り交じったさまざまな評言が交錯することになる。

「新しい女」についてはさまざまな定義がなされたが、三つの時期に出された辞典では次のように推移している。まず文芸という視点から新たな女性の役割に着目した一九一八年の小山内薫《おさないかおる》編『文藝新語辞典』（春陽堂）では、「女は長い間、男の附属物として育てられ、その性質も男の都合のいい様に馴致《じゅんち》せられてきたが、それが近来女も漸く自己本然の姿を顧みることを知って、男から受けた強制的なものを凡《すべ》て振り捨てようと考えた。これがすなわち新らしい女で、道徳上では女子の個性解放となり、政治上では参政権獲得運動となった。イプセンの戯曲が是に多大の刺激を与えたことはよく人の知る所である」とされている。ここで記されているように、ノルウェーの劇作家イプセンの戯曲『人形の家』の女主人公ノラが夫にとって可愛い人形にすぎない妻の地位を捨て、夫と三人の子どもを残して家出する生き方は、近代的自我に目覚めて自立を図る新しい女性の典型として日本のみならず朝鮮や中国でも共感をもって受け入れられていった。しかし、新しい女＝モダン・ガールに対しては、一面で評価しつつも、次第に反発や批判が強まっていった。一九二四年刊行の生田長江・校閲『現代語辞典』（素人社）においては、「新思想を懐く女。ある意味には軽佻浮薄な女のこと」とされ、さらに一九三一年刊の現代新語研究会編『いろは引・現代語大辞典』（大文館書店）では「古来の因襲を脱して婦人の地位を時代的に、思想的に、自覚して活動する婦女子。又は新奇を追い、女としてあるまじき行為をする女。出過ぎた女。モダーンガール」と記述されるに至る。

こうした評価には、筆者の主観が大きく作用しているが、新たに現れた女性の思いも寄らない言動に人々が多大な興味とともに驚きと戸惑いを禁じえなかったことは、さまざまな「ガール」と付された次のような言葉から窺い知ることができる。

まず、職業に関しては「ショップ・ガール＝女店員」、「オフィス・ガール＝女事務員」、「サーヴィス・ガール＝給仕女（食堂などの）。女給。又は仲居」、「ビリヤード・ガール＝撞球の数取り女」さらには「ちんどん・ガール＝チンドン広告の娘」、「わんさガール＝つまらん女優、端役をする女優」などがある。また、現在なら「援助交際」にも当たるのかと思われるが、男性の相手をして謝礼をもらう職業の一種として挙げられているものに「オート・ガール＝自動車に同乗して一定の時間をドライヴして男子より賃金を得るという、新しい職業婦人」、「キッス・ガール＝一度の接吻に五十銭なり一円なりの料金をとって誰にでも職業的にキッスをさせる女性」、「ステッキ・ガール＝ステッキのごとく散歩時につれて歩く女」、「スピーキング・ガール＝対話嬢。話相手をして料金を取る。スガと略」、「ボート・ガール＝ボートに同乗してお相手をする女性」などがあった。これに類するものとして、「エロ姫＝色気のある職業婦人」、「カフェー・フラワー＝カフェーの中で花形女給。カフェーの女王」、「エロ・ガール＝色っぽい娘。エロを売りものに客を呼ぶ女性」などがあった。

さらに女性の化粧方法や所作・行状などに着目したものに、「カブキ・ガール＝歌舞伎役者以上に恐ろしく込み入った物凄い化粧をする女性」、「ソサイエチ・ガール＝社交界の若い女。社交婦人」、「カルピス・ガール＝恋愛期に入った娘」、「フレッシュ・ガール＝溌剌《はつらつ》たるお嬢さん」、「センチ・ガール＝センチメンタルな女のことで、感傷一点張りの女。泣くのと同情を強いるのとで迚《とて》も頭が古い女性」、「エンゲルス・ガール＝マルクス・ボーイに対して、分かりもしないのにマルクスやエンゲルスの経済学にかぶれるモダンな女」などがあり、多種多様な女性の特徴を捉えた言葉が噴出した時代であった。そして、新しい女＝モダン・ガールに着目するとき、他の老若男女の言動も問題となる。そこではモダン・ボーイだけでなく、お金も恋人も持たない「モタン・ボーイ」さらにはモヂやモマ、トッチャン・ボーイにも焦点が当てられる。

モヂとは「モダン・ヂイ（ヂヂイ）」の略で「当世風の爺さん。不良老年。相当の年配でありながら年にも恥じず、カフェーなどの女給を追いかけ回してふざけ歩く老翁」とされる。また、モマとは「モダン・マダム」の略で「不良夫人。すなわち流行の粋を身にまとって若い愛人などとしゃなりしゃなり銀ブラでもやる当世風な奥様」を指したが、実在したのかどうかは不明である。トッチャン・ボーイについては「家庭ではお父っチャン。カフェーや酒場ではモボとなる近代的男子」とやや弁護的なものから、「数人の子がありながら、花柳街・カフェーあたりに出入りしては、若い妓《こ》たちにそぞろなる恋心を覚え、心ときめかすといったような男。また、いい年をしながら、すこぶる元気で飲酒遊興する男」といった批判的な見方まであった。

このような「ガール」を軸としたモダンの噴出は、大正という時代に特徴的な世相であったのだろうか、それともいつの時代も変わらぬ社会風俗の現れでもあるのだろうか。

果たして、私たちは目前に急に現れた存在や言動にどのような眼差しを向け、いかなる反応を示しているのだろうか。こうした新奇ともみえる現象の背景で静かに地殻変動が起きているという事態は、けっして大正という時代に限られたものではないはずである。

（山室信一）

化粧・衣裳

化粧品が産業として成立したのは明治三〇年代の後半であったと言われている。それまで化粧品は、小間物の付属品として扱われていた（『資生堂宣伝史』I）。化粧において女性の個性は認められず、誰もが同じように白粉《おしろい》を厚く塗っていた。色白の人が美人の最大の基準であった。明治末年から大正初年代にかけて、以下の化粧品メーカーとその商品があった。伊東胡蝶園《いとうこちょうえん》の練り白粉「御園《みその》おしろい」、粉白粉「御園の花」、水白粉「御園の月」。中山太陽堂の「クラブ美身クリーム」、「クラブ洗粉」。平尾賛平商店の「小町水」、「乳白化粧水レート」、「レートクレーム」。桃谷順天館の「美顔水」。資生堂の練り白粉「かへで白粉」、化粧水「オイデルミン」など。

小説家の宇野千代は生まれつき色黒であったと言い、娘時代に色白になれないと幸福は来ないと思い込んでいた。大正三年（一九一四）、彼女が一七歳のときの化粧法は、次のようであった。「昔のお化粧と言うのは、まず何をおいても、顔に白粉《おしろい》を白く塗ることでした。白粉をぺったりと白く塗れば、瞬間的に色黒が隠れます。（中略）まず顔を洗って、クラブビシン（美身―引用者）クリームを塗り込み（その頃にも、クラブの化粧品がありました）、それからクラブ煉白粉《ねりおしろい》を手のひらにといて顔中から襟《えり》にかけて塗り、その上を、大きな牡丹刷毛《ぼたんはけ》にお湯を一ぱい含ませて、幾度となく撫《な》でながら白粉をおちつけてから、乾いたガーゼで水気を拭い、さてそれからその上に、クラブ粉《こな》白粉を軽くはたいて、口紅をちょっとつけ、頬紅をはたき、一番あとで、眉の仕上げをしました。」（『私のお化粧人生史』）。この時期、大阪の中山太陽堂のクラブ化粧品は、東京の平尾賛平商店のレート化粧品と人気が二分されていて、「東のレート、西のクラブ」と言われていた。

長谷川時雨は『美人伝』（大正七年＝一九一八）で、明治・大正期の美人の評伝を書いたが、この時代に「三美人」と呼ばれたのは、九条武子、柳原白蓮《びゃくれん》（燁子《あきこ》）、日向《ひなた》（後、林）きむ子であった。時雨はきむ子について「洋風の頬を匂わせた化粧ぶり」と書いている。きむ子はフランスから取り寄せた肌色の白粉を使っていたらしい（森まゆみ『大正美人伝』）。それまで白粉は「白色」に決まっていたが、この時期から自然な肌色の白粉が使われ出したのである。

大正五年（一九一六）、**資生堂**の初代社長・福原信三は社内に「意匠部」を発足させた。意匠部は主に商品デザインを担当する広告宣伝部だが、ポスターや新聞広告から店舗設計までここで行なった。画家の川島理一郎、小村雪岱《せったい》、デザイナーの山名文夫《あやお》などがいた。大正期の新聞広告は枠内に文字がぎっしり詰まっているのが普通だったが、資生堂の広告は枠内の文字数が少なく、余白を生かした独特の雰囲気を作り上げた。ゆるやかな曲線の多い一九世紀末のアール・ヌーボーのデザイン思想が影響していた。後にこの思想は、資生堂書体と言われる、広告文字の書体考案に結びつく。

大正という時代は、女性の衣服が和装から洋装に変わり、髪型が洋髪に変わり、それにともなって化粧品と化粧法も変化していく、現代につながる過渡期であった。資生堂は、大正一一年（一九二二）に、広報活動の一環として、美容科、美髪科、子供服科という「三科」を発足させた。美容科は女性の皮膚の相談にのり、それにあわせた化粧品の選択を勧めた。美髪科はアメリカから美容師ヘレン・グロスマンを呼び、日本髪のままだった女性たちに欧米の束髪の方法を教え、「耳隠し」という新しい髪型を普及させた。ちなみに、この時期までの日本女性は洗髪を滅多にしなかった。日本髪を結うのには時間とお金がかかったこともあるが、髪を洗うと傷むと考えられていたからである（和田博文『資生堂という文化装置』による）。頭髪油を濃厚につけるという習慣があり非衛生的でもあった。女性たちに洗髪を普及させたのも美髪科である。ここで美容師の養成もした。子供服科はパリ帰りの武林文子が子供服の洋裁技術を指導した。大人はまだ和装が中心だが、洋服で育った子供たちは大きくなると洋装になる、という将来を見越した企画である。また、子と母の雑誌『オヒサマ』を創刊した。鈴木三重吉らの童謡雑誌『赤い鳥』（大正七年創刊）が童謡運動を起こしたことと連動していた。

関東大震災（大正一二年）の後、女性の社会進出が進んだ。津野海太郎は大震災後、「化粧品業界に『化粧品を女性の意識改革のシンボルとして押しだそう』という動きが生まれる」と述べている。「これまで家庭にとじこめられてきた女性が、新しい化粧品と化粧法によって生気を獲得し、街路や仕事場にさっそうと進出してゆく。すなわち化粧品によって女性を変え、ひいては社会までも変えてしまう」（『花森安治伝』）。

大震災後、東京の銀座を散歩する若い女性に、**モダン・ガール**（略称「モガ」）が現れるのは、大正末年から昭和初年代であった。モダン・ガールをどのように定義するかは、同時代の人間もとまどった。「資生堂月報」大正一五年（一九二六）六月号に、「Modern Girl」と題した座談会が掲載されている。「髪《かみ》は耳《みゝ》かくし、眉《まゆ》は綺麗《きれい》に剃《そ》り（中略）外股《そとまた》で勢《ゐきほい》よく歩《ある》く度《たび》に蹴出《けだし》をパッパッととばしてゆく婦人《ふじん》」と一人が言えば、他の一人は「化粧《けしやう》にしろ服飾《ふくしよく》にしろそれを批判《ひはん》するだけの頭《あたま》を持《も》つてゐて、外部《ぐわいぶ》に現《あら》はし得《う》るものが真《しん》のモダンガールである」と言う。「唇《くちびる》はあくまで赤《あか》く、白粉《おしろい》は紫《むらさき》や緑《みどり》やさては黄《きい》などをふんだんに使《つか》つて、頬紅《ほゝべに》も鮮《あざ》やかに入黒子《いれぼくろ》に描眉毛《かきまゆげ》、尚目《なほめ》に墨《すみ》を入《い》れてゐる」。「つまりアメリカ式《しき》なのです。しかしそれがよい事《こと》か悪《わる》い事《こと》かは一寸判断《ちよつとはんだん》に苦《くる》しむのです」などという意見も出ている。この座談会では、モダン・ガールは束縛を受けない女性のこととされている。

モダン・ガールの登場とともに、断髪が流行した。断髪はそれまで女性の長い髪を美の基準としてきた日本人の意識を一変させた。しかし、モダン・ガールも断髪も、初期は年上の女性たちからも男性からも嘲笑と揶揄の対象であった。宇野千代は小説家のなかで断髪をした最初の女性であった。それに影響を受けて吉屋信子など女性作家たちの多くが断髪をした。嘲笑と揶揄は同時代の意識的な女性をさらに活気づけたのである。

化粧と衣裳とがファッションとして結びついたとき、化粧は薄化粧に、衣裳は身体を締めつける和装から、仕事をする女性として、身体が動きやすい、ゆるやかな洋装に移っていった。その起爆剤としてモダン・ガールがいたとも言える。和装は仕事が終わったとき、くつろぐときの衣裳になるという生活スタイルが、このときから出来上がった。

（佐々木幹郎）

正調

「正調」という言葉がある。民謡で《正調安来節》、《正調佐渡おけさ》などと言うときの、あの「正調」である。一般的には、地元でずっと歌い継がれてきた「本来」の歌い方というような意味で理解される。実際、有名な民謡の地元に行くと「正調○○節保存会」というような名の保存団体があり、そこでは元のままの手を加えられていない「本物」が聴けると思うのがごく普通の感覚だろう。

だが、この「正調」、意外に厄介な存在である。各地に保存団体ができるなど、「正調」の存在が確立されるのは大正期前後のことだが、その時期の「正調」の説明はだいぶ様子が違うのである。

兎角世の中の事は何でも人工を加へて自然から遠ざからうとしてゐる、……そう云ふ追分も自然調から段々型に嵌つて行つて、正調追分が現在幅を利かしてゐる。……然し追分の正調と云ふのも、之は海の上から山の中から掘出したものを精練して、つまり都人士にもやれる様にしたもので、……浪の音を聞きながら、又馬の手綱をとつて唄ふ訳にも行かず、あつしをぬいで、脚絆をとつて、東京の真中で唄へるものにしたのである……。(藤田鈴朗「追分の研究：尺八との間柄」、『三曲』一九二六年七月号)

もともと自然のなかで歌われていたものに手を加えて洗練し、都会人にも歌えるようにしたのが

「正調」だというのだから、今われわれが考えているのとはほとんど逆と言ってもよい。

少し後のものだが、一九三九（昭和一四）年に出た三木如峰の『北海道俚謡正調追分節』という本を見てみると、「正調」は「古調」と対比されている。古くから地元で歌われてきた「古調」は、「歴史的な面白味や郷土的色彩」はあっても「卑俗雑駁な感じを免れぬ」のに比して、「正調」の方は「すべての点に於いて組織的で如何なる場所、如何なる人士の前に於いて之を唄っても決して辱しからざる整った型式を備え、豊かな芸術味と高尚さをもっている」と書かれている。

このふたつの文献、書かれた時期も「正調」に対する評価もだいぶ違うが、「正調」が、都会人にも共有してもらえるような洗練された形式に整えられることである種の普遍性を獲得しているという認識では完全に一致している。そしてそのような認識が、正調こそが「本来」的なあり方を示すものであり、芸術的な価値をもつものであるという考え方を支えているのである。

民謡の「本来」のあり方というと、歴史的な保存や復元と反射的に考えてしまう現代人は、作りかえられ、洗練されたものの方が「本来」だという考え方には違和感をもつかもしれないのだが、この時期にはむしろそちらの方が普通だった。東洋音楽学会の創設者である田辺尚雄（一八八三―一九八四）は、アカデミックな日本音楽史研究のパイオニアである一方で、「玲琴」なる新楽器を考案したりもしているが、一九三〇（昭和五）年には、田辺自身がこの新楽器で伴奏したレコードが《正調追分》を銘打って出されている。従来行われてきた三味線の伴奏は深みが不足しており、この楽器でそれを補ってこそ高い芸術性をもつ「本来」の追分節になるというのが田辺の言い分であった。

追分節の「古調」で一番問題になったのは、囃子《はやし》の存在であった。たしかに古い録音には、「その声聞かして二十日病ませる、病ませて死んでは、お医者が貧乏で、お寺が繁盛だ、スイスイ」などという、本唄とはおよそ関係のない囃子がつけられているものなどもあるのだが、それが「卑俗」の最大の要因とされ、真っ先に取り除かれた。ちなみに、今日「正調」の上演で聴かれる「ソイ掛け」と呼ばれる掛け声は、この囃子の「スイスイ」の「改良版」である。テイストは似ても似つかぬほどに違っているが、それがまさに「芸術化」されたという所以なのだろう。いずれにせよ、三味線や囃子といった座敷唄的な卑俗な要素を消し去ろうとする大正期前後のこうした動きのなかには、そのようなものを逃れて地方に残る日本の「本来」の文化を求めてゆこうとするベクトルと、そこにさらに都会人にも通じる普遍性を付与してゆこうとするベクトルとが、微妙なバランスを示しつつ混在していた。「正調」は、まさにそのようなあり方を一身に引き受ける概念だった。

この「正調」という概念が、とりわけ民謡と結びつく形で用いられるようになったもうひとつの背景がある。『萬朝報《よろず》』の主宰者であった黒岩涙香《るいこう》が一九〇四（明治三七）年にはじめた「俚謡正調」という読者からの募集企画である。「俚謡」という語は今日ではあまり使われないが、第二次大戦前には今日「民謡」と呼ばれるものを指す語としてむしろ普通に使われていたものであり、その意味では大正期の民謡の「正調化」の動きの先鞭をつける役割を果たしたとみるのは不自然ではない。

ただし、この「俚謡正調」で念頭に置かれている「俚謡」は音楽ではなく、七七七五という、民謡で一般的に使われる詩型の方である。この詩型はもともと、和歌（五七五七七）、俳句（五七五）とならぶ日本の三大詩型の一つであり、大和民族の心意気をうたうのに最も適するとされていたが、近年ではすっかり堕落して卑俗な都々逸《どどいつ》などに成り下がってしまった、そこで読者に広く呼びかけて新作を募集し、その本来の精神を取り戻したい、というのが、この「正調」という語にこめられた目論見であった。一九〇四年という時期を考えると、そこには国粋主義の台頭した日露戦争下の状況が影を落としていたことは間違いない。最初の入選作は「戟を枕に露営の夢を心ないぞや玉あられ」というものだが、選評には「之を一吟すれば満州に野営する勇士の風貌、眼前に浮ぶが如きを覚ゆ」と書かれ、近来の都々逸にはみることのできなかった「調の高き」あり方が激賞されている。

もちろん俚謡と言っても、ここで募集されているのは詩だけで、音楽の方はあまり問題になっていないから、これがその後の各地の保存会結成の動きにみられる「正調」のあり方にただちに直結したとは言い難い。だが、涙香の下でこの「俚謡正調」の企画に深く関わっていた湯朝竹山人《ゆあさちくさんじん》という人物がその後、民謡研究の中心的な担い手の一人となり、全国の民謡の歌詞集を編纂したり、追分節などについても多くの同時代証言を書き残したりした事実を考えるならば、各地の「正調」保存会が目指した方向性に、この「俚謡正調」の余韻を聴き取ることはさほど難しくない。

民謡の価値が見出され、その「正しい」形を保存しようとする志向が確立されたという点では、たしかに大正期は民謡をめぐる現在に至る動きの原型が形作られた時代だったと考えて間違いないだろう。しかし他方で、そこで想定されていた「正しい」形のあり方は、今のわれわれが民謡に向ける視線とは明らかに異質な方向性をもっていた。「俚謡正調」のもたらした国粋主義的な余韻がやがてエスカレートし、俚謡による「精神作興」をめざした《江差追分》の改良文句集などというものを生み出したり、「一人息子は空飛ぶ勇士」などという軍国主義バリバリの歌詞に生まれ変わったりといった問題を生じさせるようになっていったことを考えるならば、「正調」のこうしたあり方が大きな危険を懐胎していたことは否定すべくもない。その意味では、戦後になってそれに対する反省から、このような方向性が否定的に取り上げられるようになったことは歴史の必然であったと言うべきであるのかもしれない。しかし他方で、民謡という資源を新たな時代に合った形で生かしてゆくことを是とするこのような考え方の中に、今やわれわれが疑うこともない、ある種冷凍パック的な「保存」の概念の中で見失われてしまった様々な展開の可能性が残されていたのかもしれないという思いを捨てることができないこともまた事実なのである。

（渡辺　裕）

時代を読む視点

公設市場

大正期における都市住民の急増は、食料品をいかに安定的に供給するかという社会問題を引き起こした。この問題に対応するべく各自治体が大正期に整備したのが公設市場であった。公設市場には小売と卸売の二つがある。「卸売」によって食料品を安定的な価格に抑え込みつつ、「小売」によって食料品を安定的に届ける場を確保しようとした。

まず先に設置されたのが小売市場である。一九一八（大正七）年四月における大阪市の設置がその嚆矢とされるが、同年の米騒動をきっかけに公設小売市場は急増する。

同年、内務省は救済事業調査会において小売市場設置要綱を決議するとともに、一九一九〜二〇（大正八〜九）年の二年間で三〇〇万円を低利にて自治体に融通し、公設市場の設置をうながした。一九二一（大正一〇）年一〇月の内務省調査によれば、東京市一三、東京府市場協会五七、京都市六、大阪市一五、横浜市五、神戸市八、名古屋市五と大都市圏を中心に急速に整備されるに至った。

公設小売市場は物価対策への応急的措置だったが、根本の課題は消費秩序の再構築であった。当時の当局者の発言を引いておこう。東京府公設市場主任の講演記事（一九一九年一一月一四日時事新報）によれば、公設小売市場の設立は「全く小売商人の無自覚から来た結果」であり、「小資本の小売商人が一廉の資本家気取りで、個々別々に商品を仕入れ、小さな取引を行って」いるからである。当時の東京は「白米商一軒に対して百五十人の市民が買い手という状況だった。こうしたなかでは「勢い多くの利益を見なければ、店が立ち行かぬ事になるのは当然」であった。この認識に立てば公設小売市場の設置だけでは政策として不充分であった。

こうした状況をどう打破するか。その具体的方策が卸売中央市場という統制であった。中央卸売市場では出荷者からの販売委託の申込を拒否できず、取引きする数量の大小などの諸条件で出荷者を不当に差別することも禁じられた。多くの農産品を大都市の中央卸売市場が引き受けることで需給調整と価格調整が可能になると考えられたのである。一九二三（大正一二）年には中央卸売市場法が公布され、六大都市を中心に整備が進む。築地市場もこの流れで設置された。

さて現在に話を変えると、中央卸売市場は数を減らしつつも存在し、一方の公設小売市場はほとんどが廃止となった。しかし、いまだ存在感を見せているのが沖縄である。那覇市の第一牧志公設市場には生鮮品が溢れるように並んでいて、その二階には食堂まで用意されている。普段、多くの市民は市場よりスーパーを利用するが、旧盆や清明祭のときには先祖を祀るにあたって不可欠なゴボウや蒲鉾を買いに地元客が戻ってくるのだ。

那覇の公設市場は単なる生活必需品を売買する場ではない。それ以上に那覇の資源と生活を可視化させる装置である。それは大正期の公設市場も同じだった。救済事業調査会は一九一八（大正七）年の調査で、小売市場を、住宅改良、小資本金融、家庭職業、廉価宿泊、簡易食堂と並べて論じていた。そこにあるのは、地域の資源をうまく掘り起こして、それを市民に配分して、生活を成り立たせるという知恵であった。こうした「生活の可視化」という点にこそ流通機構に留まらない公設市場の可能性があるように思われる。

（新　雅史）

二重国籍

植民地帝国へ変貌を遂げていく明治後半期、「殖民」や「併合」への熱い議論とあわせて「国籍」についても列強諸国の過去の事例に関心が示されるようになる。ただし「二重国籍」という言葉が新聞雑誌等で見かけられるようになるのは大正に入って以降のことである。それは、外地拡張に伴う内地人／外地人の国籍問題としてではなく、北米移民の排斥問題に端を発する問題意識であった。

日米の国籍法は、日本の「系統主義」（父が日本人であれば出生地にかかわらず子も日本人）と米国の「属地主義」（米国領土内で出生すれば米国市民）で違いがあったため、二重国籍者が生まれざるを得なかった。これを理由に、北米では移民たちの市民権を剝奪する気運が高まる。また、個人を国家に従属させる国籍は兵役義務と密接に関わるため、在外出生の日本人は、日米両国から二重に徴兵されるという事態にも陥った（じつは第一次世界大戦時から、少なからぬ日本の子弟が米軍一三〇万に加わって参戦し、彼らの兵力は米国内でも評判が良かった）。このような同胞の不利益を解消するために、個人の意志にもとづいて日本の国籍離脱が可能となる法が整備されたのが、大正一四年のことである。

内務省によれば、大正四年当時の在米者数（カナダ、メキシコ、ハワイを含む）は一九万一一人。過去一五年間の在外出生数が六万九四七二人で、そのうちの二重国籍者が約四万三〇〇〇人であった。当時の海外各地在留邦人の総数は五四万二六八六人、うち中国大陸が三〇万四四六人であった。（ちなみに、昭和五年には、在米日本人約三〇万人の半数が米国で出生して市民権を得ている日系人となり、その多くが日本国籍から離脱する法的措置をとっていない実質的な二重国籍者であった)。『二重国籍者の詩』(大正一〇年)は、長い在米経験を経て帰朝した英詩人・野口米次郎《よねじろう》が日本語で刊行した最初の日本語詩集である。ホイットマンと芭蕉への敬愛を隠さぬこの一冊には、民衆詩派の詩人たちも慕っていたトラウベルの序文がつけられた。野口は、「二重国籍」性を備えてこそ、外からの客観的な視野をもつことができ、自国文化や国家に対して正当な判断や理解ができると自負していた。「二重国籍」は、先端的でリベラルな時代の空気を表象するキーワードでもあったはずである(それゆえに、同時代の若い世代のなかには、野口は「二重国籍」的ではなく国家的民族的だといって反発する者も出ていた)。

野口に限らず、大正期の人々の多くが、精神的な「二重国籍」性を孕んでいた。民主主義理論や社会主義思想、先端的な宗教哲学やモダニズム芸術思潮をとりこんで帰朝した者たちが時代をリードしていた。また若者たちが内部に取り込む学問や教養は西洋知識であり、国境を越えて活躍する「コスモポリタン」としての気概にあふれ、感性の面での脱国籍化が進んだ。民族や国籍を越えて「民」の声を聞く意識が進み、「国」から精神的にも思想的にも距離をとる人間的生活が許されていた時代ともいえる。

このように、大正期の人々の認識する「二重国籍」性とは、あくまでも東西の二重性であった。だが、当時のアジア各地の独立革命をめざす亡命者たちや被植民地の民衆に現在の視点から思いを馳せるならば、内地やその周縁がじつに多様な「二重国籍」性を備えた人々で構成されていたことも明白である。

(堀まどか)

観衆

近代美術史における文部省美術展覧会（文展）の開設（明治四〇・一九〇七年）は、明治政府による種々の美術行政の施策（博物館、美術学校等の開設）のひとつの帰結点であった。上野公園ではすでに日本美術協会展、洋画系の白馬会展、太平洋画会展などが定期的に開催されており、上野の秋は美術の季節といった認識も定着しつつあり、報知新聞紙上の第一一回白馬会展評の冒頭には「春は桜に秋は美術展覧の錦繡もて織り出さるる上野季節」とある（同年一〇月一四日）。文展は文部省により審査員が任命され、その鑑査を経て日本画、洋画、彫刻が一堂に展示される全国規模の公募展で、曲折はあったが、戦後まで存続した点で特筆されるが、近代的な観衆の成立への寄与も見逃すことができない。

それは、同じ一九〇七年、美術審査に関して種々の悶着が生じた東京勧業博覧会に押し寄せた公称六〇八万二七〇〇余の入場者とは異なり、毎年定期的に開催される展覧会に通う「美術大衆」ともよびたくなる、第一回展では四万三〇〇〇人（戦前では最大二五万八〇〇〇人）の「観衆」のことである。

むろん、美術大衆は突如として出現したわけではない。明治初年には、盛り場の浅草に五姓田芳柳《ごせだほうりゅう》が油絵茶屋を設け、見世物として見物を求めた。その一方で、門下の平木政次《まさつぐ》によれば、第一回内国勧業博覧会（一八七七年）で設けられた「美術館」は、入口に「御紋章の紫幔幕」が掲げてあり威圧的であり、自然に頭を垂れて「礼装で、御物でも拝観する様な気分で」入場するところだった（『明治初期洋画壇回顧』、一九三六年）。そうした紆余曲折のなかで美術大衆が育成されていった。

文展は美術家にとっても待望久しいものであった。洋画界の指導者で東京美術学校教授の黒田清輝は、文部省が牧野伸顕大臣のもとでいよいよ公設展覧会にむけて動き出すと、報知新聞の取材に応えて、念願した展覧会の開設によって「読書家」が登場すると歓迎し、さらに、美術館が建設されるならば、すでに自然を対象として技量を陶冶している洋画家は、作品の構想を練るために必要な「字引」を得ると期待を表明した（一九〇七年二月六日）。むろん、黒田の念頭にはまず美術家自身が「読書家」だという自負があっただろうが、洋画の普及を目指してきた以上、毎年展覧会場に足を運ぶ美術愛好家という「読書家」の育成も念頭にあったはずだ。

この美術大衆の登場と増大に対する反応として、たとえば一九一一年から翌年にかけての白樺派と木下杢太郎《もくたろう》の「絵画の約束」論争は、「自己」に対して地のような存在としての「公衆」を算入して、読み直すことができる。また、これより前、『白樺』誌創刊の一九一〇年、京都帝大の心理学者松本亦太郎《またたろう》が第四回文展評で、日本画出品作を「旧式画と新式と装飾画」に三分した上で、同じく「観賞者」も三分されるとした。その筆頭に挙がったのは「最多数」の「普通の無頓着の観覧者」（松本はこれを「公衆」という）であり、第二は「猟画家」つまりコレクター、そして第三が「批評家」とされた（『絵画叢誌』、一九一〇年一二月）。いまや松本の目には無視できぬ存在として「公衆」が映っていた。

このように文展は「観衆」を招き寄せ、育て、美術界の制度的存在としたといえよう。（五十殿利治）

鎮守の森

神社境内の森林環境「鎮守の森」といえば、「自然」と共生する「日本」の誇るべき文化伝統の象徴であり「森の文明」などとされ、世界に発信されてもいる。聖地として立ち入りが禁じられ、人間活動の結果みられなくなった人手の加わらない土地本来のピュアな「自然」、原生林（照葉樹林に代表）が残るので貴重、などというのが、一般・専門人とわず現在の我々の常識的なところといってよいだろう。はてさて、二〇世紀・大正モダンの「歴史」と何の関係があるというのか。

「鎮守の森」というコトバからみてみよう。そもそも、このコトバの使用は明治後半以前にさかのぼれない。最近の研究では一八九二年、ツルゲーネフの影響をうけた自然主義文学者・田山花袋の『雨中山』が最も早い使用例とみられている。みえてくるのは、神社境内の森林環境を「鎮守の森」としてあらためて「発見」する西洋近代の風景認識というまなざしの力である。このコトバは日本が近代国家として確立する明治末年までに定着、意味合いが拡大していく（小野良平「用語「鎮守の森」の近代的性格に関する考察」『ランドスケープ研究』七三―五、二〇一〇年）。

この意味合いの拡大を考えるうえで、冒頭紹介したような「鎮守の森」の価値の論じ方の問題は重要だろう。実は、現在我々が当然視するような価値づけの感性は、大正時代以前にさかのぼれない可能性が高い。筆者は、二〇世紀の現代化への仕切り直しをせまられ、煤煙うずまく工業化が都市部で進行中の大正社会のきわめてモダンな感性の産物だったと考えている（直接の契機は明治神宮造営）。

例えば、かの有名な奈良の三輪山・大神《おおみわ》神社。本殿がなく山自体を神体とする神社の原始態を維持し、山への立入を厳しく制限してきたとされる。明治末年、絶大な影響力を社会・行政にもって「鎮守の森」専門家として論じた林学者・本多静六《せいろく》も、こうした「神体林」神社の価値は、人為不介入のピュアな「自然」が展開することに価値の源泉をもとめたが、本多は、それはあくまで例外だという。「鎮守の森」の価値源泉は、社殿などの「文化」要素であり、それをひきたてるスタイルをもつスギ等の常緑針葉樹を（通例「自然」林として形成・維持されないので）人工的に植栽・管理するのが本来の理想で、それで価値づけられない「神体林」の場合、価値枠組それ自体をまったく別立てにしなければならない、と論ずるのである。この「自然」を例外視する鎮守の森の価値付けは「奇妙」に見えるかもしれないが、当時突拍子もない議論と受け取られた形跡はない。我々とは価値枠組を異にする感性が明治時代に存在していたと考えていくべきであろう（畔上直樹「戦前日本における「鎮守の森」論」藤田大誠他編『明治神宮以前・以後』鹿島出版会、二〇一五年）。

感性が変われば、「現実」も変わる。明治時代の大神神社の環境は実はかなり「里山」的だったが、大正時代、特に中心部を禁足地化、「原生林」を創出しようとする方針に転換する（同前）。この方針は、昭和期にはいると戦時期にかけ、村の小さな神社にまで神社行政を通じ政策的に強力に推進されたばかりか（同前）、伊勢神宮の大正期以降の方針にすら、同様の変化がみられるようなのだ（近日発表予定）。大正モダンの日本の感性が「鎮守の森」の「原生林」化を推進したということになる。

冒頭で述べたような見方は、最近では一九七〇年代以降の文化現象「神道環境主義パラダイム」にかかわるとされるが、起源をたどると、大正日本のこのモダンな感性にいきつくのである。（畔上直樹）

⑨

⑩

⑪

第二部　踊り場としての「大正」

❼治安維持法に反対する人々。大正14年（1925）頃
❽大正14年（1925）に竣工した「お茶の水文化アパートメント」（一粒社ヴォーリズ建築事務所提供）
❾タイピストとして働く女性たち。大正時代
❿製糸業の全盛期、女工さんたちの外出風景。大正中期の岡谷の町
⓫前田一『サラリマン物語』の表紙。昭和3年（1928）

サラリーマン・職業婦人・専業主婦の登場

労働生産性と職称

二〇四五年、人工知能(AI)が人間の知能を超える「技術的特異点《シンギュラリティ》」が訪れるとの予測がアメリカの未来学者レイ・カーツワイルによって主張されている。

また、既に実用化が始まっている自動運転の電気自動車(まさに自動!)や介護ロボット、遠隔操作による海運などAIやモノのインターネット(Internet of Things, IoT)を活用することによって、少子高齢化の進展に伴う労働力供給の減少を補完できる、さらに業務効率や生産性が高まって労働時間短縮に繋がるといった希望的観測も出されている。

その反面、会計ソフトウェアやネット販売などの普及によって会計事務員や商品販売外交員などが職を奪われており、二〇三〇年には日本の労働人口の五〇%近くがAIやロボットなどで代替される可能性があるとの試算もある。報道によれば、損害保険大手の三井住友海上火災保険は二〇一八年度から、営業部門職員が手掛ける事務作業のうち九割を人工知能(AI)などで代替することになっており、多くの銀行も窓口業務係を大幅に削減していくという。そして、三〇年後には、半数以上の人が現在は存在しない職業に就くことになるとの予想もある。

このような趨勢が進んでいくなか、日本では「生産性革命」や「働き方(働かせ方)改革」、「ひとづくり革命」などが、重要な政策課題として取り上げられている。

その背景には、生産年齢人口が減少していくなかで、過重労働などの問題を解決する必要性がようやく認識されるに至ったことが挙げられる。例えば、日本生産性本部が発表した二〇一六年における国際比較に依れば、日本の労働生産性（就業一時間あたりの付加価値）は前年比一・二％上昇して四六ドルとなったものの、経済協力開発機構（OECD）平均の五一・九ドルを下回っており、加盟三五ヵ国中二〇位であった。また、先進七ヵ国（G7）のなかでは一九七〇年以降、最下位が続いている。もちろん、世界で何位かという議論に意味があるわけではまったくないが、同じ成果を挙げられるのなら無駄な労働時間をできるだけ省くことは必要であろう。ものづくり大国、経済大国と称されながら、今さらながら生産性革命が改めて叫ばれているのは不可思議な気もする。

しかし、生産性をあげるという課題は、今に始まったわけではない。

既に一九一〇年代には、「複雑なる産業組織の間に起こって、災害を未然に防ぐ一種の警語として創《はじ》められ」（小林鶯里編『現代日用新語辞典』文芸通信社、一九二〇年）た新語として、「**科学的管理法**」や「**能率増進**」の重要性が強調されていたのである（序文。ただし、本文で「科学的管理法」は立項されず、能率については「一定の時間内に仕事の結果を出来るだけ有効に発揮する割合をいう」とだけ説明されている）。それ以前の一九一三年、池田藤四郎が『無益の手数を省く秘訣』（東京魁新聞社出版部）でテーラー主義を紹介し、ベストセラーとなっていた。そして、一九一九年には世界的な「産業革新期」に対応するために大日本文明協会から『科学的管理法』の体系的紹介書が刊行されている。

他方で、それから一〇〇年近くを経て、英語圏でもkaroshi（karoushi）として通用している「過労死」をはじめとして、直訳しても外国では通用しない非正規労働、ブラック企業、サービス残業、休日出勤など日本特有の労務形態を表す言葉は、少なくない。また、働き方改革を進めるという名目の下で、無理な時間短縮を強要する「時短ハラスメント」（ジタハラ）も広がっているという。さらに、時短の結果、早い時間に退社はしたものの、そのまま自宅に帰ることは心進まないために途中でカフェーや書店などでフラフラと時間を潰す「フラリーマン」という存在も話題となっている。

「フラリーマン」という造語は巧みだが、顧みれば日本には勤労者や勤務形態について、外国語からの鋳造語として創作された言葉が少なくない。その典型が**サラリーマン**という和製英語だが、ビジネス・ガール（BG）やオフィス・レディー（OL）、フリーターなどの鋳造語も、ある意味では日本人の言語感覚の妙味を示しているのかも知れない。

日本では女子事務員を一九三〇年代から**ビジネス・ガール**と呼び始めていたが、BGが英語で「街の天使（街娼）」を意味する隠語であるといった説も現れたため、東京オリンピック前年の一九六三年にNHKが放送禁止用語にしている。そして、この言葉に代わる呼称を週刊誌『女性自身』が読者に募集して採用したのが、オフィス・レディー（OL）であった。しかし、読者投票ではオフィス・レディーは第七位で、最多票の言葉はオフィス・ガール（OG）であった。これを当時の編集長が個人の判断でオフィス・レディーが第一位であったように発表したものが、流布するに至ったのである。ちなみにオフィス・ガールは、大正という時代にモダン語として使われていた。

このように職務や職位についての鋳造語がいかに創作され、どのように普及していったかというプロセスには日本人の労働や職場についての眼差しや社会意識が色濃く反映されている。そのなかでも労働形態・給与形態というにとどまらず、労働運動などの社会的機能から家庭生活や余暇生活、居住や通勤などの文化的様相に至るまで、さまざまな次元で日本社会の変化にインパクトを与えてきたのがサラリーマンという言葉であった。

ここで、この言葉を採り上げるのは、二〇一六年に百周年を迎えた日本の工場法施行、そして二〇一九年に創立百周年を迎えるＩＬＯによって推進されてきた労働時間制限の問題とも関連する。何よりも、人が職場と家庭という二つの「生きる場」とどのように係わってきたのかを考えるための重要な鍵概念としてサラリーマンという言葉があるように思われるからである。さらに、より喫緊の問題としてＩＬＯによって提唱されている「ディーセントワーク」そして「働き方改革」問題などを考え、そこに日本の可能性の芽をさぐってみたいからである。

加えて、食材や嗜好品などのあらゆる生活資財や娯楽まで一定額の給料で購わなければならなくなったサラリーマン家庭の消費行動は、現在につながる日本の**大衆消費文化**のあり方を形作り、社会風俗の変化を促してきた。さらに、勤務先に通うサラリーマンと家庭で家事を担う専業主婦との間で、ジェンダーやセクシュアリティの格差ないし分業化がもたらされたことも重要な転換であった。

このように職業構成の変化に伴う生活様式や生活意識さらにはライフサイクルそのものに影響を与えたサラリーマンという存在の出現を考えることは、今後生じるはずの不連続的な職業形態の大転換における可能性についても示唆を与えるのではないだろうか。

それではサラリーマンという言葉は「大正という時代」に、どのように現れてきたのであろうか。

腰弁と洋服細民

何だ神田の神田橋　朝の五時頃見渡せば　破れた洋服に弁当箱提《さ》げて
テクテク歩きの月給取りゃ九円〔＝食えん〕
自動車飛ばせる紳士を眺め　ホロリホロリと泣き出《い》だす　神よ仏よ　よくきき給え
天保時代のもののふ〔＝武士〕も　今じゃ哀れなこの姿
うちでは山ノ神が　ボタンかがりの手内職　十四の娘はタバコの工場
匂いはすれども刻み〔＝刻み煙草〕も吸えない　いつでもお金は内務省よ
かくこそあるなれ　生存競争の活舞台

これは一九〇一年に中学唱歌となった「箱根の山は　天下の嶮《けん》……」の歌詞で知られる瀧廉太郎作曲の「箱根八里」のメロディーを使って、神長瞭月《かみながりようげつ》というバイオリン演歌師がつくってヒットした「スカラーソング」の一節である。

ここに朝五時ごろの出勤の様子が歌われているように、一九〇〇年代の労働時間は、夏は朝六時、冬は朝六時半から始まり、終業は午後五時、残業があれば午後七時から八時ごろまで勤務というのが通例となっていた。一九一六年に施行された工場法では、労働時間一二時間、休憩時間合計一時間、休日は月二日と定められたが、必ずしも遵守されてはいなかった。この「スカラーソング」が大流行したのは、自動車で颯爽と出勤する「紳士」階級との対比で、「破れた洋服に弁当箱提げて」最寄りの駅からテクテク歩き（これはタクシーにかけてテクシーと呼ばれた）で職場に向かう「**月給取り**」の生態が、諷刺を込めて歌われていることに共感が寄せられたからであった。ただ、そこには新たに生まれてきた勤務形態に対して、商人や職人などの自営業者、工場労働者、棒手振《ぼてふり》と呼ばれた行商などで「日銭」を稼いでいた人々にとっては、「月給取り」という安くとも月々安定した俸給を得ることができる人々への軽侮と羨望の入り交じった思いが作用していたのかも知れない。

それはともあれ、明治時代に月給制であったのは官公吏や教師などの「官員（女性は女官員）」や経営者・銀行会社員などの「実業家」であった。この実業家は、「事務家、商人、執務者、実務家」などとともに「ビジネス・マン」の訳語としても用いられたものである。だが、主として経営者や役員を指した「実業家」に対し、会社組織や事業規模が大きくなるにつれて給料の低い会社勤務の階層が広がってきた。主にこの階層の俸給生活者を指して、「**腰弁**」や「**腰弁当**」と呼んだのである。

腰弁とは、江戸時代の武士が弁当を腰に下げて登城した風俗になぞらえて、弁当代を支払う余裕がないため腰に弁当をぶら下げて出勤する下級の職員や会社員を指して使われた呼称であった。ただ、実際には弁当箱を風呂敷に包んで小脇に抱えて通勤していたようである。こうした俸給生活者が社会現象として注目された様子は、島崎藤村の小説『並木』（一九〇七年）に「腰弁生活」に飽き疲れた主人公の心情や「腰弁街道」と名づけられた道を官省の役人や会社員が無気力にゾロゾロと帰宅する場景として描かれている。

この腰弁とともに安月給取りの俸給生活者を軽侮の意味をこめて指して使われたのが、**洋服細民**であった。それは前垂れや菜っ葉服の作業着などを着ている職層から見れば、流行の最先端をいく洋服を着ていながら貧乏であることを皮肉った呼称であった。その様子については「今日は同じく見すぼらしい洋服細民ではあるけれども、税務官吏ではなくしてシンガアミシンの勧誘員が来た」（『明治大正見聞史』「大正八年夏の世相」）と生方敏郎が書いているように、洋服姿で外回りの勧誘業務や営業を担う職種が多く現れてきていた。ちなみに、ここでの勧誘員はミシンの月賦販売（これは飲むとゲップが出ることとかけてサイダーとも称された）のために訪れたもので、この販売方法によってアメリカ産ミシンは日本のみならず東アジアで販売網を広げていた。また第一次大戦後には需要が激減した足袋のミシン縫製技術が学生服に転用されて普及し、家庭でも主婦がミシン洋裁を始めていた。

なお、こうした新職種の下級サラリーマンについては、黒い洋服を着ることが多かったために「ブラック・コート」、あるいは白襟の洋服を着た労働者であることから「ホワイト・カラー・レイバー」という英語を宛てる辞典類も多かったが、これらの用語は流布しなかった。

サラリーマンへの眼差し

このように安月給の俸給生活者を揶揄して使われていた腰弁や洋服細民に代わって、一九一〇年代になって給与生活者を指して用いられるようになったのが「サラリーマン」であった。

ただし、当初は「サラリーメン」「サラリイメン」「サラリマン」「サラリーマン」といった表記もされていた。辞典などでは英語の翻訳語として紹介されることもあったが、日本で造語された和製英語である。この表現については、違和感を覚える人も少なくなかったようだが、一九二八年に「中堅階級の経済雑誌」と銘打って創刊された『サラリーマン』という雑誌の英語タイトルは「salaried man」となっている。サラリーを与えられ、受け取る人という意味では、受動態にするのが妥当であろう。英語でも

「salaried worker」や「salaried class」という表現はされるが、「office worker」が一般的である。にもかかわらず、その訳語を使わずサラリーマンという新語が流布したのは、当時の人々の感覚にフィットした語感があったのかもしれない。

このサラリーマンという言葉が一般に浸透していったのは、一九一九年六月に銀行員・公官使などによって東京俸給生活者同盟会が「サラリーメンス・ユニオンS・M・U」として結成され、それが新聞・雑誌などで報道されたことが一つの契機となった。ただ、一九二六年になっても『文藝春秋』の新聞広告コピーでは、「政治家も実業家も医家も商家も、官吏もサラリイメンも男女の教師も学生も」（『東京朝日新聞』一九二六年三月一日）と読者層を列記している。そして、サラリーメンないしサラリマンというような言葉が流布したことを受けて、さらにその用語を定着させる上で決定的な役割を果たしたのが、前田一《はじめ》の『サラリマン物語』（東洋経済出版部、一九二八年）であった。

そこでは「サラリマン、それは――俸給生活者、――勤め人――月給取り――洋服細民――そして腰弁、――とその名称が何であれ、正体を洗えば、『洋服』と『月給』と『生活』とが、常に走馬灯のように循環的因果関係をなして、兎《と》にも角にも『中産階級』とかいう大きなスコープの中に祭り込まれている集団を指したものに違いない」と定義している。そして、勤務時間さえ守っていれば休日もあって、家族同伴で映画や芝居や郊外散歩などを楽しみ、賞与も出るという外から見れば、まことに羨ましい職業のようだが実態はそうではないと断定する。すなわち「いかに苦しんで就職の難関を突破し、いかに僅かのサラリーとボーナスから生活を切りつめられ、いかに反間苦肉《はんかんくにく》の策を弄して生活の体系をととのえ、いかに勤め先においてその尊厳と誇りとを傷つけられ、いかに家庭において女房子供に煮え湯をのましているか等々」のことに思い至れば、サラリーマン生活とは、まさに「一片の哀史そのものである」と評している。一九二五年には細井和喜蔵《わきぞう》の記録文学『女工哀史』が刊行されており、前田はそれに対し「サラリーマン哀史」として、その実態を伝えようとしたのである。

ただ、前田は自らが労務管理に携わっていたこともあって、サラリーマンの生態に対しては揶揄するような筆致で記している。例えば、日常業務に関しては、毎日ただただ印鑑とスタンプを捺すだけの事務職について、「民法、刑法、社会政策……と大学で習ってきた学問と、この紫のスタンプに何の因果関係があるだろう。八釜《やかま》しかった大学の科程は、爪の垢ほども活用する機会はない」として、学歴が採用に際しては重視されるにもかかわらず、ルーチン・ワークが専門知識とは無縁の職務であることを批判している。さらに、就職にあたって最も重視された面接試験において成功した事例が紹介されているが、そこで選考規準となったのは「色々のことを余計に知っている」人や「小悧巧《こりこう》に立ち回り、眼から鼻にぬける才子」などではなく、「会社なり、銀行なり、大にしては国家のためなりを考えて仕事をする腹の出来た人物」であったという。

こうした採用基準についての傾向は次第に強まり、不動産貯蓄銀行頭取であった牧野元次郎の『私の処世法』(一九三八年)では、採用基準として「何となく人にすかるる人」「音調の快活なる人」「目と口に愛嬌ある人」など一七ヵ条が挙げられ、その反対に「採用する勿《なか》れ」という七ヵ条には「嫌味、すご味、生意気の人」「口唇の薄き人」「痩すぎの人」など身体的な外見に係わることが挙げられている。これは銀行員という職種によるのかもしれないが、業務の遂行能力とはまったく無関係なことが多く挙がっているのは、単にこの時期の特徴だったとも言えないはずである。

採用にあたって各社がどのような方針で臨んでいるのかについては、「就職難地獄」を突破するために書かれた寿木《すぎ》孝哉《こうさい》『就職戦術』（先進社、一九二九年）に詳しいが、そこでは「身体の強健な人」「規律を守る人」「軍隊教育を受けた人」「小努力を惜しまぬ人」「堅忍持久力」「円満なる常識者」などが選考委員の心理を決するとされており、専門知識や語学力よりも重視されていたことが窺われる。寿木によれば、そもそも「職業と教育とは全く別個のものたるに拘わらず教育を職業に結びつけようとする処に、今日の学問の弊がある」のであって、大学を出ていても自らの適性や希望に従って「職工になり大工になるの男気があるのであれば、今日の就職問題は立ちどころに解決される」はずである。しかしながら、資産を処分し生活費を切りつめて大学に送った老親たちの心根を思えば、ともかくも就職戦線を突破するしかないと説く。実学や職業教育を喧伝し、卒業生の就職先の実績を競う現今の大学のあり方を想起させる議論である。

しかし、この議論もまた逆手に取られる恐れがあった。それは鐘紡社長の日比谷平左衛門などが「学者や技師になるには深遠な学問が必要であるが、実業家になるには、先ず中学卒業前後即ち十七、八才が学問の切り上げ時であると思う」（「就職服務十訓」井上泰丘編『商人読本』第百書房、一九二六年）として高学歴者を忌避し、修業年齢を切り下げる必要があると訴えていたからである。さらには、「月給生活者心得」として「仮令《たとえ》給料が安くとも、仕事が苦しくとも、従事しつつあることを自己の天職と心得、物羨みをせず、専念一意これに尽す事」を挙げている。この他、『現代』一九二六年四月号の特集記事「わが社の切に要する人物」では、「協調的犠牲的精神」（下村宏）を持ち、「捨身になって奮闘する青年」（田中次郎）であれば「学歴や経歴に重きを置かぬ」（松方幸次郎）と強調されている。このような意見が「期待されるサラリーマン像」であった以上、「冗員淘汰」＝馘首《クビ》を避け、昇進を望むサラリーマンは、そのように自らを変えていくしかなかったはずである。

こうしてサラリーマンは、専門知識とは関係なく、批判的言動を慎んで人に使われるだけの凡庸さの代名詞としても使われることになり、谷崎潤一郎の『痴人の愛』（一九二四年）には「模範的なサラリー・マン――質素で、真面目で、あんまり曲がなさ過ぎるほど凡庸で」といった会話が出てくる。もちろん、質素で生真面目なことは他面では評価され、細田民樹の『真理の春』（一九三〇年）では「君もちゃんとしたサラリーマンシップを持つ人なんだから、お互いにこれから、紳士的な取引をしようじゃないか」というように、紳士的態度を指して「サラリーマンシップ」という表現が使われるようにもなった。ただ、同じ細田民樹の小説のなかで、「我々をおそふ運命は、失業とサラリーの値下げです」と書かれているように、第一次世界大戦の好景気で一挙に増えたサラリーマンを待ち受けていたのは、奥野他見男《たみお》の『学士様なら娘をやろか』（東文堂、一九一七年）が評判となった事態から一転して、不況の影響を受けた就職難と、失業か給与削減かという事態であった。

ここに青野季吉《すえきち》が『サラリーマン恐怖時代』（先進社、一九三〇年）で描いたようなサラリーマンの窮境が現れる。これに拍車をかけたのは、一九一八年の学制改革によって大学や専門学校の卒業生数が急増したことであった。そのため一九二〇年代後半には大学卒業生の約三〇％しか就職できない事態となり、一九二九年に公開された小津安二郎監督の映画『大学は出たけれど』がヒットして流行語にもなったのである。大学や専門学校の卒業生の多くは、専門知識はあっても手に技術があるわけではないため、就職できたとしても熟練労働者よりも失業の不安に苛まれ、失業すれば再就職の見込みもないという状態に追いつめられる。自らもサラリーマンであった青野は、「いまはサラリーマンの一種の恐怖時代である。サラリーマンの誰一人として、明るい、光明的な気持ちで生きているものはない。その物質生活の窘窮《きんきゅう》〔行きづまって苦しむ〕、その精神生活の萎縮、そしてただあるものは不安であり、恐怖である」と告白する。そして、この恐怖状況を打開するためにサラリーマンが自発的に結合し、社会的・政治的な発言力を身につける必要があると訴えていた。

しかし、小池四郎『俸給生活者論』（青雲閣書房、一九二九年）によれば、公務員や民間企業従業員そして医師などを合計すると一七〇万人から二〇〇万人程度と推計しており、就業人口の一〇％にも達しなかったために組織力もなく発言力は弱かった。いや、青野自身も認識していたように、失業や給与削減を恐れて経営者側に対して抗弁などせず、唯々諾々と上司の言いつけに従って首をつなぐことがサラリーマンの習い性となっていた。そのため「大きな失敗さえしなければ、自動的に昇進していく職業」という意味で、サラリーマンは「エスカレーター」とも別称されていた。他方、工場労働者を中心とする労働組合からすれば、なんら生産にも係わらないサラリーマンが自分たちよりも安楽に高給を取っていることへの反発があったため組合への加入も遅れた。

当時、サラリーマンを指して**中間・新中間・中産・中流・中等**の階級などと呼んでいたのは、**有産階級**《ブルジョア》でも**無産階級**《プロレタリアート》でもない中途半端な階層という認識があったことの反映でもあった。この他、サラリーマンについては「庶民階級」として、「一般的に十分なる財産を有せざる社会層の意味。プチ・ブルジョア、サラリーマンなど、この種類に入る」（キング編輯局編『新語新知識・附常識辞典』大日本雄弁会講談社、一九三四年）と規定する新語辞典もあった。また、プロレタリアートに近い「俸給生活者階級・月給取階級」を指して「サラリアート（Salariat）」という新語も使われていた。与謝野晶子によれば、「中流の名を以て呼ばれる貧民階級」がサラリーマン＝洋服細民の実態であった。

日本俸給生活者組合連盟が一九二七年に発行したパンフレットには、「労働者も農民も我等俸給生活者もみんな被圧迫民衆なのだ」、「一つの共同の敵に対してみんなが味方となって結び合って闘うのだ」（『俸給生活者に訴ふ』）との呼びかけがあったが、その声は空しく消えていった。それは一九二〇年前後に急増したストライキに対処するため、住友系の工場が他に先駆けて終身雇用や年功序列を柱とする労務管理策を採り始め、サラリーマンの多くがその管理策に自ら応じていったからである。

職業婦人と専業主婦

さて、先に挙げた「スカラーソング」にあったように、安月給取りのサラリーマン家庭にあっては妻が手内職をし、娘が工場などで働くことも珍しくはなかった。ここにも現れているように、サラリーマンの最も大きな特徴は学校教育を経て職業に就くもので、従来のような家業をもたない点にあった。すなわち、農・工・商などの家業を継ぐ場合には、妻や子どもも協働して家の職業を支えることになるが、サラリーマンの家庭では妻や子どもは夫と同じ職業に就くことは基本的にない。そのため、妻は職業婦人として働きに出るか、主婦として家事に専念するか内職をするか否かという選択を迫られることになった。

こうして男性のサラリーマンが出現したことに伴って、家業をもたない家族は職場と分離した住居に住むことになり、職業婦人や専業主婦が現れることになった。それは取りも直さず、それまで続いてきた家庭生活のスタイルとはまったく異なった生活様式や生活文化が生まれ、浸透していく契機となり、現在の私たちに繋がる生活意識とライフ・スタイルが形作られたことを意味している。

　ここで言葉の整理をしておくと、無給の家事労働に専従する既婚女性を指す主婦という言葉自体は一八八〇年代から使われており、大正時代の造語ではない。また、自らは有償の職業を持たず、育児や家事に専念する婦人はそれまでも家の「内方」「奥方」で仕切る人として内儀や奥様あるいは「お上《かみ》」「お方《かた》」「御《お》上《かみ》さん」などと呼ばれていた。また、男の家長《いへきみ》に対して戸主《とぬし》から転じた刀自《とじ》（家刀《いえとう》自《じ》）などとも称されていた。これらに代わって「house wife」の訳語などとして「**家庭婦人**」や「**主婦**」が用いられるようになった。しかし、主婦には職業をもつ有業主婦と専業主婦があった。このうち有業の女性を指して**職業婦人**と呼び、無業の女性が主婦と称されることになった。なお、専業主婦という言葉自体は、一九七〇年代以降になって家庭外で職業に就く既婚女性が増えたため、家事専従の主婦を指して用いられるようになったものだが、ここでは有業主婦との差異を示すために用いる。

　また、有業の婦人のうち機械工業や紡績工業などの新興産業を支えている女工・職女などを「**労働婦人**」と呼ぶのに対して、事務員・看護婦・タイピストなどの新たな職業に就く女性を「職業婦人」と使い分ける場合もあった。男性のサラリーマンに対比する場合には、「サラリー・ウーマン Salary woman（英）職業婦人、女月給取り。婦人俸給生活者」（伊藤晃二『常用モダン語辞典』創造社、一九三一年）と説明する辞典もあった。

　このような「労働婦人」や「職業婦人」の登場を受けて、一九二三年には職業婦人社から『職業婦人』（その後、『婦人と労働』さらに『婦人運動』と改題）が刊行されたが、それは男性向け職業月刊誌である『サラリーマン』の創刊より五年も早かった。さらに一九二八年には日本労働総同盟から『労働婦人』が刊行されている。

しかし、女性の職場進出については、これを否定するものと肯定する論調とがあった。深窓の令嬢・佳人は、男性と一緒に働くべきではないという考えが牢固としてあったし、使用者側も女性はあくまで結婚するまでの間だけ働くものであるとして、給料も男性の半分程度に抑えることが多かったからである。さらに、実態は判然としないが、良く使われた言葉に「オフィス・ワイフ」がある。新語辞典によれば、英語が語源とされ、「事務所または事務室内に於ける女房の意味で、職業的婦人の一種。特別なるサーヴィスに対して斯《か》くいう」（現代新語研究会編『いろは引・現代語大辞典』大文館書店、一九三一年）、「若くして、美しくて、怜悧《れいり》で、健康で、親切で事務も手伝ってくれれば、オーヴァも掛けて呉れると云った「準奥様的彼女」をオフィス・ワイフとこそは云う。しかし、悲しいことにこの彼女、大衆的ではない。先ず青テイブル級以上に成らぬと持てない伴奏である」（中山由五郎『モダン語漫画辞典』文啓社、一九三一年）などと説明されている。現在ならセクハラやパワハラにあたる処遇や言葉遣いが辞典にも堂々と出ている所に、職業婦人なら職場でお茶くみなどのサービスをはじめとして男性に仕え、従うのが当然だとする通念があったことを窺わせる。また、電話交換手は未婚が条件とされるなどの制約もあった。

他方、夫の月給だけで生活を維持できない家庭では、否応なく婦女子も働かざるをえなかったし、家業がない以上、他職種に糧を求めるほかなかった。しかしながら、一九二〇年代になると高等女学校や女子大学などの卒業生も増え、自ら社会進出を希望する女性が増えてきた。

こうした趨勢について、清沢洌《きよし》『モダンガール』(金星堂、一九二六年)は、家庭の枷《かせ》から脱して資本主義の圧迫の下に追いやられていく運命にあるのが現代の女性であるとしたうえで、「元来、資本主義につき纏《まと》う弊害は弱い者には、加速度的な速力を以て、ますます圧迫するところにある。この下敷きになったものが、特に弱い労働婦人なのだ」として、労働に従事する女性の窮状を訴える。しかし、にもかかわらず、女性が外に職業を求めようとしている事実があることに目を向ける必要があると清沢は説く。それは同じ苦労をするなら家庭に押しこめられているよりも、自力で生きたいと望むからであり、日本でもどうにか職業人として生きていける状況になりつつあるからだと解説する。

ただ、その結果として、将来の日本はどうなるか。

当時すでに問題となっていたように、離婚率が上がるとともに、独身生活者がますます増加していくであろうと予測する。清沢が診断するところ、「世界の大勢は例外を許さない。日本の女も、好むと好まざるとにかかわらず、巷に生きなければならぬ運命を歩みつつある」。そうであるとするならば、こうした労働婦人・職業婦人の増加に伴って起きてくるさまざまな社会的問題に対し、いかに対処していくべきかが課題となる。それに対しては、第一に、女性が結婚を選ぶような「家庭の改善」を図る必要がある。そして第二に、女性が就いている職業を単に結婚までの腰掛けと考えずに一生の仕事として続けていけるように女性自身が自らの職業について研究を深めるとともに、それを社会が受け入れていく必要があると清沢は説く。

もちろん、いずれの課題においても家庭と職場における男女平等が前提となるはずだが、日本において男女雇用機会均等法(正式名称は「雇用の分野における男女の均等な機会及び待遇の確保等に関する法律」）が施行されたのは、清沢の本が刊行されてから六〇年後の一九八六年のことであり、未だにその達成は課題として立ちはだかっている。

なお、寿木孝哉『就職戦術』（先進社、一九二九年）には、「職業婦人たらんとする人に」と題して、女性としての能力を生かせて給料や社会的評価も高い職種とされる「時代の新美職」「婦人好職業」を紹介している。そこでは女医・婦人歯科医・薬剤師・看護師・保母・教師・婦人飛行家・美容術師・美髪師・タイピスト・電話交換手・婦人記者・モデル・マネキンガールなど三四の職種が列挙されている。そして、それぞれの職業について、どのような待遇・給料が得られるか、またいかなる適性や能力・技能が必要か、具体的に職に就くためにはどの学校・養成所などに行ってどのように試験や資格を得なければならないか、さらに就職試験や見習いへの応募の仕方などが説明されており、懇切な就職・就活ガイドとなっていた。同様に『サラリマン物語』を書いた前田一は『職業婦人物語』（東洋経済出版部、一九二九年）を著して職業ごとの実状を記している。ただ、そこで基調となっているのは、「およそ強き意志と、弱き涙、この極端なる二つの対象を、わたくしは職業婦人に見出す」という視点であった。だが、前田が強調するのは、男性サラリーマンの就職難をもたらしているのは女性の就職が増加していることにあるとして、職業婦人との競争に負けないためには男性に職業婦人の実態を知らしめる必要があるということであった。

前田が警戒したように、女性の職場進出は確かに「人よりも多く働いて、より少ない給料で」という規準で被用者が選別される道を開きかねなかった。しかも、職業婦人の活躍の場は極めて限定されていた。平塚らいてうは自らの友人の例をあげて、高給の女医などになるには困難が多く、資格を得られないままに自殺したり、女医となったものの男性医師と同等に競争するために心身ともに疲弊して闘病を強いられている苦境などを報告した後に、「重ねて言う、内的生活の独立なくして、単に経済上の独立のみ辛うじて贏《み》ち得たる今日の駆出し職業婦人の生活ほど、人としても、女としても憐れむべきものはない」(「所謂職業婦人に就いて」『女性の言葉』教文社、一九二六年)と結んでいる。

果たして、現在の職業婦人の実態をみて、平塚らいてうはいかなる評言を与えるのであろうか。

主婦・家庭雑誌

さて、清沢は主婦について「職業としての結婚」「職業としての細君」という表現をし、結婚の条件として夫の給料が問題となっている事態を報告している。しかし、サラリーマンや労働者の主婦が、無給の家事労働だけをしていればよかった訳では、もちろんなかった。専業主婦となるつもりで結婚しても共稼ぎしなければならなくなることも多かった。また、専業主婦とは言いながらも、「家内労働」と呼ばれた「家庭における内職仕事」で生活費を補う女性も少なくなかった。さらに、労働者の主婦の場合は女工などの定職をもつ場合の他、「日傭《ひよう》(日用)取り」として日雇いで道路工事などの「ヨイトマケ」や土木作業に出る女性も多かった。炭鉱夫の主婦の場合は、炭坑の中に入って男性同様の肉体労働に従事し、選炭作業などをおこなうこともあった。

また、夫の収入だけで生計を立てなければならなかった専業主婦の場合、俸給の範囲内で生活を送るための新たな生活技術の取得が必要となった。サラリーマンの夫婦は、そもそもサラリーマンという生活スタイルを初めて体験していたし、多くの場合が東京に移ってきた核家族でもあったために生活情報を必要としていた。何よりもサラリーマン家庭は生産手段を私有せず、地縁や血縁にも依存できないために個人の能力によって職業を得ていくしかない。そして、子どもに継がせる家業もないために、子どもに学力と学歴を付けさせて、より良い給料のサラリーマンやその主婦になってもらうしかない。こうしてサラリーマンが再生産されていく回路が作られていくなかで、サラリーマン家庭は子どもを教育するために主婦も学ぶという「**教育家庭**」になっていく。それは言うまでもなく、学歴社会の形成とパラレルな現象でもあった。

このような変化に対応して、主婦に対する情報伝達のためのメディアが必要となる。そうした要請を先取りして大正に入って次々と刊行されたのが『婦人公論』、『婦人くらぶ』、『婦女界』、『婦人家庭雑誌』、『婦人家庭』、『良婦之友』、『婦人技芸講座』などの主婦雑誌であり、家庭雑誌であった。

その中でも注目しておきたい雑誌として、『**婦人之友**』と『**主婦之友**』がある。

『婦人之友』は、羽仁《はに》吉一《よしかず》・もと子夫妻が刊行していた雑誌『家庭女学講義』を改題して一九〇八年に婦人之友社から刊行した雑誌である。羽仁もと子は、明治女学校校長などを務め『女学雑誌』の編集長でもあった巌本善治《いわもとよしはる》の下で雑誌編集に携わった後に、報知新聞で初めて女性記者となった経歴をもつ。そして、自らの新婚生活で疑問に感じた料理や育児などの家事や家計処理の方法について雑誌を出す必要性を痛感し、一九〇三年に同じ境遇にある若い夫婦を対象として内外出版協会から『家庭之友』を刊行していた。羽仁の編集方針は、家庭生活についての知識を修得するために、論ではなくあくまでも取材によって具体的な実践方法を紹介することにあった。さらに『家庭之友』と並行して二年間で修了することを目的として一九〇六年から会員制雑誌『家庭女学講義』を出していた。しかし、郵便規則の改正によって講義録を送付するという方式を維持するのが困難となったために、自ら会社を興して『婦人之友』を刊行することになったのである。

他方、一九〇四年から発行し、現在まで続いているのが『羽仁もと子案・**家計簿**』である。これは他の家計簿と異なり、一年間の総収入を予測したうえで費目ごとに予算を立てるという方式に特徴があるとされる。もと子はまた一九〇七年から『主婦日記』を発行して、同じことの繰り返しになりがちな主婦の日常にメリハリを付けることを奨励していた。なお、一九一三年に発行された『婦人之友』第七九号には、笹木幸子が考案した「家庭用仕事着」が紹介された。これは白いキャラコではなく細かい格子縞の地味な木綿製であったが、その後「**割烹着**」として普及していったものである。

羽仁もと子は、会員制雑誌『家庭女学講義』を刊行した経験をもとに『婦人之友』の読者組合を一九二三年から全国各地で組織し、一九三〇年にはこれらを統合して「全国友の会」を結成するに至った。その発足大会では「私どもは家庭における封建的個人的気風を清算して、愛・自由・協力による新家庭生活の樹立に努力します」、「私どもは志を同じうする女性の団結によって、愛・自由・協力による新社会の建設に努力します」などの決議を採択して、家事・育児の合理化を実践していった。

これより先の一九二一年、羽仁もと子夫妻は自由主義・生活主義に基づく教育を実施するために**自由学園**を創設していたが、一九三一年には自由学園と婦人之友社と「全国友の会」の協働事業として「家庭生活合理化展覧会」を開催している。そこでは「家庭から社会へ」、「孤立から協力へ」などのスローガンを掲げ、二二坪半の小住宅や和洋の区別のない食器などを展示して、合理的な家庭生活の実践例が示されることになった。こうした羽仁もと子の諸活動は、家庭こそが社会に対する責任を負う主体であり、家庭の合理化こそ社会を合理的に改造するための基盤となるものであるとの考えに発するものであった。雑誌の発行や家計簿や主婦日記などの刊行は、まさしくそれを媒体として全国の主婦を日常的に結びつけ、その活動を通じて社会参加を果たすことに繋がっていったのである。なお、「友の会」は現在も日本各地と海外で活動を続けている。

これに対し、『主婦之友』は、一九一六年に東京家政研究会を組織した石川武美《たけよし》が、掃除から炊事・育児まで何もかもこなさなければならない主婦に生活に根ざした教養と修養を与えるために一九一七年に創刊した雑誌である。石川は、「中流家庭の下、働いてようやく生活する程度の家庭」「子供も二人か三人かという家庭」ほど「知識を必要とする家庭はない。生活に余裕がないだけに、すべてに一生懸命だ。この階級の主婦に、手放せぬ雑誌が作れたら、百万力だ」(『主婦の友社の五十年(明治・大正編)』主婦の友社、一九六七年)と読者を想定していたが、当時は主婦という言葉は「オカミサン」と同義語で、教養の低さ、ヌカミソくささが感じられる」ものだったという。しかし、敢えて主婦をタイトルに掲げ、「結婚して子どもが生まれたら、知りたいこと、教わりたいことは山ほどあるはず。主婦たちの切実な要望にこたえたい」という誌面づくりをおこなったことで、『婦人公論』などの言論誌とは違った読者を獲得することに成功した。ちなみに『主婦之友』という誌名は、仙台市で発行されていた新聞『河北新報』の読者投稿欄「主婦の友」の内容に大きな示唆を受けていた。『主婦之友』創刊号には新渡戸稲造の「夫の意気地なしを嘆く妻へ」をはじめ、「お金を上手に遣う五つの秘訣」、「共稼で月収三十三圓の新家庭」、「手軽な経済料理法」、「主婦らしきお化粧法」などが掲載された。また、創刊号から「主婦座右の銘」を初めとして「家計の実験」、「主婦重宝記」など計七つの懸賞文を募集し、二〇銭から一〇〇円に及ぶ賞金が付けられていた。募集論題は、主婦の実生活に基づくものばかりであり、掲載された当選作を読むことで自分の体験と比較して必要ならば取りいれることができるようになっていた。

こうした読者参加型の編集方針に立って、「家庭を営んでいる婦人」の実生活に即した情報の提供をめざした。そして「小学校卒業程度の学力で理解できるほどの、やさしいもの」として、娯楽読み物のほか、レシピ、「セーターの編み方」など生活技術記事、内職案内、家計簿紹介、身の上相談、貯金方法、子どもの受験対策などの記事を載せたことによって、『主婦之友』は三年間で家庭・主婦雑誌のなかで最多の発行部数に達した。記事の中で特色があったのは、読者から寄せられた「実話」だった。そのテーマは嫁いびり・夫の放蕩・親の強制が三本柱で、いずれも忍耐と努力によってのりこえるという結末によって共感を呼んだ。また、主婦の友社も一九三〇年から年度ごとの『模範家計簿』を刊行している。

こうして主婦・家庭雑誌の読者は年ごとに増加し、一九二五年度の婦人雑誌新年号は一二〇万部を数え、そのうち『主婦之友』は二四万部程度で、最高発行部数は一九四三年に一六四万八八〇〇部を記録した。戦後は一九五四年一月号から誌名を『主婦の友』に改め、「結婚したら主婦の友」をキャッチフレーズとした。しかし、女性誌の多様化の中で出版部数を減らし、二〇〇八年六月号（通巻一一七六号）をもって休刊となっている。

このほか、読者の体験談をもとに暮らしの知恵を紹介することを掲げた注目すべき家庭雑誌に、産業組合法施行二五周年を記念して、組合員の結合と農村における文化生活向上を目的に創刊された産業組合中央会（現在のＪＡ全中につながる）の月刊機関誌『**家の光**』がある。『家の光』は現在、社団法人家の光協会が発行元となって五〇万部近くが刊行されているが、一貫して書店での販売をおこなっていない。しかし、産業組合青年連盟のメンバーが農家を回って配付・読者活動を続けたことによって、一九四四年には発行部数一五〇万部に達していた。

このように主婦・家庭雑誌が読者層を拡大した理由としては、従来の家事や育児についての経験知が役立たなくなっていったことが挙げられる。それはサラリーマンや専業主婦という新しい社会階層が自らの生活スタイルを創り出すために、従来の通念を断ち切ろうとした姿勢の現れであったのかもしれない。婦人・家庭雑誌には、内職案内などとともに家庭料理のモデル献立表が季節や曜日ごとに紹介されているが、それは少ない食材費で滋養豊かな料理を提供するという主婦が日々頭を悩ませる課題に答えるとともに、日本人の食生活改善にも寄与していったことも忘れてはならないであろう。

購買文化と性別役割分化

このように都市部のサラリーマン家庭、農村部の農家で婦人・家庭雑誌が競って購読されたのは、一九一〇年代以降、日本における家族構成と購買・消費文化が大きく変わっていったことの反映でもあった。それまでの家業と一体化した家族のあり方は、サラリーマン家族においては家業から分離した「家庭」を営む夫婦を主体とした「生活」に転換した。そこでは柳田国男が指摘したような「家業の繁栄」による「家永続の願い」が「家庭の幸福」に転じ、多くの家庭において夫と妻、親と子との良好な結びつきを作り、維持する「和楽団欒《わらくだんらん》」が目的となった。

その変容は、比喩的な言い方をすれば、従来は家のある地域すなわち人里として使われていた「家《や》庭《にわ》」という言葉が、文字通り、家と庭がある家宅に住む家族《ファミリー》の家庭《ホーム》として使われることになっていったことに象徴される。そして、モダン語・新語辞典などでは「スイート・ホーム」が「楽しい家庭。うれしい生活」などと解説されたように、借家暮らしではあれ、庭付きの家に住むことが幸福の証とされた。その一つの現れは、一九二七年にアメリカでヒットしたMy Blue Heavenの堀内敬三訳詞による「私の青空」の一節、「狭いながらも楽しい我が家」が、暖かい家庭《ホーム》を表す言葉として二村定一《ベーちゃん》や榎本健一《エノケン》の歌唱とともに津々浦々まで浸透していった事実からも知ることができる。

そして、戦後になると「庭付き一戸建て」に住むために一生ローン返済に苦しむことがサラリーマンの宿命と観念されたのである。「棟割《むねわり》長屋」などは、職人や職工などが住むもので家庭とは考えられなくなっていった。しかしながら、一九四五年以前においては、圧倒的多数の人が借家に住んでいたし、退職金での老後の暮らしが不安なサラリーマンは借家を建てるために節約生活をすることがサラリーマン向け雑誌でも推奨されていた。一九一九年に実施された「東京市及近接町村中等階級住宅調査」では、二三三八世帯のうち自宅をもつものは一九一戸で、二一四七世帯すなわち約九二％が借家暮らしであった。こうした状況に対して、地価の高い都心部を離れて郊外に自宅を建てるための住宅地開発が大阪や東京の私鉄によって進められた。東京では関東大震災以後、新宿以西や千葉の船橋方面に向けて居住地が急速に広がっていった。

こうして商業地（ビジネス街）と居住地（ベッドタウン＝これも和製英語）とが分離した。当初は農産物などの物資を輸送していた交通機関は、サラリーマンや学生の通勤・通学の手段となり、**ラッシ**

ュ・アワーが生まれる。「突進時間」とも訳された時間帯には、「各電車停留場や乗合自動車停車場などに、サラリーマンや女店員、学生などの大群が殺到して、ひどく混雑する」（前掲、『新語新知識・附常識辞典』）という都市風俗が生まれた。そしてサラリーマンが通勤電車の中で読むための月刊雑誌として『キング』や『文藝春秋』などが売り上げを伸ばし、一九二二年には『旬刊朝日』（第五号から『週刊朝日』）、『サンデー毎日』が、一九二三年には『週刊エコノミスト』が創刊されて駅売りされ、今日の週刊誌文化のさきがけとなった。なお、通勤電車と絡めて給料の安いサラリーマンは「通過駅」とも呼ばれた。これは電車が停まらないまま通過する駅という意味から、「転じて月給が右から左へ通りぬけてしまう即ち月給取りのこと」（社会ユーモア研究会編『社会ユーモア・モダン語辞典』鈴響社、一九三二年）として、生活費に余裕がないことを諷刺したものである。

このように職場と居宅の分離が進んでいったが、一八九〇年に三菱社が軍用地を買い取って煉瓦造りのビル建設を進めていた丸の内に、一九一四年に東京駅が開業したことによって銀行や各種企業の事業所の新設・移転が相次ぎ、日本最大のオフィス街として発展していくこととなった。一九二九年の日活映画『東京行進曲』の主題歌として大ヒットした「東京行進曲」（西条八十・作詞、中山晋平・作曲、佐藤千夜子・唄）に「恋の丸ビル　あの窓あたり　泣いて文《ふみ》書く　人もある　ラッシュアワーに　拾った薔薇を　せめてあの娘《こ》の　思い出に」と歌われたように、丸ビルとラッシュ・アワーはサラリーマン生活のシンボルとなっていたのである。

そして、都市交通機関はターミナル付近に百貨店や映画館・劇場などを開設し、郊外には遊園地や観光名所などの娯楽施設を開発して、勤務日には通勤者を、休日には家族連れを運ぶことになる。ターミナル駅前に作られたデパートで買い物をして食堂で家族揃ってカレーやトンカツなどの「洋食」を食べることがモダンライフの典型とされ、自宅には玄関と居間を作り、可能なら居間にピアノを置くことが児童雑誌には憧れのように描かれた。さらにベッドタウンの拡大とともに、沿線の駅前を中心に商店街が形成され始めた。また、米騒動前後の経済情勢の急激な変動に対応するため大阪市では日用品の廉売と物価の安定を図るため、公設市場を設けたが、米や野菜・魚・肉など生鮮食料品を安定的に供給するために各地で地方公共団体が所有する土地や建物に公設市場・公設日用品市場などが開設されていった。

このように住宅から始まって生活資料のみならず娯楽までもが現金によって購入しなければならないものとなったことによって、日本における購買文化は大きく変わっていく。それまで御用聞きや行商人から酒食などを掛け売りで買っていた主婦も、市場や商店街に出かけて買い物をするようになる。しかし、限られた月給で物価が上がれば生活は困窮する。その生活難を避けるために、まずは官庁や会社の勤務員を対象とした**消費組合**が生まれる。消費組合については、「消費者が結合して大部の生活必需品を購入し、これを割安に組合員に販売する組織で、従って営利主義を排斥する」（現代新語研究会編『いろは引・現代語大辞典』大文館書店、一九三一年）と紹介されている。さらに消費組合運動の中から、一般の生活者を募って賀川豊彦が神戸で購買組合を創設したのを皮切りに、全国的に**生活協同組合**が組織されていくことになった。こうした購買文化が農村部にまで及んでいったことが、先に挙げた『家の光』が農家でも読まれた背景にあった。

さらに、都市部ではガスや上水道さらには電化製品が普及するに伴い、家事手伝いや花嫁修業のための女中奉公も不要になり、空間的にも土間から床の上にあがった炊事場の管理を独占的に担うようになったことで、主婦は文字通り家政を主宰する婦人となった。

欧米においては産業革命の進展に伴って、家族が物を生産する単位から労働力を生産する単位へと転換することになり、夫＝父は良質の労働力として雇用されて給料を得、妻＝母はその労働力を維持するための基盤となる「家庭」を守り、子どもや病人などを保護するという性別役割意識と性的分業が成立したと言われるが、同じような現象が日本でも大正という時代に生まれていたのである。

とりわけ日本では、妻として以上に母親としての主婦が、「寝に帰るだけの夫」に代わって子どもたちがより良い職業に就くための教育に責任をもち、世代をつなぐ労働力の再生産に努めることになった。そのため婦人・家庭雑誌の投書欄や身の上相談欄に、子どもにいかに学習能力をつけさせるか、あるいは受験にどのようにしたら成功するか、といった投稿が頻出した。さらに、一九二二年に相賀《おおが》武夫《たけお》が小学館を設立して『小学五年生』などの学年別の学習雑誌を刊行すると、受験を念頭に経済的余裕がある家庭では購入することになる。小学館が一九二八年に児童書・学習雑誌の商標として「勉強マーク」を採用したのは、教育家庭向けのアピールであったかもしれない。既に一九二〇年代には、入学試験の困難さを指して「試験地獄」という言葉が使われていたからである。

こうして家計の無駄を省いて、教育と娯楽に振り向けることで一家団欒の家庭を築くことが専業主婦に課せられた任務となっていった。

再び複業の時代へ

このようにサラリーマンの出現は、労働や余暇における生活スタイルを変え、購買文化などさまざまな社会現象を生み出していった。それは単に就労形態を変えただけではなく、家族のあり方やライフサイクルのあり方、そして職住空間の形成などと密接に関係していた。そして、自らの卒業証書や資格によってしか職を得られなくなるなかで、就職を教育の最終目的であるかのように考える学歴社会を生み、それに対応するために家庭の最大関心事は子どもの教育に置かれることになった。

しかし、現在の職業の過半が近い将来に消えていくという転換期にあって、大正という「踊り場の時代」に生まれた職業観や性別役割意識そして「通勤被雇用者の夫と専業主婦の妻」あるいは「扶養者としての夫、被扶養者としての妻と子ども」という家族像についても、考え直す時機に来ているのではないだろうか。

現在、「働き方改革」「人生百年時代の働き方」「一億総活躍」などについて議論されているが、その基調にあるのはいかにして生産労働人口を増やして生産性をあげ、経済成長を持続させていくかに焦点があてられているように思われる。そこにあるのは「高度経済成長よ、今一度」とでも言うべき発想でしかないのではないだろうか。しかし、今、改めて考えなければならないのは、働くということが人生においてもつ意味とは何か、労働と娯楽と睡眠と家事の時間配分とその組合せ方についていかに考えるのか、そこでの夫婦や親子などの家族関係とはどうあるべきか、といった素朴だが根本的な問題ではないのだろうか。そして、確認しておかなければならないことは、これまで述べてきたように「安定した職業に就いて、給料で家族を養う」という生活モデルそのものが、高々この一〇〇年のうちに形作られたものに過ぎないという厳然たる事実である。

一九二九年に刊行された『都市と農村』で柳田国男は、農村で確認した「うれしい発見」として、「労働を生存の手段と迄は考えず、活《い》きることは即ち働くこと、働けるのが活きて居る本当の価値《ねうち》である」と思っている人が多かったという事実を挙げている。むろん、柳田自身も「今になってこれを説立《ときた》てるのも詠嘆に近い」に違いないと自覚していたように、「活きること」は「働くこと」であり、そこに本当の価値があるという考え方を切り捨てることが「近代的労働観」であり、それが生産力を上げる駆動力になってきたのかもしれない。それゆえ、単に昔はこういう労働観があったと指摘するだけでは、甲斐無き繰り言に終わるだろう。

だが、幾度も確認したように、今後の社会においては一つの職業で一生を貫けなくなるであろう。その時に考えなければならないのは、それぞれの人が「職業生活」と「職業以外の生活」についての調和や配分としてのライフ・ワーク・バランスをどのように取っていくのかという選択の問題である。そのバランスの望ましさについての感覚は、個人によっても違うし、青年期や中高年期などのライフステージによっても異なってくる。また、職業にしても、何ら一つに限定されるわけではない。終身雇用制度によって単一の職業だけで終わることも無くなり、企業に勤めながら副業・兼業をおこない、本業から離れた分野で知見を広げて本業に還流させるという試みも既に実行されている。また、企業内において新しいビジネスを立ち上げる「社内起業家（Intorepreneur）」にも注目が集まっている。

さらに、自らの専門職性を生かしながら、社会貢献やボランティア活動をおこなう「プロボノ」も広がってきた。「プロボノ」とはラテン語pro bono publicoの略で、「公共善のために」を意味する。そこでは弁護士などが無報酬で法律相談などの公益事業に参加したり、中小企業診断士が被災地で地元の商店街復興などを支援する活動などが広まっている。

柳田国男は、日本社会においては「複雑なる家業の交響楽を楽しむ」日常があったことに注意を喚起しているが、サラリーマンという「単業の時代」から、幾つもの副業をもつ「複業の時代」への可能性についても考えるべき時ではないだろうか。

現在、職場でしか働けなかった時代からインターネット社会に移ることによって、自宅で他の職業や育児・介護などをおこないながら働く「テレワーク」もできるようになった。パソコンなどの情報通信機器を利用して、小さなオフィスや自宅などでビジネスをおこなうSOHO《ソーホー》（Small Office／Home Office）も普及している。それだけではなく、地方で生活しながらインターネットを使って都市部の企業や官公庁などから発注される仕事を個人が受注する「クラウドソーシング」という働き方も広がりつつある。加えてインターネット経由で国境を越えて単発の仕事を依頼したり、受注したりする請負経済（ギグ・エコノミー）市場も世界的に広がっている。そこでは雇用主が固定されることもなく、国境や民族を問わず雇用の門戸が広がる可能性もある。男女の性別役割分化も意味を持たなくなる。

もちろん、こうした新たな職業機会は、経済格差をさらに拡大していく可能性もある。そうした危険性には、十分に留意しておく必要がある。そのうえで、さまざまな可能性と不可能性について複眼的に配慮し、新たな職業社会と家庭生活とのバランスをいかに構想し、そのためのリカレント教育システムをどのように整えていくのか――それこそが今、問われている。

（山室信一）

校　歌――替え歌の文化が結ぶ共同体

校歌という特殊な現象

学校には校歌というものがあり、入学式や卒業式など、節目となるような行事では必ず合唱されるというのは、日本ではごくありふれた風景である。校歌は、校章や校旗とともに学校を象徴する存在であり、新たに開校した学校などでは、有名な詩人や作曲家に制作を依頼し、完成時には、校歌制定記念式典などと称する行事が盛大に行われたりする光景もよく目にする。校歌が象徴的な存在であることは生徒の側にとっても同様である。卒業してからも、同窓会の会合などで、皆で肩を組んで校歌を合唱し、同じ釜の飯を食った「同志」としての連帯感を味わった経験のある人も多いだろう。校歌はそのくらい、学校という組織のアイデンティティにとって不可欠な存在になっている。

しかし、このような状況が日本固有の特殊なものであることもたしかである。欧米の学校でももちろん、学生が皆で歌うこと自体は盛んであるし、そういう時に歌われる「学生歌」と呼ばれるレパートリーなどもあったりするのだが、それらの多くはどこの学校でも歌われる共通のものである。特定の学校に固有の曲がある場合でも、日本の校歌のように、学校側が公的に制定した一曲だけが校歌として特別な位置づけを与えられているようなことは、まずない。もちろん、世界中を探せば、日本に近いような事情の国もあるいはあるかもしれないが、世界的に見てかなり特殊な現象であることは間違いない。

しかしこの、合唱という形態が、集団や組織への帰属意識や連帯感に結びついてゆくというあり方の背景をたどってみると、これがなかなかおもしろい。西洋の「近代化」の過程において、この合唱が重要な役割を果たしてきた歴史があるのだ。

「一緒に歌う文化」のグローバル・ヒストリー

もちろん、皆で一緒に歌うということ自体は、どんな文化にも見られる現象だろうし、西洋においても、教会における典礼のあり方などを見てみれば、皆で一緒に歌うことが帰属意識と結びつくような役割を果たしていたのは、何も近代に限られた話ではないことがわかるだろう。しかしそれにもかかわらず、この合唱という形態がとりわけ近代との関わりにおいて重要なのは、それが一九世紀において近代的な国民国家体制が確立されてくる過程において、キーポイントとも言うべき枢要な役割を果たしたのみならず、それが様々に形を変えつつ世界各地に広がり、今なお様々な形で機能しているという現実があるからだ。ここでその全体像を詳論する余裕はないが（拙著『歌う国民：唱歌、校歌、うたごえ』〈中公新書、二〇一〇〉を参照されたい）、その原点となったモデルはフランス革命にある。「歌いながらの革命（la révolution en chantant）」などという呼び名があることからもわかるように、フランス革命はつねに歌に寄り添われる形で進んでいった。人々は、《出発の歌》、《サ・イラ》などの「革命シャンソン」と呼ばれる歌を皆で歌いながら行進し、また「革命祭典」と呼ばれるスペクタクル的な行事の中で、《自由への讃歌》、《理性への讃歌》といった歌を共有することで、革命の精神を身体に刻みつけていったのである。革命シャンソンの代表格であった《ラ・マルセイエーズ》がフランス国歌となり、現在でも歌われているという事実は、これらの歌が近代国家にとって屋台骨と言っても過言ではないような役割を果たしていたことを示している。

このようなあり方は、各国が近代国家へと作りかえられてゆく過程の中で再生産され、一九世紀は各国のナショナリズムと結びつきながら、様々な「合唱運動」が展開されるとともに、次々と国歌が制定されてゆくような時代となった。そしてこうしたパターンは、西欧諸国からその周縁諸国へ、さらに非西洋諸国へと「輸出」され、グローバル化されていった。北欧や東欧の諸国では、民族自立運動の高まりとともに合唱が盛んになり、その中で歌われた歌がそのまま国歌になったような例も少なくない。他方、ソヴィエト連邦や東欧諸国の東側陣営や、その流れを汲んだ労働者運動、学生運動などでは、ロシア革命の旗印であった《インターナショナル》を頂点とするレパートリー群が共有され、大きな力となった。これらの動きもまた、それぞれの文化に合わせて様々に形を変えながら、非西洋文化圏に広がっていった。

ここで重要なのは、元はといえば、フランス革命という、いわば「反体制」運動を進めてゆくためのツールであったはずの歌が、状況次第では、国歌に代表されるように、国家統治や国歌による国民づくりのためのツールという、体制側の武器に容易に転化しうるということである。人々が「下から」連帯してゆくための歌というあり方と、国が「上から」人々を操作してゆくための歌というあり方とは、正反対なもののようにも見えるが、べつにはっきりと二分されるわけではない。「一緒に歌う文化」は、そういう両面を常にあわせもっているのであり、その両者の関係の多様なあり方が、他の文化に伝播してゆく過程で様々なヴァリエーションを生み出してゆく要因ともなったのである。

西洋音楽の一九世紀と言うと、「クラシック音楽」という名の「芸術音楽」が、あたかも普遍的な価値をもつかのようなしかたで世界に広がり、グローバル化していった時代という面ばかりが見えてしまいがちなのだが、この時代はまた、西洋型の「一緒に歌う文化」が世界へと広がってゆき、様々な変種を生み出していった時代でもあった。校歌もまた、そうした「変種」のひとつなのである。

日本の「一緒に歌う文化」としての校歌

言うまでもないことだが、日本が西洋の音楽文化を本格的に取り入れるようになったのは、明治維新以後のことである。一刻も早い近代化をはかるために、日本はお雇い外国人を大量に雇い入れるなどして、西洋先進国の思想や文化の導入をはかった。音楽に関しても、一八七九（明治一二）年には「音楽取調掛」が設置されて様々なことを「取調」べた結果、西洋音楽中心の教育システムの採用を決め、唱歌集の編纂などが行われたことは周知の通りである。問題は、そのときに想定されていた「音楽」がどのようなものであったのか、ということである。考えてみれば、音楽取調掛が設置された、この一八七九年という年、妙に早すぎはしないだろうか。まだ憲法もなく、議会も設置されていなかった時期である。こんな時期に音楽の導入をはかるとは、この上ない「文化国家」を志向したとでもいうのか。そうではない。そこで想定されていた「音楽」は、いま一般に考えられるように、生活や情操を豊かにする、プラスアルファ的な存在などでは全くなく、まさに国家統治のためのツールだったのである。音楽取調掛が一八八四（明治一七）年に出した『音楽取調成績申報書』という報告書を見ると、彼らが何を「取調」べようとしたかがよくわかる。唱歌にしても、それが国民の心身を形作ってゆく上でいかに重要かという観点から論じられているのである。特に興味深いのは、この報告書の最後にある「明治頌撰定ノ事」という章である。ここには西洋諸国の国歌がどのような内容であり、どのような経緯で制定されたのかといった調査結果が、延々と記述されている。西洋諸国が次々と国歌を制定している中、日本もまた、近代国家として世界に伍してゆくためにはどうしても国歌の制定が必要であるという認識のもとに、その内容や方向性をどのようなものにすべきかということを真剣に考えていた様子が伝わってくる。

このことからは、フランス革命という「反体制」運動で歌われていた歌が国歌になったというような事例に代表される、西洋諸国の場合とは違い、「一緒に歌う文化」が「上から」の国民づくりのためのツールとして形作られていった日本の状況が浮かび上がってくる。外圧による突然の開国をうけて、一刻も早く世界に伍することのできる国家としての体制を整えることを求められ、近代化を急いだ当時の状況の反映と言っても良いだろう。校歌という制度もまた、そのような状況の中で生み出された。

国歌が、国のアイデンティティや人々のそこへの帰属意識と関わるものであり、近代国家においてそれゆえに重要視されたということはすでに述べた通りだが、日本においては、さまざまなレベルの共同体において、そのあり方や精神を歌い上げ、そこへの帰属意識を確認するような歌が数多く作られてきた。県歌や市歌、青年団や農業などの各業種団体の歌、それに社歌などの「コミュニティ・ソング」が、日本では特別に発達した。そして校歌こそは、これらの数ある「コミュニティ・ソング」

の代表格であり、その中でも段違いの発達をみせた存在であった。

およそ学校と名のつくところで校歌をもたないところはないという状況が確立するのは昭和初期くらいのことである。この時期、「校歌制定ブーム」ともいうべき動きが全国的に生じ、山田耕筰、信時潔、弘田龍太郎といった作曲家が各地の校歌を山ほど書いている。甲子園の高校野球大会をみていると、戦前の旧制中学校や、商業学校などの実業学校の伝統を汲んだ、いわゆる名門校の校歌の大半はこれらの作曲家がこの時期に書いたものである（最近は戦後に設立された新しい学校が多くなり、そういうものが流れる機会も少なくなったが）。

山田耕筰は、一九一〇年代にベルリンに留学し、表現主義など、当時の最先端の音楽を日本に持ち込んだ「前衛」作曲家でもあったが、彼はまた、校歌などの「コミュニティ・ソング」の作曲も自らにとっての大きな任務であると認識していた。山田がまだ第一線で活動していた一九三〇年代に出された、全一五巻からなる『山田耕筰全集』（春秋社）というものがある。その一巻には「国民歌謡曲集」という巻があり、《東京市民歌》、《日本青年団歌》、《八幡製鉄所所歌》などのさまざまな団体歌とともに、五〇曲以上にわたる校歌が収録されている。この巻にはまた、《父母の歌》、《感謝の朝夕》といった、人々の日常的な道徳観や心得に関わるような曲も何曲か収録されている。「国民歌謡曲集」というタイトルは、これらが近代国家たる日本の国民が共有し、その精神を身につけてゆくための「国民づくり」のツールという一括りのものとして捉えられていたこと、そしてまた、作曲家の活動にとってもそれが全集の一巻をなすほどの位置を占めていたことを物語っている。校歌はその中でもとりわけ大きなウェイトを占める存在だった。

「上からの国民づくり」に関わる校歌のこのような性格は、とりわけ小学校の場合にはっきりあらわれている。小学校に関しては、一八九四年に出された「文部省訓令第七号」以来、学校内で歌われる唱歌についてはすべて文部省の認可を受けることが義務づけられていたが、音楽の授業での教材が文部省の編纂した唱歌教科書にほぼ一本化されてゆく中、この制度は事実上校歌の認可のための手続きになっていった。そのような流れの中で校歌は、校訓や校章とセットになって道徳的な教育のための装置として位置づけられるようになってゆく。たとえば、『統合小学校管理法』という本（小西重直・長田新、永沢金港堂、一九三七年）では、「学校訓練の実際」という章の最初に校訓や校歌についての記述がおかれており、校訓が訓育すべき徳目を標語化したものであるのに対し、校歌の方は「校訓と同様に全校児童の修徳の目標を示すもの」である一方で、「校訓が一般に知的であり形式的であるのに対し、校歌は運動会、学芸会、卒業式、終業式等児童の学校生活における諸行事の際その感情に訴えるから、不知不識の間に児童の精神生活に徳性を印象する」と記されており、「国民づくり」のツールとしての校歌の位置づけをはっきり示している。本論でこれから取り上げる旧制中学校や実業学校などの中等学校の場合には、小学校の場合よりはかなり自由であり、規程上、中等学校に関しても同様の規制が加えられるようになるのは一九三九年の「文部省令第四九号」に至ってのことであるが、実際のところは、これらの学校でも昭和初期に急速に校歌の制定が進む中で、暗黙のうちに小学校と同様の動きが進行していったのである。そのことは、学校という共同体が国家的秩序の中に組み入れられるような形でシステム化されていった状況と密接に連関している。歌を歌う行為もまた、そのためのツールとして位置づけられる形で「公共化」されていったのである。

「校歌」以前の校歌？――寮歌モデルからの出発

だがここまでは話の前段である。歴史を見直してみると、校歌のもつ「公共性」には、これまでに述べてきたようなものとはかなり違ったあり方のものを見出すことができるのである。前節で述べた、校歌が「上から」の国民づくりの欠かせないツールとしての地位を確立した状況は、主として昭和初期のものだが、これが校歌をめぐる状況のすべてというわけではない。それ以前の明治三〇年代から大正期前半くらいにかけての時代、つまり小学校などにはまだほとんど校歌がなかった、そんな時代にも、とりわけ中学校や女学校、実業学校などの中等学校においては、かなり多くの校歌が作られており、そのあり方はその後の時代のものとはかなり異なっているのである。それらの中には今でも歌い続けられているものも少なくないが、そこからは、われわれがステレオタイプ的に理解しているのとはずいぶん違った「校歌の文化」の広がりを感じ取ることができる。

たとえば長野県の諏訪中学校（現諏訪清陵高校）の校歌（一九〇三年制定）には第一校歌と第二校歌というふたつがあるが、第一校歌の歌詞は八番まで、第二校歌の方は一〇番まであり、両方を通して歌うと一五分かかるともいう。また、岩手県の盛岡中学校（現盛岡第一高校）の校歌は一九〇八（明治四一）年の制定だが、なんとあの有名な《軍艦マーチ》（一八九七年）の旋律である。一九六八（昭和四三）年の夏の甲子園大会に出場した際の校歌演奏でいきなり《軍艦マーチ》が流れてきて、観客がみな腰を抜かしたというエピソードが残っていたりもする。

これらは今では「ヘンな校歌」の例として取り上げられ、例外的なものであるかのような扱いを受けることも多いのだが、この時期に作られた校歌の成立過程やその背景をしらべてみると、旧制中学校や商業学校などの実業学校の周辺にあった独特の空気が浮き彫りになってくるのである。

最初のポイントは、これらの校歌が作られる際にモデルとなったのが、旧制高等学校や高等専門学校などの寮歌であったということにある。校歌と寮歌は、どちらも学校の歌であり、一緒に取り扱われることも多いのだが、実のところは正反対と言ってもよい性格のものである。校歌は学校を代表する楽曲として学校側によって制定されるもので、普通は一曲だけである。作詞、作曲は専門家に依頼して制作されることが多い。他方、寮歌の方は、学生の側が自分たちの手で作るものであり、同じ学校に何曲もの寮歌がある。旧制第一高校では、毎年行われる「紀念祭」の折に寮歌の募集が行われて複数が採用され、そのたびにすべての寮歌を集めた「**寮歌集**」が制作されて、絵葉書とともに来校者に販売されていた。旧制第一高校の寮歌集は年々分厚いものになり、最終的には、一八九二（明治二五）年から一九四九（昭和二四）年までの間に作られた三五〇曲以上にもおよぶ寮歌が収録されるにいたった。寮はもちろん学校の施設ではあったが、寮生自身が主体的に運営するもので、入寮者の選考などに関しても学校当局の介入を許さないなど、「寮の自治」が旗印に掲げられていた。寮歌はそのようなあり方を象徴するもので、寮生たちが寮の行事などで一緒に歌ってその結束を確認する、そんな役割を果たしていた。その意味でも、学校当局が制定する校歌とは対照的なあり方を示すものであった。したがって、この時期の旧制中学校や実業学校の一部で、上級学校の寮歌を取り入れる形で校歌を作る動きが高まったということは、各学校が雪崩をうって校歌を制定するようになるその後の時代の動きを先取りしていたということとは全く違った意味をもつのである。

「流用」される寮歌：校友会と応援歌

これらのケースで、寮歌は単なるモデル以上の役割を果たした。特定の寮歌の旋律をそのまま使って歌詞だけ自分の学校に合わせたものに付け替えているものがかなりあり、今でも歌われているケースも少なくないのである。茨城県の下妻中学校（現下妻第一高校）の校歌《東に聳ゆる筑波嶺を》（一九一一年制定）は、旧制一高の寮歌の中でもとりわけ有名な《嗚呼玉杯に花受けて》（一九〇二年）の旋律をそのまま使っているし、岩手県の福岡中学校（現福岡高校）の《岩手の北臺天下の鎮》（一九一一年制定）と一関中学校（現一関第一高校）の《岩手磐井の一関》（一九〇三年制定）は、いずれも同じ旧制一高の《春爛漫の花の色》（一九〇一年）の旋律である。

このような「流用」が最も目立つのが、同じ旧制一高の寮歌《アムール川の流血や》（一九〇一年）のケースである。校歌では、岩手県の盛岡農学校（現盛岡農業高校）の《巍然聳ゆる岩手嶺の》（制定年代不詳）、茨城県の竜ヶ崎中学校（現竜ヶ崎第一高校）の《千秋の雪積りたる》（一九一二年制定）などがあるが、特筆すべきことは、校歌よりもはるかに多い数の流用が応援歌にみられるということである。応援歌の場合、成立経緯がわからなくなってしまっていることも多いが、同じ《アムール川の流血や》を流用した応援歌としては、滋賀県の彦根中学校（現彦根東高校）の《嗚呼英傑が夢の跡》は正規に応援歌として定められたのは一九二四（大正一三）年だが、実際には一九一五（大正四）年頃から歌われていたとみられる。また、福岡県の中学修猷館（現修猷館高校）の《玄南の海潮薫る》も一九一九（大正八）年前後に制作されたと推定される。その他、静岡県の浜松商業学校（現浜松商業高校）の《立つべきの秋今《とき》来る》、大阪府の北野中学校（現北野高校）の《澱江春の花の色》、茨城県の下館商業学校（現下館第一高校）の《紫雲棚引く雄筑波の》など、この《アムール川の流血や》による応援歌は、相当数の学校で歌われているが、これらもおそらくほぼ同じような時期に応援歌に転用されたと考えられよう。応援歌ではなく校歌になったケースでも、こうした「**応援歌ブーム**」の延長線上で作られたことは十分に想像でき、その後の時期に典型となる、各校の校訓などとの結びつきを前面に出したものとは著しく趣を異にしている。

この時期、旧制高校などの上級学校の寮歌の人気は高かった。とりわけ旧制一高の紀念祭には多くの人が訪れ、毎年作られる寮歌集は飛ぶように売れた。この時期に書かれた『校歌ロオマンス』という本（出口競、実業之日本社、一九一六年）によると、一高寮歌集の最大の売れ先は女高師（東京女子高等師範学校、現お茶の水女子大学）の生徒であったが、各地の中学生など、地方への広がりも相当大きかったという。単に歌だけではなく、時には学校側に抵抗して自己主張を繰り広げる「寮の自治」の気風や、ストームなどの独特の蛮カラ風のたたずまいなどがセットになった「寮の文化」が、一種の憧れを伴って地方に「輸出」され、中等学校などのモデルになっていったのである。

ただし、この関係が寮歌と校歌・応援歌の間の影響関係をこえた広がりをもっていたということも付け加えておこう。《アムール川の流血や》の旋律には、実はさらに元ネタがあったことが、最近明らかにされた。それは当時陸軍戸山学校の軍楽隊長であった永井建子《けんし》（一八六五―一九四〇）の作曲した《小楠公《しょうなんこう》》という軍歌であった。これは『鼓笛・喇叭・軍歌　実用新譜』（一八九九年）と題された永井の新作軍楽を集めた楽譜集に収録されているものだが、「本曲譜は七五調にて作りたる長編の軍歌にして未だ曲なきものには此句節にて謡わしむるの作意」にて作られたという注釈がつけられている。《小楠公》の歌詞は、いわばその一例として示されているのであり、いわばその趣旨に沿う形でさまざまな形での「流用」が試みられたのだが、《アムール川の流血や》が圧倒的に有名になってしまったために、ほとんどの場合にこの寮歌からの流用であるかのように認識されているのがおもしろい。

校歌や応援歌以外では、メーデー歌として今日でも親しまれている《聞け万国の労働者》（一九二二年）もやはり同じ旋律の流用であり、これは第三回のメーデーの際に歌詞が公募されたという経緯であった（音楽の公募は行われておらず、最初からこの旋律につけるという前提で歌詞を募集したのであろう）。また、軍歌ではこれまた有名な《万朶《ばんだ》の桜（歩兵の本領）》（一九一一年）が同じ旋律だが、こちらは中央幼年学校の百日祭と呼ばれる催しに際して発表されたものである。元歌と同じ軍歌であるが、一高寮歌の《アムール川の流血や》を経由して流用されたらしい。このように、必ずしも校歌と寮歌という関係の話ではなく、この時代には、ジャンルの枠をこえて幅広く流用が行われていたことがわかる。そのことの意味については、本論の末尾でまた考えてみることにしたい。

中学校や実業学校の話に戻るが、これらの学校で、旧制高校などの上級学校の寮歌が流用される際には、その受け皿となって下支えした組織があった。「**校友会**」という組織である。校友会は、野球部、水泳部といった運動部や、文芸部、弁論部などの文化部も含め、要するに学校における正規の学科以外の課外活動を統括する組織であった。雑誌部などというものを置いて校友会雑誌を刊行している学校も多かった。校友会のあり方にはなかなか微妙なところがある。基本的には学校に置かれている組織であるから、多くの場合には学校長が会長を務める形をとり、学校が最終的な責任をとる形になっている反面で、生徒の活動にはかなりの自由を認め、その運営を任せている部分もあった。このあたりは学校によってもかなり状況が異なっていたようであるが、すでに挙げた長野県の諏訪中学校などは、旧制高校顔負けの「学校の自治」を前面に出していたようである。一九八一年に編まれた『清陵八十年史』などをみると、校友会（ちなみに、ここでは学友会という名称であった）が学校側に要求を出したり、学校側と対立してストライキを打ったりということがほとんど伝統のように続いており、学校の歴史はほとんど校友会の歴史であるかのように描かれている。余談であるが、この伝統は戦後も続いていたとみえ、校内が暗いので蛍光灯を設置するように求める運動が繰り広げられたりもしているのだが、この時の学友会長は、建築史家として知られる藤森照信《てるのぶ》であった。諏訪清陵高校の場合には、あの長大な校歌も、学友会の主導で作られたようである。

応援歌となると、ほとんどが校友会の活動との強い連関の中で作られた。前述のように彦根中学校の応援歌《嗚呼英傑が夢の跡》は応援団の設置とともに作られたのであるが、この明治末から大正期前半にかけての時期を中心に、多くの学校で校友会を足場とした運動部の活動が盛んになり、それと並行する形で応援歌が盛んに作られるようになっていった。そのため、校歌の制定よりも早く応援歌が作られ、歌われていたケースも多い。彦根中学校の場合にも、校歌が制定されたのは、応援団の結成よりもかなり遅れた一九二三（大正一二）年であったし、修猷館の《玄南の海潮薫る》も同じ一九二三年の館歌の制定よりも早かった。比較的早い時期から校歌をもっている学校の場合は、代表的な応援歌がそのまま校歌になっていったケースが多いようである。

《チャイナメ節》の世界――函館商業学校にみる校歌と応援歌の実態

旧制中学校の校歌の周辺で展開されたこのような文化の状況を具体的な形で非常によく示しているのが、北海道の函館商業学校（現函館商業高校）の事例である。似たような状況はおそらく他の学校にもいろいろあると思われるが、この学校の場合、卒業生で母校の教員も務めていた大角慎治《おおすみしんじ》らの尽力で、校歌や応援歌の収集保存や由来探しが重点的に行われたため、他に例のないほどに、いろいろなことが明らかになっているのである。この学校の場合も、校歌が正式に制定されたのは昭和四年（一九二九）、作曲者は信時潔と、絵に描いたような「定番校歌」パターンであり、この校歌が今でも歌われている。しかし、この校歌の背後には、それに準ずる数多くの歌の織りなす世界が広がっている。一九八九年に刊行された『函商百年史』には巻末に「函商校歌・応援歌集」と題された楽譜集が掲載されているが、ここには過去に作られて現在は歌われていないものから、開校百周年を記念して作られたものまで、合わせると三〇曲以上に及ぶレパートリーが収録されている。その大半は応援歌の類で、多くが大正期前後に作られたものであるが、ここでもやはり、その大半が寮歌などの既成曲の旋律を流用したものである。

《野球応援歌》、《サッカー応援歌》といった種目別のものもあり、《野球応援歌》は例の《アムール川の流血や》の旋律である（ここでは「打てや　打て打てサット打て」という歌詞がつけられている）。原曲は様々なジャンルにわたり、《応援歌》は唱歌《ワシントン》（北村季晴作曲、一九〇二年）、《ああ一酔》は海軍軍歌《黄海の戦》（多梅稚作曲、一八九五年）が元歌だが、前者は慶應義塾大学の応援歌

《天は晴れたり》（一九〇七年）、後者は旧制三高の野球部歌《霜に乱るる暁の》（一九〇八年）に流用された歴史があり、そちらを経由しての再流用とみられる。《天は晴れたり》は当の慶應でも六大学野球の応援などで今でも歌われているが、太田高校（群馬）、下妻一高（茨城）、福岡高校（岩手）など、函館商業同様に応援歌に流用しているところも少なくなく、これだけいろいろ出てくると、《アムール川の》のケースは決して特殊ケースではなく、むしろこの時期の校歌や応援歌の文化が、網の目のように張り巡らされた流用関係に支えられる形で成り立っていた状況の一端にすぎなかったことが理解されるのである。

函館商業の応援歌の中でとりわけ興味深いものに《チャイナメ節》と呼ばれるものがある。「チンチンチャイナメが　ウェルウェルロー」などという、ほとんど意味不明の歌詞がつけられた歌であり、今でも先輩から後輩へと口伝で伝えられ、函館商業高校の名物応援歌として歌い継がれている。一九一四（大正三）年の野球の対校試合の際に歌いはじめられ、一九一六（大正五）年に正式に応援歌として承認されたとされるが（『函商百年史』、二〇四ページ）、近年になって大角の調査で元歌が明らかになった（大角愼治、『チャイナメ節のルーツの記録』、二〇一四）。元歌はなんと、イギリスで作られたオペレッタ《ゲイシャ》（オーウェン・ホール脚本、ハリー・グリーンバンク作詞、シドニー・ジョーンズ作曲、一八九六年）で劇中歌として歌われている“Chin Chin Chinaman”と題された曲であった。日本の茶屋を舞台にした作品だが、制作年代やタイトルからわかるように、オリエンタリズム色満載の曲である。その茶屋を経営するのが中国人という設定になっており、この主人公が商売がうまくいかないことを嘆いて歌う歌である。その、もともとピジン英語で書かれたブロークンな歌詞が、口伝で伝承されるうちに、さらに変容や脱落を重ねて、何語だかわからない呪文のようなものになってしまったのである。

もちろんこの原曲がそのまま函館商業にはいってきたわけではない。どのような経緯かは不明だが、この原曲が日本にはいってきて流行唄となり、それがさらに応援歌に転用されたとみられる。日蓄（日本コロムビア）の一九一九（大正八）年九月新譜に《書生節　ヂンヂロゲーとチャイナマイ》というのがあり、この《チャイナマイ》の部分が《チャイナメ節》の歌詞にほぼ相当する（当然のことながら、転訛が激しく、細部は一致していない）。さらに興味深いことに、北海道とは正反対の九州にある鹿児島商業学校（現鹿児島商業高校）にも《チンチンチャイナマイ》という応援歌があり、現在でも歌われている（それぞれの歌詞の対応表を章末に付しているので参照されたい）。このように見てみると、単に応援歌の文化が形作られるにあたって、上級学校の寮歌の文化がモデルになったということをこえて、その地続きのところに軍歌や流行唄などの民衆曲のレパートリーが無限に広がっている、そのただ中に校歌や応援歌の文化が形作られていたことがわかるだろう。

函館商業に関してもうひとつおもしろいことは、校歌の制定に関わる経緯である。すでに述べたように、信時潔の作曲した現在の校歌は一九二九（昭和四）年に制定されたものだが、実はその前に「仮校歌」として歌われていたものがあった。この「仮校歌」は一九一二（明治四五）年頃に当時教諭だった安田尚義が作詞したものだが、音楽の方は一高寮歌の《嗚呼玉杯に花受けて》の旋律であった。一高寮歌の旋律からの流用は、すでに言及した下妻中学校、一関中学校などと同パターンであり、時期的にもほぼ同時期の動きとみることができるが、何とも興味深いのは、大角がその経緯についての調査を深めるにつれて、その「制定」に関わる輪郭がぼやけてきたという事実である。一九八九年に刊行された『函商百年史』に掲載されている年表では、一九一三（大正二）年に校歌に制定されたとされているのだが、実際に歌われていた形跡がある一方で、『学校一覧』などの公文書などにも校歌として記載されず、一九二六（大正一五）年の時点になっても、『校友会雑誌』には《校友会歌》として掲載されているなど、その立場が著しく不安定にみえるのである。むしろ、その後の新校歌制定の話が出てくる段になってはじめて「旧校歌」としてクローズアップされるようになったと言った方がよいくらいなのである。

この事実は、今では同じ校歌と呼ばれているこの両者のあり方が実際にはかなり異なっていたということを示しているように思われる。この時期、函館商業でも運動部の活動が非常に盛んになり、「旧校歌」の作られた時期とほぼ相前後する形で応援団が結成されたりもしている。そして大正期にはいると、《チャイナメ節》をはじめ、たくさんの応援歌が作られてゆく。「旧校歌」はむしろ、それらの先陣をきった存在という性格が強く、学校側が公的に制定したというのはむしろ後付け的なことであり、まさにそこにこそ校歌の位置づけの変質が映し出されているのではないかとすら思えてくるのである。

函館商業では大正一〇年（一九二一）の大火で校舎とともにそれ以前の資料を焼失したというようなこともあり、校友会の初期の活動を詳細にたどることは残念ながらできないようだが、「新校歌」以前の「旧校歌」やさまざまな応援歌の今に残る姿からは、一方で旧制高校などの「自治」の気風を受け継ぎつつ、他方で民衆の流行唄までも巻き込みながら形作られていったこれらの歌の世界の一端が窺われるだろう。それはまた、ともすると「新校歌」的な「上から」のモデルで代表されがちな日本における「コミュニティ・ソング」の表象からは抜け落ちてしまうような、校歌というジャンルのもつもうひとつの顔を示しているものでもある。

この「ふたつの顔」は決して単純な二分法のような形で捉えるべきではないだろう。西洋における「コミュニティ・ソング」においても、「下から」の反体制運動と「上から」の統治という両者は裏表にくっついており、容易に反転することが可能であったように、日本の校歌のこのふたつの顔も、決して相反する共役不可能なものというわけではない。あえて言うなら、この両者がどのような力学の中でどのように接合され、どのような形をとってくるかということの中に、それぞれの文化の背景が現れ出てくるのである。これまでにみてきたような函館商業での状況は、今では失われてしまったこの時代の日本の独特の空気感を照らし出していると同時に、《チャイナメ節》のようなその名残となるレパートリーが今でも歌い継がれている状況を見るにつけ、文化というものの重層的なあり方をあらためて感じさせられるのである。

替え歌の文化

本章の最後に、この時代の多くの校歌や応援歌にみられた旋律の「流用」という問題に再度触れておきたい。他人の作った旋律をそのままもってきて堂々と「新曲」として発表するようなことは、作曲家の著作権が幅をきかせ、JASRAC（日本音楽著作権協会）のような団体が跋扈しているような今の状況からは、なかなか想像しがたいかもしれないが、それだけにかえって、この時期の歌をめぐる文化の枠組み自体が今とは根本的に違っていたことを否応なしに感じさせられる。日本にはまだ西洋音楽の曲を書くことのできる人が少なかったために、やむをえず流用が行われた、というような説明がなされたりすることもあるようだが、問題はそんなに簡単ではない。

これは「替え歌」の文化とも言うべきあり方であり、日本では古くから続いてきた音楽文化の様態の延長線上にあるものなのである。とりわけ民謡などでは、一つの旋律を共有財産のようにして使い回し、そこに別の歌詞をのせてゆくようなやり方がごく普通に行われており、《江差追分》、《安来節》などの「定番」民謡には、その歌詞を数百種も集めた「歌詞集」なるものが刊行されていたりもする。初期の校歌や応援歌に関わる「流用」を軸としたあり方もまた、民衆音楽のこうしたあり方の延長線上のものと考えることができるのではないだろうか。

昭和初期に刊行された「民謡集」などのタイトルをもつ歌集の中には、伝統的な民謡レパートリーだけでなく、宝塚を通じて「パリ直輸入」で日本に入ってきたシャンソン《モン巴里》などの西洋曲のレパートリーをそれらと同時に並べ、同じようにいろいろな替え歌の歌詞をつけているものなどもあり、古くからの日本の「替え歌」文化を、いわば拡大適用する形で、このような西洋曲をも接合していった状況をみてとることができるのだが、見逃せないのは、この種の「替え歌」的な歌本の出版の担い手の多くが、自由民権運動期の「壮士演歌」を担った系譜の人々であったということだ。

「壮士演歌」は、自由民権運動の「壮士」たちが自らの思想の普及拡大をはかるために、それを歌に織り込んで演説会などで演じ、あわせてそれを掲載した歌本を売って活動資金にしたというものである。この時期にはそのような実体はもはやなくなり、「街角のエンターテインメント」の一種と化していたが、それでも、依然としてゆるやかな形で政治活動に関わる表象と重なり合う形で展開していた。《チャイナメ節》もまた、そのような風土との密接な関わりの中で生まれたことはたしかである。秋山楓谷・静代のレコード《ヂンヂロゲとチャイナマン》は《デモクラシー節》という曲とカップリングされている。

「労働神聖と口では賞めて、ヨイヨイ、オラに選挙権なぜ呉れぬ、ヨオイヨオイ、デモクラシー」という歌詞ではじまるこの歌は、普通選挙の実施を目指す政治集会などでも盛んに歌われたようだが、これもまた俗謡《デカンショ節》の替え歌であった。《デカンショ節》といえば、一高をはじめとする旧制高校で、「ヨオイヨオイ、デカンショ」という囃子にのせて、社会諷刺、学校への不満等々、様々な内容を替え歌にするものとして広く歌われたことでも知られており、大正期のこれらの学校では、こうした「替え歌の文化」を通じたコミュニティが形作られていたことが窺えるだろう。

校歌も応援歌も、こうした流用の連鎖によってもたらされる様々な民衆音楽のネットワークと地続きのところで機能していた。中学校や実業学校においても、初期の校歌や応援歌の文化は、校友会を受け皿として、このような土壌に育まれる形で展開していったのである。こうしたあり方は「上から」の統制の中に置かれるようになっていったその後の時代の学校や校歌のあり方によって覆い隠されてしまったのだが、そこには学校という近代的コミュニティのもうひとつの可能性が示唆されていたのではないだろうか。

校歌はその後も、時代に応じてそのあり方を変えてきた。戦後に作られた校歌では、「平和」、「自由」、「希望」といった語に彩られ、「ぼくたちがつくる」学校のイメージが語られたし、現在では学校という閉じられた世界の歌であることをやめて、ほとんどJ-popと重なり合うような世界が広がるような状況になっている。そういう意味では、本論でみてきたような「流用」校歌もまた、その主たる舞台であった大正という時代を映し出していることは間違いない。初期の校歌や応援歌の考察が示唆しているのは、ともすると、学校という共同体が国家システムの中に「上から」組み込まれてゆくようなモデルで表象されがちであった、それらの音楽の「公共性」のあり方に、実はそれとは別の展開の可能性が孕まれていたということではないだろうか。そして、これまた典型的に西洋近代型の文化の所産である著作権制度が想定するのとはまったく違った成り立ちを示している替え歌文化的な音楽観に則る形でその可能性の追求がなされていた状況をみるとき、われわれは日本の近代化過程の歴史そのものをあらためてイメージし直すことが求められていることを、切実に認識させられるのである。

Chin Chin Chinaman (Sydney Jones, Operetta "The Geisha")	チンチンチャイナマイ（鹿児島商業）	チャイナメ節（函館商業）
Chinaman no money makee Allo lifee long! Washee washee once me takee, Washee washee wrong!	チンチンチャイナマイノ ウェルウェルローン ロメダッケダッケダッケ シャッチマッチシャン	チンチンチャイナメが ウェルウェルロー ノメサケブロックブラック シャチマッチシャン

When me thinkee stealee collars
P'licee mannee come;
Me get finee fivee dollars,
Plenty muchee sum!

Chin Chin Chinaman
Muchee muchee sad,
Me afraid
Allo trade
Wellee welle bad!

Noee joke
Brokee broke
Makee shuttee shop
Chin chin chinaman
Chop, chop chop!

ワッハハ………
チャイナマイノモノメッキヤ
ワイルワイルロン
ワッシュシング
ワッシュシンゲ
ワッシュワッシュロン

ホエンマイチンゲストレ
キルドポリスメンノケン
ロメダッケダッケダッケ
シャッチマッチシャン
ワッハハ………

アッハハーアッハハー
チャイナメがモノメキャ
ウェルウェルロー
ロングウオッシュ
ウオッシュシュが
ウェッシをシロー

ホマイチンがストライキで
ポリスマンのケーン
ネクトファッシュ
ファッシュシュが
ポリテマンテ　シャン
アッハハーアッハハー

〈出典〉函商百年史編集委員会編『函商百年史』北海道函館商業高等学校創立百年記念協賛会、一九八九および鹿商同窓会ウェブサイト

（渡辺　裕）

民衆と詩──文語詩から口語詩への移行

詩の言葉の大転換

日本の近代詩史のなかで、大正という時代は詩語における大きな過渡期であった。まず第一に、文語詩から口語詩への移行期であったということ。第二に、雅びな書き言葉としての伝統を持つ文語と、民衆の日常生活に使われる可塑的で散文的な語り言葉である口語とを橋渡しする方法が見つからず、日本語における詩と散文の違いは何であるかが初めて問われ出した。第三に、しかし社会状勢の激変にともなって詩語そのものへの問いは深まらず、現在から見ると詩と散文の未分化な混乱状態が生まれたという意味で、この時代は近代日本の詩語が成立する、まさに歴史の踊り場であったと言うことができる。

詩と散文の未分化な混乱状態には、二つの大きな波があった。第一期は明治末年から大正初年代までであり、この時期に詩と散文の違いがいったん突き詰められたが、脱出口を見つけられないまま詩が衰弱し、詩から散文(小説)へ転回する詩人たちが続出した。第二期は大正末年から昭和初年代にかけて、詩と散文の違いについてとりあえずの決算書が突きつけられた時期である。大正一二年(一九二三)の**関東大震災**の前後に、昭和期の詩語へつながる詩人たちが誕生した。この第一期、第二期を通じて、口語は時代的必然性を持っていたため、文語使用はアナクロニズムとして性急に否定する論調が力を持ち、文語の遺産は伝統として検証されることがないまま捨ておかれた。ただし定型詩としての短歌、俳句では文語使用は続いた。この近代日本の詩語の過渡期のありようは、大正期から現在まで続いている。

文語定型の新体詩と口語自由詩

日本の近代詩は、西欧の詩を翻訳紹介した『新体詩抄』（明治一五年＝一八八二）から始まったが、そこでの詩語は、近世から続いていた小唄や今様などの七五調のリズムであり、文語定型詩であった。その後、島崎藤村の『若菜集』（明治三〇年＝一八九七）が近代的な抒情詩として恋愛歌を成立させた。藤村は全詩集版とも言える『藤村詩集』（明治三七年＝一九〇四）の「序」に、「遂《つひ》に、新しき詩歌《しいか》の時は来りぬ。／そはうつくしき曙《あけぼの》のごとくなりき。／あるものは古《いにしへ》の預言者の如く叫び、あるものは西の詩人のごとくに呼ばゝり、／いづれも明光と新声とに酔へるがごとくなりき。／うらわかき想像は長き眠りより覚めて、民俗の言葉を飾れり。」と書いた。しかし、これは自らの過去の詩をふり返っての言葉であった。『藤村詩集』は「青春の紀念として」（「序」）、過去四冊の詩集の合本として編まれた。「小諸なる古城のほとり／雲白く遊子悲しむ」（「小諸なる古城のほとり」）や「名も知らぬ遠き島より／流れ寄る椰子の実一つ」（「椰子の実」）など、後に歌曲になり現在も愛誦歌となっている詩が収録されているが、『若菜集』以後、『藤村詩集』までのわずか七年の間に、そこに書かれた文語定型詩（「新体詩」と呼ばれた）は、すでに過去の懐かしい「新しき詩歌」となっていたのである。近代以降、つねに「新しさ」を価値とする日本人の性向は、「言文一致」運動を時代の潮流とした。藤村はこれ以降、詩を止めて小説に移った。

藤村以後の日本の近代詩に詩語の上で最も大きな影響を与えたのは、上田敏《びん》の翻訳詩集『海潮音』(明治三八年＝一九〇五)であった。それまでの新体詩の詩語を批判して新しく流麗な雅語を創出し、ヴェルレーヌやマラルメなどのフランス象徴詩派の自由詩を、文語詩(文語定型詩と文語自由詩)として紹介したこの詩集は、翻訳が創作と同じであることを示した。現在も「秋の日の／ギオロンの／ためいきの／身にしみて／ひたぶるに／うら悲し」(ヴェルレーヌ「落葉」)は愛誦されている。後に出た全翻訳詩集である『上田敏詩集』(大正一二年＝一九二三)は何度も版を重ねてベストセラーとなったが、題名に翻訳という言葉がない。このような翻訳詩集を出せたのは、近・現代詩を通じて上田敏だけであった。『海潮音』の出現は、蒲原有明《かんばらありあけ》、薄田泣菫《すすきだきゅうきん》、三木露風《ろふう》、北原白秋などの象徴詩派の詩人たちを誕生させた。『新体詩抄』を含め、日本の近代詩の詩語は翻訳語によって発展する契機をつねに持っていたのである。

明治四〇年(一九〇七)に、日本で最初の口語自由詩が川路柳虹《りゅうこう》によって書かれた。その詩「塵《はき》溜《だめ》」(明治四三年に刊行された詩集『路傍の花』では「塵塚《はきだめ》」に改題)は、塵芥が積まれたゴミの山を描いている。

隣《となり》の家《いえ》の穀倉《こめぐら》の裏手《うらて》に
臭《くさ》い塵溜《はきだめ》が蒸《む》されたにほひ、
塵塚《はきだめ》のうちにはこもる

いろ〳〵の芥《ごもく》の臭《くさ》み、
梅雨晴《つゆば》れの夕《ゆふべ》をながれ漂《たゞよ》つて
空はかつかと爛《たゞ》れてる（「塵溜」第一連）

このような都会の片隅の塵芥を詩の題材に選ぶことそのものが、それまでの文語定型詩では不可能であった。柳虹は歌うリズムである七五調や五七調を止め、読むことに徹した口語の破調で、この詩を書いた。まるでこれまでの文語詩が水彩画だったとすれば、口語自由詩によっていきなり油絵に変わったように見える。詩語に立体感が生まれた。しかし、同時代にこの実験を評価する詩人たちは少なかった。「塵溜」は河井酔茗《すいめい》が主宰する詩誌『詩人』（明治四〇年九月号）に発表されたが、酔茗はこの詩が当時「果して全詩壇を転廻させるほどの大きな動機をつくらうなどゝは予想しなかつた」と言い、「七五本位の典型詩が口語に移り、自由詩時代に導いたといふことは、今日から考へて容易ならざる躍進であつた。或ひは容易に移り得たかの如く思ふ人もあるだらうが、当時の状勢としては全く容易でなかつた。単に消極的な破壊運動でなく、積極的に創造しなければならなかつた。此の運動以来今日まで詩壇は幾度も方向転換をやつてゐるけれども、四十年の口語詩運動に匹敵するやうな大きな動きはない。年代がたつほどにこれが歴然と判明してくる」（「詩社の憶ひ出」）と、昭和一一年（一九三六）になってから述べている（服部嘉香『口語詩小史』昭和三八年＝一九六三による）。

「藤村去つて詩が亡びたなら理由の検すべきものも十分あるが、事実は明治新体詩の最高の価値を樹立したものは、明治三〇年末期の（薄田——引用者）泣菫の古典詩と（蒲原）有明の象徴詩とであった。

（中略）その内に新体詩の新体の二字がかさぶたの様にとれると共に、（中略）口語詩の勃興に比例して文語定型詩が俄かに廃ってしまった。文語の自由詩すら迫害されて来た」と言っているのは、自身も文語定型詩に最後まで固執した日夏耿之介《ひなつこうのすけ》である（「将来の日本的詩歌」、『文学詩歌談義』所収、昭和一六年＝一九四一）。ここで言われているように、泣菫は大正期には詩から離れて小説や随筆に移り、有明は明治四一年（一九〇八）に『有明集』を刊行したが、そこで使用されている雅語と韻律の古さを若い詩人たちに批判されて後、沈黙した。

日夏耿之介は大正初期をふり返って、憤懣やるかたない口調で次のように言う。

大正初年の交、社会文化一般のデモクラット運動が首をもたげ始めた時分、詩歌世界に於ていちはやく之に饗応し、その反応が著しく顕はれたのは新詩壇であつた。それは軽率であり敏感でもあつた。（中略）凡そ未来的なる如何なる詩歌も、悉く民主詩でなければならない、詩語は現代語、詩形は自由詩形、その外の歴史的な漢詩短歌俳句及び定型文語体長詩は、時流に沿はぬ陳套無自覚な盲目文字となしてはばからないのが彼等デモクラットの腹であつた。（「現代語と詩歌語と」、前掲書）

「民衆詩」の登場

明治四五年（一九一二）、石川啄木は二六歳で没したが、その前年に書かれた彼の詩「はてしなき議論の後」（『啄木遺稿』所収、大正二年＝一九一三）は、大正初期の日本の詩の言語を動かす役割を果たした。その文語自由詩のなかにある「されど、誰一人、握りしめたる拳に卓をたたきて、／〝V NARÓD!〟と叫び出づるものなし。」の「V NARÓD」（民衆の中へ）が、若い詩人たちを鼓舞させたのである。とりわけ「民衆」という言葉は、これ以降、大正という時代を席巻し出す。

「民衆詩」「民衆芸術」「民衆の精神」「民衆主義」という言葉が大正初期から頻繁に詩の雑誌に登場し出したが、大正七年（一九一八）一月に創刊された雑誌『民衆』（福田正夫、井上康文《やすぶみ》、白鳥省吾、百田宗治《そうじ》、富田砕花《さいか》など）は、それらを集約したものと言っていいだろう。この雑誌の登場以降、彼らは「民衆詩派」と呼ばれるようになった。『民衆』創刊号の表紙には次のように記されていた。

われらは郷土から生まれる。われらは大地から生まれる。われらは民衆の一人である。世界の民である。日本の民である。われ自らである。われらは自由に創造し。自由に評論し。真に闘ふものだ。われらは名のない少年である。しかも大きな世界のために、日本のために、芸術のために立つた。いまや鐘はなる。われらは鐘楼に立つて朝の鐘をつくものだ。

『藤村詩集』の「序」で藤村は「そはうつくしき曙のごとくなりき。」と書いたが、雑誌『民衆』は、曙に「朝の鐘をつく」のである。民衆の言葉に「うつくしさ」は求められていなかった。詩の大衆化と社会性を求めたが、コミュニズムともアナーキズムとも一線を画していた。そのことは『民衆』第二号（大正七年二月）に百田宗治が書いた「真の民衆の意味を明らかにしたいと思つて書いた感想」がよく示しているだろう。そこには「吾々は単に貧しきものが、労働して酬ひられないものが、富裕なる階級、資本家の階級に対する闘争、または富の平均、社会制度の改善等を期するためのものに真の民衆運動の名を冠することを欲しない、また、単に民衆の支配する世界又は国家と云ふものを主張しやうとしない（中略）真の民衆とは新しい生命だ。一切の人間の包括だ真の国だ、愛だ、理解だ、そして民衆運動とは、世界をこの真の人類で充しにゆくことだ」とある。

この文章でわかるように、そこでの「民衆」は概念でしかなく、またその概念も曖昧で、彼らはアメリカの国民的詩人であったホイットマンの詩集『草の葉』、その弟子である詩人トラウベル、イギリスの詩人カーペンターなどの詩や評論を翻訳紹介。それらの自然主義的人生論を主調低音のように奏でたのである。民衆詩派の作品の多くはメッセージ性が強く、農民労働者をテーマにしたということだけが目新しかった。詩語については、「言葉の自由で平明であること」（白鳥省吾）を主張し、「詩は散文で書け」（百田宗治）、「詩のリズムよりか、生きてる詩を生むことの方が遥かに大切である」（福田正夫）という意見が出るほどに、口語自由詩における韻律は無視された。ただし、富田砕花だけは別で、大正末年頃から詩の朗読運動を推進したこともあって、彼の作品には韻律が自覚的に取り入れられていた。

民衆詩派が韻律について関心を持ったのは、民謡との結合を唱えたときであった。白鳥省吾は次のように書いている。

私は万人の糧となる新しい時代の民謡を要求してやまない。新生活の讃歌を欲してやまない。その唯一の路は今の所謂民衆詩なるものと、民謡との握手である。今の民衆詩はいづれかといへば奔放なる自由詩が多く、過去のわが民謡は極めてメロデアスなものである。此二つの融和は一面において不可能なやうに考へられるが、国民的精神を根とすれば枝葉は、表現はどう自由であつてもいゝであらう。（中略）この至難らしく見える事業こそ吾が詩壇のゆくべき最後の路ではないか。（「民衆詩と民謡」、『新潮』大正九年六月）

ちなみに「**民謡**」という言葉は、大正期には一般化されていなかった。俚謡であり俗謡であり、一般には「唄」とだけ呼ばれていた。「唄」が「民謡」と呼び変えられるようになった大きなきっかけの一つに、大正一四年（一九二五）に始まったラジオ放送とレコードの普及があった。このとき、全国各地でうたわれていた「唄」が、都道府県ごとの「民謡」に整理されたのである。

民謡は、近・現代詩において重視される「個性」、あるいは「自分自身」（それがフィクションであろうとも）を表現するという世界に対して、「個性」を消し、日常的で大衆的な俗語によって、その時代に流行した共同体の物語を構成し伝えるという役割があった。近代以前の各地の民謡は口頭伝承であり、地域から地域へ伝わるごとに新しいヴァリエーションが生まれ、作者は不明であった。民謡の詩句においては、その地域ごとの常套句や決まり文句が大きな力を発揮した。

昭和初年代から新民謡や流行歌を多く作詩した西条八十は、「理路の整然とした唄は決して大衆向の流行歌にはならない。（中略）流行小唄を書くのは、純粋の詩を書くよりよほど技巧的に言つてむづかしい」（「流行歌と私」、『詩を想ふ心』昭和一一年）と言っている。ここでの「流行小唄」には、新民謡や歌謡曲が含まれていた。

白鳥省吾が民謡の改革を唱え、民衆詩との結合を提案したとき、「印刷術の進歩せる現代に於ては単に歌ふメロデアスなもののみを民謡と称する必要はない。その範囲を広くして『読む民謡』にまで展開して差支へない」(「民謡と農村」、『中央新聞』大正一〇年)とまで言った。「読む民謡」とは文字化された民謡のことであって、これは散文的な民謡の歌詞を詩と同一の平面に置こうとすることであった。それを詩の韻律を無視した無節制な散文化と捉えて最初に反論したのは、同時代に詩の他に童謡や民謡を書いていた北原白秋である。彼は民衆詩派からは芸術派とみなされて批判されていたが、白鳥省吾の民謡論に対して、民謡や童謡における歌うことと声に出すことの重要性を踏まえて、次のように論駁した。

民衆派の人達が如何に民衆の苦と愛とを演述したところで、それが民衆そのものの声、そのままの詩になり切らぬ以上、彼等はただ唖然として、ただ教壇上の説教者を仰視する態となる。(中略)現在私の童謡は四五歳の子供にわかる。民謡は目に一丁字の無い馬子にもわかる。論より証拠には到るところで私の童謡民謡は彼等のものとなつて了つてゐる。私が眼前にゐるのに、作者が私と知らないで、全く彼等自身のものとして歌つてゐる。(中略)詩や歌に於て、極めて芸術至上的高踏的と見做されてゐるにも係らず、その私の作る民謡が却つて民衆のものとされてゐる、(中略)或は私の方が民衆の詩人ではあるまいか。(「民謡私論」、民謡集『日本の笛』序文、大正一一年=一九二二)

詩が韻律を忘れて散文になってしまってはたまらないと考えた白秋は、白鳥省吾、福田正夫ら民衆詩派の詩人たちと論争を続けた。白秋が詩と散文の違いを次のように端的に示したことを記憶しておこう。

散文は歩調正しき兵隊の足並である。一二一二である。而も近時の散文系自由詩は、盲目の手つなぎ、一二三四五六七八九十である。詩の動律は一より十に飛び、二に還る。或いは十より一に飛び、九に還る。燕の飛翔、布晒しの布のひらめきを見よ。(「芸術の円光」、『詩と音楽』創刊号、大正一一年九月)

現在にも通じる明確な論理である。ここで言われている「近時の散文系自由詩」とは民衆詩派の詩のことであった。白秋は「所謂人道派民衆派——私は素材派と呼ぶ——の横暴時代はさう永続すべきでない」(「詩へ」、同前)とも述べた。

詩人たちのそれぞれの方向

ここでわたしは「民衆」という言葉のみに絞って大正期の詩人たちの発言を紹介してきたが、近代日本の詩と詩語は、系統性を持った縦糸に沿って発展してきたのではない。詩と詩語の発展を見るためには、各時代、各時期ごとに、個々の詩人の営為を横につなげることでかろうじて関係づけが可能な横糸が重要になる。

詩と散文の混乱状態の第一期（明治末年〜大正初年代）から、第二期（大正末年〜昭和初年代）に到るまでの間に、若い詩人たちが西洋から移入されたさまざまな詩の方法によって、自由に口語脈の作品を、次々に発表し出した。立体派の影響を受けた山村暮鳥《ぼちょう》の詩集『聖三稜玻璃』（大正四年＝一九一五）は、言葉をモザイクのように扱って新境地を開いた。そこでは詩の言葉が民衆のものであるか、「平明」であるかなどは関係がなかった。「風景——純銀もざいく」と題された代表作の一つは、全三連二七行のうち、「いちめんのなのはな」という詩句を二四行繰り返している。タイポグラフィ（印刷文字の配置）の効果をねらい、また詩句のリフレインによるリズム効果も考えたものだった。

また、詩集冒頭には、うわごとやたわごとを意味する「囈語《げいご》」というタイトルを持つ全一三行の詩が収録されている。この詩には「竊盗金魚／強盗喇叭／恐喝胡弓／賭博ねこ」などの造語が挑発的に並んでいた。これは日本語による言葉遊び歌の最初の試みであったと言える。暮鳥は『聖三稜玻璃』を出す前、友人に宛てた書簡に、「小生はこのコンモンセンスの群盲味方の文芸界を焼くために、放火犯者たるべし」（大正四年三月、茂木正蔵宛書簡）と言い、また、「小生は今の文壇乃至《ないし》思想界のために、ばくれつだんを製造してゐる。（中略）此の詩集、今世紀にはあまりに早き出現である。千年万年後の珍書である。これ小生の詩集にして小生のものならず。即ち人間生命の噴水である」（大正四年九月、小山義一宛書簡）と書いた。ここでの「放火犯者」や「ばくれつだん」などの言葉は、後に紹介する大正一二年（一九二三）に創刊される雑誌『赤と黒』グループが用いた言葉の先駆けでもあった。

その二年後の大正六年（一九一七）、萩原朔太郎の『月に吠える』が刊行された。近代日本の口語自由詩とその詩語は、この詩集によって確立されたと言える。それまで日本の詩のなかで表現することができなかった生理感覚が描かれた。代表作の一つ「竹」は、青竹の生えるさまを、その地中の根毛を幻視するイメージとして描かれている。

光る地面に竹が生え、
青竹が生え、
地下には竹の根が生え、
根がしだいにほそらみ、
根の先より繊毛が生え、
かすかにけぶる繊毛が生え、
かすかにふるえ。

かたき地面に竹が生え、
地上にするどく竹が生え、
まつしぐらに竹が生え、
凍れる節節りんりんと、
青空のもとに竹が生え、
竹、竹、竹が生え。（「竹」）

朔太郎は『月に吠える』の「序」に、「詩はただ、病める魂の所有者と孤独者との寂しいなぐさめである」と書いた。また詩を言葉の表面的な「概念」ではなく、詩の内部にある「感情」に触れてもらいたい、と言い、その「感情」を「私は自分の詩のリズムによつて表現する」とした。

詩集『月に吠える』で特筆すべきことは、朔太郎が詩集を一冊の総合芸術の場にしようとしたことだった。詩と版画のコラボレーションを目指し、最前衛の美術家であった田中恭吉と恩地孝四郎《おんちこうしろう》の創作版画を多数、挿入した。

大正三年（一九一四）に、創作版画同人誌『月映《つくはえ》』（田中恭吉、恩地孝四郎、藤森静雄）が刊行された。ここで日本で最初の抽象画が登場した。ロシアのカンディンスキーが一九一〇年代に抽象絵画を創出した時期と重なっている。「抽象」という言葉は英語の「アブストラクト」の翻訳語として明治期に創出されたが、大正期には美術界でまだ「抽象画」や「抽象美術」という用語は成立していなかった。恩地孝四郎は自らの抽象画に、心の中にあるものを汲み出す、自らの感情や感動を表現するという意味を込めて、「抒情」と名付けた。この時期には「**抒情**」が「抽象」の代用となっていたのである。

田中恭吉の版画は、半具象画であったが（もちろん「具象画」という美術用語も成立していなかった）、朔太郎は『月に吠える』の末尾に、詩集刊行前に亡くなった恭吉を偲んで、「思ふに恭吉氏の芸術は『傷める生命《いのち》』そのもののやるせない絶叫であつた」（「故田中恭吉氏の芸術に就いて」）と書いている。

「**生命**」という言葉は、民衆詩派とともに大正期の詩人たちは多用したが、朔太郎においては「魂」

も「生命」も病めるものであるからこそ、そこに価値があるとしたのである。
これは民衆詩派の詩人たちが、健康的で建設的な労働者農民の人間像を「民衆」の姿として描こうとした方向性とは、まったく逆さまであった。朔太郎が評論のなかで「民衆」や「大衆」という言葉を使ったとき、このことはより明確になる。例えば、『詩人の使命』（昭和一二年＝一九三七）に収められた評論「詩人と大衆」では、ボードレールの「詩人は群衆とともに生活する」という言葉を引用して次のように言う。

ただ一人で孤独に住んでる人は、彼自身の魂としか話ができない。そして一人の人の真実な魂は、常に必ず万人に通じて普遍するのである。そこで孤独者の告白する芸術ほど、一般的な大衆性を持つといふ逆説が成立する。

大正一二年（一九二三）一月、雑誌『赤と黒』（壺井繁治、岡本潤、萩原恭次郎、川崎長太郎）が創刊された。創刊号の表紙には次のように記されていた。

詩とは？　詩人とは？　我々は過去の一切の概念を放棄して、大胆に断言する！「詩とは爆弾である！　詩人とは牢獄の固き壁と扉とに爆弾を投ずる黒き犯人である！」

ここに記されている「爆弾」や「黒き犯人」などの言葉は、先にも述べたように、大正四年（一九一五）の山村暮鳥の書簡にあった「ばくれつだん」や「放火犯者」という言葉と共振していた。もちろん、『赤と黒』の同人たちは暮鳥の書簡を読んではいない。「過去の一切の概念を放棄して」とあるのは、明らかに民衆詩派の「民衆」が概念でしかなかったことを言い、それをもはや過去のものとするという宣言であった。この時期から昭和初年代にかけて、民衆詩派の活動は徐々に衰退に向かった。

民衆詩派の元気はどこから？

現在から考えると、どうして民衆詩派が大正期に意気盛んになったのか、単にデモクラシー思想の勢いの一つだったから、というだけでは解釈できない。デモクラシー思想についてはその理解は浅かった。そして詩の論理の破綻にもかかわらず、民衆詩派の詩人たちは大正期を通じて詩壇の中心になり、元気だったのである。ここには大正という時代の精神的な雰囲気が作用していたと考えざるを得ない。例えばアナーキストの大杉栄は詩も書いていたが、大正七年（一九一八）に次のように言っている。

僕は精神が好きだ。しかしその精神が理論化されると大がいは厭やになる。理論化といふ行程の間に、多くは社会的現実との調和、事大的妥協があるからだ。まやかしがあるからだ。／精神そのままの思想は稀れだ。精神そのままの行為は尚更稀れだ。生まれたままの精神そのものすら稀れだ。／此の意味から、僕は、文壇諸君のぼんやりした民本主義や人道主義が好きだ。少なくとも可愛い。しかし法律学者や政治学者の民本呼ばはりは大嫌ひだ。聞いただけでも虫づが走る。社会主義も大嫌ひだ。無政府主義もどうかすると少々厭やになる。／僕の一番好きなのは人間の盲目的行為だ。精神そのままの爆発だ。／思想の自由あれ。しかし又行為にも自由あれ。そして更には又動機にも自由あれ。（「僕は精神が好きだ」）

「この文章ほど大杉栄その人をかたっているものはあるまい」と、菊地康雄は『現代詩の胎動期――青い階段をのぼる詩人たち』（昭和四二年＝一九六七）で言うのだが、わたしはここに大正期の「ぼんやりした」精神の象徴を見る。「**自由**」を「精神そのままの爆発」と単純化するその発想は、大正期の文化全般をうるおし、大杉栄だけではなく、民衆詩派もその他の詩の諸潮流も、ことごとくおおらかにその雰囲気に染まっていたのではないだろうか。

大正末年は、西欧のさまざまな前衛芸術運動が紹介されだした時期である。当時、前衛芸術は「**新興芸術**」と呼ばれた。文学、美術、演劇などの分野で、ダダイズム、立体派、表現派、構成派、未来派などの活動が始まった。『赤と黒』はアナーキズムの破壊的な衝動とニヒリズム思想の詩人たちの雑誌として出発したが、後には前衛芸術運動の尖端を走る雑誌となった。ちなみに、創刊号の制作費は志賀直哉や武者小路実篤らとともに「白樺」派の中心的メンバーだった有島武郎が出資している。『赤と黒』が創刊された一ヵ月後の二月、日本で最初の**ダダイスト**を宣言して、高橋新吉の詩集『ダダイスト新吉の詩』が刊行された。ダダイズムは「イズム」と称しているが、社会の変動期に、既成の価値観を否定して現れた表現運動であった。言葉から意味を抜き取り、言葉を音として捉え、文脈の破壊をめざした。ロシア革命(一九一七)前夜の一九一六年に、スイスのチューリッヒで始まったその運動は、瞬く間にフランス、ドイツ、アメリカに伝わり、シュルレアリスムの登場とともにわずか数年で幕を閉じた。日本に伝わったときはすでに西欧でのダダの運動は終焉を迎えていたが、大正一二年(一九二三)九月一日の関東大震災以降、一斉に広がったのである。大震災によって東京を中心とするすべての権威が一時的に機能を失い、瓦解したとき、既成の価値観を否定するというダダの運動は、時代的なリアリティを持って、日本の文学、美術、演劇界の若い表現者たちの心を捉えた。中原中也も震災後にその影響を受けた一人であった。

大正一三年(一九二四)、宮澤賢治の詩集『春と修羅』が刊行された。ただし、この本には表紙にも扉にも、「詩集」という文字がなかった。実際には本の背表紙に印刷屋が勝手に「詩集　春と修羅」と印刷したのだが、賢治自身が「詩集」の文字を削っている。賢治は自分の作品を「詩」と呼ばず「心象スケッチ」と名付けた。これは謙遜していたのではなく、逆に作者の自負でもあった。『春と修羅』の「序」には、次のように書かれている。

わたくしといふ現象は
仮定された有機交流電燈の
ひとつの青い照明です
(あらゆる透明な幽霊の複合体)
風景やみんなといつしよに

せはしくせはしく明滅しながら
いかにもたしかにともりつづける
因果交流電燈の
ひとつの青い照明です
(ひかりはたもち　その電燈は失はれ)

これらは二十二箇月の
過去とかんずる方角から
紙と鉱質インクをつらね
(すべてわたくしと明滅し
みんなが同時に感ずるもの)
ここまでたもちつゞけられた
かげとひかりのひとくさりづつ
そのとほりの心象スケッチです

「わたくし」を「現象」と捉えるこの思想は、日本の近代詩に初めて現れたと言えるだろう。
朔太郎は詩に韻律を求めると同時にマンドリンの演奏家でもあったが、賢治もチェロを演奏し、詩のなかに音楽を求めたことで共通している。『春と修羅』では、詩句の配列を工夫し、タイポグラフィの効果をねらって、詩行の冒頭を自在に上下させ、丸括弧のなかに別の声を挿入させて、多重唱の楽譜のようなレイアウトを試みている。

賢治は大正一五年(一九二六)に、農民芸術を広げるために「羅須地人《らすちじん》協会」を設立し、「農民芸術概論綱要」を書いた。その「序論」に、「おれたちはみな農民である ずゐぶん忙がしく仕事もつらい/もっと明るく生き生きと生活をする道を見付けたい」と言い、「世界がぜんたい幸福にならないうちは個人の幸福はあり得ない」とした。この「農民芸術概論綱要」に、「民衆」や「大衆」という言葉はどこにもない。遺作となった「雨ニモマケズ」(昭和六年=一九三一)に書かれているように、彼自身が農民をめざした民衆の一人だったからである。

同人誌の全盛

大正一四年(一九二五)、雑誌『赤と黒』の創刊者であった萩原恭次郎が、詩集『死刑宣告』を刊行した。印刷活字の大小や、ゴチック、明朝活字を自在に配置し、反転させ、美術的にも視覚的な効果をねらっていた。大正末年の前衛芸術運動の詩のなかで、頻繁に登場する詩語は、「**速度**」と「**電気**」と「**汽車**」であった。あるいは片仮名や感嘆符(!)が多用された。詩語が時代の変転するスピードに追いついていかない、たとえ一時的であっても、そのスピードを言語に定着させたいという、若い詩人たちの気風と感覚がみなぎっていた時代である。

高見順は大正末年から昭和初年代にかけての時代を、「空前絶後ともいうべき同人雑誌の全盛時代」であったと述べている(『昭和文学盛衰史』)。非商業的な「リトルマガジン」あるいは「ミニコミ誌」

の時代が、近代以来、初めてやってきたのである。大正期に、短歌や俳句が結社の主宰者をリーダーとする「結社誌」という「場」を持ったのに対して、詩の場合は、つねに離合集散が可能な「**同人雑誌**」が大正末年の前衛芸術運動を担った。階級意識を鮮明にしたプロレタリア詩も登場した。前衛芸術運動を担った美術界や詩の雑誌を三点、挙げておこう。

前衛美術団体マヴォの機関誌『Mavo』（村山知義、門脇晋郎、大浦周蔵、尾形亀之助、柳瀬正夢）が、大正一三年（一九二四）に創刊されている。これはダダイズムの美術誌であった。実験的な前衛文芸誌としては、『ゲエ・ギムギガム・プルルル・ギムゲム』（村山知義、稲垣足穂などが寄稿）も大正一三年に創刊された。また、シュルレアリスムの雑誌として、『薔薇　魔術　学説』（北園克衛、上田敏雄、冨士原清一）が昭和二年（一九二七）に創刊され、ここには後に美術評論家となる瀧口修造も詩を寄稿している。

昭和三年（一九二八）に、草野心平が詩集『第百階級』を刊行した。ここで「民衆」という言葉は遂に人間を指すのではなく、「蛙」に変貌した。第百階級とは、蛙のことなのである。しかもその蛙は「どぶ臭いプロレタリヤト」であるという。この詩集には、民衆詩派にも前衛芸術運動にもプロレタリア詩にも距離をとった、草野心平の独特の位置感覚と闊達な笑いが込められていた。ヤマカガシに食べられた蛙が語るという設定で書かれた詩に、こんな詩句がある。「痛いのは当りまへぢやないか／声をたてるのも当りまへだらうぢやないか／ギリギリ喰はれてゐるんだから／おれはちつとも泣かないんだが／遠くでするコーラスにあはして唄ひたいんだが／泣き出すことも当りまへぢやないか／（中略）／死んだら死んだで生きてゆくのだ」（「ヤマカガシの腹の中から仲間に告げるゲリゲの言葉」)。また、人間ではなく蛙の声のオノマトペで喜怒哀楽を表現した詩が収録された。

草野心平は『春と修羅』で宮澤賢治を発見し、雑誌『銅鑼』(大正一四年創刊)の同人とした。後に雑誌『歴程』を昭和一〇年(一九三五)に創刊したときも、故人でありながら創刊同人の一員とした。最初の『宮澤賢治全集』(昭和九年〜一〇年)を編纂したのも心平であった。また、『歴程』に中原中也を同人として加えた。大正末年から昭和初年代にかけての詩壇の動きとは別に、詩の新人を見つけることにおいて敏腕なプロデューサー的役割を果たしている。

中原中也は大正一二年(一九二三)からダダイズムの詩を書いたが、その後、ランボー、ヴェルレーヌなどフランス象徴詩派の詩の翻訳をし、昭和九年(一九三四)に詩集『山羊の歌』を刊行した。萩原朔太郎、宮澤賢治のように楽器を演奏しなかったが、同時代の作曲家・諸井三郎が主宰する音楽集団「スルヤ」(昭和二年=一九二七創立)の一員となり、詩の朗読を多くした。詩語のなかの韻律と音楽を強く意識したということにおいて、この三者は共通している。中也が詩と大衆との関係を論じた評論に「詩と其の伝統」(昭和九年)がある。そこで彼は日本の近代詩には微々たる伝統しかないと言い、詩とは「大衆との合作になるもの」なのに、それがいまだに成立していないから、「大衆の方では詩人に期待しようがものはないのである」と書いた。「大衆との合作」という考え方は、『春と修羅』の「序」で、「(すべてわたくしと明滅し/みんなが同時に感ずるもの)」と言った宮澤賢治と共通しているが、中也はそれを言い表すとき、次のような独特の表現をした。「詩といふものが、恰《ちやう》度《ど》帽子と云へば中折も鳥打もあるのに、帽子と聞くが早いか『ああいふもの』とハッキリ分るやうに分らない限り、詩は世間に喜ばれるも、喜ばれないも不振も隆盛もないものである」(前出)。これは詩が大衆から要求されるためには「詩といふ『型』、謂はば詩の生存態がハッキリして」いなければならないのに、いまだにそれが確立していない、という歎きであった。

詩の時代は未だ至らず

萩原朔太郎は昭和三年（一九二八）に評論『詩の原理』を刊行し、詩と散文について考究している。そのなかで、口語自由詩の原理を求めた末に、こう書いた。「詩の時代は未だ至らず。今日は正に散文前期の時代である」。つまり、詩の言語を考えるよりも先に、日常口語である散文を改訂して、散文言語の基礎を作ることから始めねばならない、としたのである。その上で詩の言語が始まる。しかし日常口語を改訂するというのは荒唐無稽の提案であって、これは詩と散文の混乱状態の第二期目を迎えて、非定型詩である口語自由詩の将来像がつかめず、短歌や俳句などの定型詩のほうに将来があると勇み足を踏んだ結果であった。口語自由詩の可能性と不可能性の両面から挟撃されたのである。朔太郎の最後の詩集『氷島』（昭和九年）は全篇が漢文脈の文語自由詩となった。彼はそれを「退却《レトリート》」と呼んだ。

口語自由詩が詩人たちに定着したのは、大正末年から昭和初年代にかけてであった。しかし、関東大震災以降に出発した中原中也は、アナクロニズムだとプロレタリア詩人たちから揶揄されながら口語文脈に文語を挿入した詩を書いた。文語文脈に、古さのなかの新しさを見たのである。彼にとっては、口語も文語も素材であって、どのように言葉に触れるかが大事であった。中也はそのことを「私は私の身の周囲《まはり》の材料だけで私の無限をみた」（昭和二年の日記）と言い、「『これが手だ』と、『手』

といふ名辞を口にする前に感じてゐる手、その手が深く感じられてゐればよい」（「芸術論覚え書」、昭和一〇年）と考えた。そして言葉の感触をつかむためには、「言葉なき歌」を待たなくてはならないとした。

あれはとほいい処にあるのだけれど
おれは此処《ここ》で待つてゐなくてはならない
此処は空気もかすかで蒼く
葱《ねぎ》の根のやうに仄《ほの》かに淡い

（「言葉なき歌」、『在りし日の歌』所収、昭和一三年＝一九三八）

何を詩と呼ぶかは、いつの時代でも問われることである。そしてこの問いには答えがない。しかし重要なことは、詩の言葉の核には「沈黙」がある、ということだ。文字化された詩にも、声に出された詩にも、その中心には言葉（文字）にできないもの、声（音）にならない「沈黙」の響き、がある。詩の言葉は、言葉を越えた「沈黙」のまわりを廻る。あるいはあがきのように言葉を使ってそれをつかもうとする。大正という時代は、その問いにたどりつくための、近代で最初の踊り場であった。

（佐々木幹郎）

地方学《ぢかたがく》——「地方《ぢかた》」と「地方《ちほう》」そして「郷土」への眼差し

地方《ぢかた》から地方《ちほう》へ

明治維新以来の日本の歩みを、一言で表現すればどうなるか。

そう問われれば、「地方《ぢかた》が地方《ちほう》に変わった時代」と、私なら答えたい。

もちろん、そこでは今では意識されることさえない「地方《ぢかた》」と「地方《ちほう》」との違いとは何か、が問題となる。そして、私たちが明治以降の文学や文献資料を読むとき、「地方」が実際にどのように発音されていたかを知ることには困難が伴う。音声として残っていないために、ルビが付されていなければ殆どの場合はわからないからである。同様に、本稿で問題となる「郷土」についても「きょうど」と読んだのか、「ごうど」と読んだのかを確定するのは難しい。

現在では、「地方」を「ぢかた・じかた」と読むのは、歌舞伎や日本舞踊で立って舞い踊る者や能楽の仕手・脇などの立方《たちかた》に対し、唄や三味線などの伴奏音楽や囃子《はやし》などを担当する人々を指して使われるだけであろう。しかし、日本語辞典として永く権威をもった大槻文彦の『言海』（一八八九年〜九一年）でも「ぢかた・地方」として「①都府市中に対して国々田舎の地を称する語（支配するなどに就きて云う）②海上より陸地の方を称する語」と説明し、「ちはう・地方」については「ヂカタ。其の一方の地」とし、「ちはうくわん・地方官」についても「国郡府県の地方《ヂカタ》を支配する官《ツカサ》」としていて、地方を「ぢかた」を主として解説していたことが窺える。また、地方《ちほう》税については国税に対するものと説明している。

こうした大槻の説明は、江戸時代に町方に対し、在方《ざいかた》・村方《むらかた》としての農村を指し、またそれが転じて農村における民政一般を指して「地方《ぢかた》」と併せて呼んだことに由来している。在方における役人の任務は、地方《ぢかた》と公事方《くじかた》に大きく二分されるが、高崎藩の郡方《こおりがた》役人であった大石久敬《ひさたか》の書いた『地方凡例録《ぢかたはんれいろく》』には、「地方の業といふは、土地経界を改正し、地位の善悪を能《よ》く知りて田園を検地し、末代上下の得失を推知し、地味に随《したが》ひ石盛《こくもり》の不同なく、万民上下の愁苦《しゅうく》なきやうに是を定め」と記されているように、地方の役務は主に土地や税制などを司るものであった。そのため「地方学《ぢかた》」は、江戸時代においては統治術・統治学に他ならなかった。

しかしながら、柳田国男が『農政学』(早稲田大学出版部、一九〇五年)で日本の「地方学《ぢかた》」はドイツにおける「政務学(Kameralwissenschaft)」(通例は官房学と訳す)とは発達の経緯を異にしていることに注意を促していたように、幕末にかけては地方の役務は役人よりも庄屋・名主など民間の地方巧者《ぢかたこうしゃ》によって担われるようになっていた。つまり、土地の由来や境界や村民それぞれの経済事情などを知悉した民間の名望家によって、地方の自治が行われていたのである。これに対し、明治政府は廃藩置県後に中央政府の支配を貫徹するために「地方官《ちほう》」を置き、中央集権制に基づく国民国家形成を進めていった。明治政府は富国強兵の国是を推進するための政策を浸透させていくためにも、地域を自治の主体とするのではなく、「地方《ぢかた》」から国家機構の末端としての「地方《ちほう》」へと編成替えしていったのである。

そこで起こった事態とは何か、そしてそうした中央政府による地方支配に対抗すべく立ち上げられた在野の学知や運動にどのような可能性があったのか、その軌跡と意味を「大正という時代」にたずねてみたい。

自治と官治

柳田国男は、一九三一年に刊行した『明治大正史世相篇』（朝日新聞社）で明治以後の地方制度の変遷に関し、「いつからあるとも知れぬ十七万幾千の村と町とを大まかに一万二千ほどに纏めてしまった」ことがもたらした変化に注目していた。ここで指摘されている市町村制は、一八八八年に徴税・軍事・教育・土木などの行政上の目的に適した規模として設定されたものであり、発足時は七万一三一四であったが、一九二二年には約五分の一の一万二三一五になっていたのである。こうして整理された町村は、政府の行政事務執行を重要な職務としていたため、行政村とよばれている。

しかし、このような「町村整理」は、一九二〇年代をもって終わったわけではなかった。その後も複雑化する行政事務の能率的処理と増大化する行政経費の縮小のためには規模の合理化を図る必要があるとして、一九五三年の町村合併促進法などによって昭和さらに平成の大合併が進められ、二〇一七年四月の時点で一七一八となっている。その数は、一八八八年からみると約四〇分の一となり、柳田が挙げた市町村制施行以前の数の約一〇〇分の一となったことになる。もちろん、柳田も示唆しているように、こうした整理作業によって江戸時代から引き継がれた自然集落がもっていた不合理な事務処理や集落間の無用な分断を是正し、基礎自治体としての運営合理化などに寄与した側面があったことも間違いない。ただ、それは生活空間に、ある日突然に新たな境界線を引くことであり、多くの場合は慣れ親しんできた地名を失うことでもあった。そして、合併に伴って、歴史的な背景などとは無関係に新たな市町村名が造出され、地名にまつわる歴史的伝承なども途絶えてきた。

さらに留意しておかなければならないのは、そうした市町村制などの地方公共団体の制度改革なるものが、地方「自治」制度を謳いながら内実は地方「官治」制度としての変遷にすぎなかったのではないかという点にこそある。そこには、「地方」というものが自治をおこなえる能力をもつものではなく、あくまでも主体である「中央」の指導・監督の下でしか行政事務を執行できない客体でしかないという意識が、通奏低音として貫いてはいないであろうか。そのことは現在においても、全国の地方公共団体の首長に占める中央官庁出身者の比率の高さを見るだけでも明らかであろう。そして選挙の際には、国会議員選挙も含めて「中央との強いパイプ」を訴えることが支持を得るための重要な鍵となっているのである。

しかし、ここで一度立ち止まって考えてみれば、支配者と被治者が同一であることを意味する自治(Self-government)という概念は、本来なら地方自治だけを意味するものではないはずである。にもかかわらず、日本では中央政府を治めることを自治とは呼ばない。なぜか。それは明治政府が周到に自治から中央政府を取り除き、国民が直接に政治に関与することを斥けていったからである。地方自治という言葉はあるのに、なぜ中央自治という言葉はないのか。もちろん、この問題は明治国家形成の過程で、十分に認識されていた。認識したうえで、中央自治を否定し、地方自治を地方行政の手段として位置づけるという二つの側面での制度化が進められたのである。その鍵を握っていたのが、明治国家体制のグランド・デザイナーとしての役割を果たした法制官僚・井上毅《いのうえこわし》であった。

井上は一八八八年に書いた「地方自治意見」において「米国または英国に於ける学者は、自治を以て共和の異名とし、地方に止らずして全国の自治を説く者あるは人の普《あまね》く知る所なり」として、これに賛同する日本人があることに警戒の念を示す。そのうえで、「甲は独逸流の地方自治のみを取りて中央自治を取らざる人なり、乙は英国流の自治を心に了して将来に議院内閣なる完全の自治を冀望《きぼう》する人なり」として二つの自治論を明確に区別し、明治政府としてはドイツ式にならって中央自治を取るべきではない、と主張したのである。さらに「自治制は人民の利益を保護する良法たるべきも、府県に在《あ》りては国体を破壊するの不祥なる結果あらんとす」との懸念を述べて、地方における政府の支配拠点となる府県郡市においても自治は認めるべきではないと主張していた。他方で、町村には自治を容認すべきだとしたが、それは財政的に中央政府が負担しないことを前提としていた。

こうして一八八八年に公布された市町村制では初めて住民の自治が規定されたが、それは市民の権利としてではなく、国家への義務としてであった。そして名誉職制・公民権・等級選挙制などのプロイセンの制度が導入された。そこでの自治とは一八八九年に出された「市町村制理由書」に明記されているように、「自治とは国の法律に遵依《じゅんい》し、名誉職を以て事務を処理する」として、中央政府が財政負担から自由になるという意味での自治であり、ここに資産家優位の町村運営体制が確立した。

このような地方制度を基盤とする明治憲法には自治に関する規定はなく、衆議院もまた天皇の協賛機関とされ、知事は官選とされた。そして、明治憲法発布直後に開催された地方長官会議で黒田清隆首相や伊藤博文枢密院議長が説示したように、政府は議会や政党の動向つまりは国民の意向に制約されることなく超然として政策実現を図るという超然主義の政治姿勢を取ることとなったのである。

こうして中央政府については、国民自らが直接にタッチするものではないとされ、中央政府が直接に地方の行政機関を通じて行政を行わせる「**官治**」が**自治**の対語として普及していった。大正という時代は、こうした官治に対して改めて自治ということの意味が問い返され、自治のあり方が模索された時代でもあった。

たとえば、一九二〇年、権藤成卿《ごんどうせいきょう》は「吾曹は只《た》だ完全なる自治の恢興《かいこう》を唱導し、以てこれが達成を策進せんと欲するのみ」(『自治民範』平凡社、一九二七年)として自治学会を創設したが、そこでは「現今の地方自治」が行きづまっている原因について、「過去に省みれば、彼の普魯士《プロシャ》式国家主義を基礎とした官治制度の行詰りが、この変体現象を造り出したことが明瞭に分るのである」と断言していたのである。

そして、それ以前、日露戦争後に展開された「**地方改良運動**」に対して疑念をもち、地方と郷土のあり方について議論を重ねた人々がいた。その中で**郷土研究会**や**郷土会**が組織され、そこから民俗学や人文地理学や考現学などの民間学知が生まれていった。それらさまざまな学知や研究分野を産み出す母胎となったのが、新渡戸稲造《にとべいなぞう》によって提唱された「地方学《ちかた》」であった。

地《ぢ》方学《かたがく》と自治制

さて、日本の近現代史を振り返って気づく、一つの特徴がある。

それは経済危機や社会不安が深刻化すると必ず持ち出されるのが、「地方《ちほう》」であったという事実である。なぜ地方が問題となるのか。それは社会が混乱し、衰退していくのは地方に問題があるためであり、地方さえ改良し、更生させれば経済は再び興隆に向かい、社会秩序は回復するのだという観念が中央政府の政治家や官僚のなかで牢固としてもち続けられてきたからである。

日露戦争後の「地方改良運動」そして世界大恐慌後の「**農山漁村経済更生運動**」などに通底しているのは、地方が経済的な窮境にあるのは地方に自らの問題を解決する能力が欠けているからであり、これを是正するためには中央政府による指導が不可欠であるという考え方であった。そして、地方の改良や自力更生を掲げながら実際に進むのは、指導行政と国庫補助金の分配を通じての行財政両面における地方公共団体に対する中央政府の権限強化であった。

このような中央政府によって繰り返された国民精神の引き締めと経済自力更生を促す地方への働きかけの原型となった日露戦争後の地方改良運動に対して異論を唱えたのが、大学や中央政府にあって農村経済に関心をもっていた新渡戸稲造や柳田国男など、地方に出自をもつ人々であったことは偶然ではない。彼らにとって零細農民が直面していた苦境は、自らが体験し、自らの足で歩いて実見してきた事実として目の前に立ちはだかっていたからである。

新渡戸稲造は、南部藩士であった祖父・傳そして父・十次郎が三本木原を開拓した家系に生まれ、盛岡の開拓地で初めて収穫した稲にちなんで「稲之助」と命名された。稲造はそれを改名したものであった。その名の由来もあり、開拓農民の労苦を身に染みて知っていたこともあって札幌農学校に進み、その後アメリカやドイツで農業経済学を修めてきた新渡戸。そして、自称「日本一小さな家」に育ち、関西から関東へと移り住み、明治一七・一八年の大飢饉を体験して農政研究を志し、農政官僚として全国各地を踏査して農政学の研究を進めていた柳田。彼ら二人にとって農業経済学や農政学は、何よりも「経世済民の学」としてあり、「民」を苦しみから「済《すく》う」ことができなければ無意義な営みであった。

　しかし、農民が「自覚しつつ防ぐに術《すべ》のない苦しい窮乏」に追いこまれているものの、それは「金銭経済時代の特色」（『時代ト農政』聚精堂、一九一〇年）ではないかとして解決策を探しあぐねて柳田が一つのヒントを得たのは、新渡戸の講演「地《ぢ》方《かた》の研究」を聴いたことであった。

　新渡戸は一九〇七年二月に開催された中央報徳会で「**地方の研究**」（『斯民』第二編二号）と題して講演した。そこでは研究対象である「地方」について「地方はヂカタと訓《よ》みたい。元は地形とも書いた。しかしヂカタは地形のみに限らず、凡《すべ》て都会に対して、田舎に関係ある農業なり、制度なり、その他百般の事に就きて云えるものにて、それを学術的に研究して見たい考えで、謂《い》わば田舎学とも称すべきものである」と、その対象を考えていた。こうした志向性をもつ新渡戸の「地方学」が、名称は同じでも江戸時代のものとはまったく異質であることは明らかであろう。新渡戸は地方学を「Ruris 田舎の Logos 学問として Ruriology」と定義しているが、そうであれば田舎学の方が訳語としても適切であったかもしれない。ただ、田舎学では多くの人の興味をひくことはなかったであろう。

　こうした地方学の概略について、新渡戸は既に一八九八年に刊行した『農業本論』（裳華房）で説いていた。この著作自体は農業論ではなく、自らも序文で述べているように農業経済学が欧米においても未発達の段階で、「農業と社会生命の関係緊密なゆえん」を明らかにしようとする『農政前提』とでも名づけるべきものであった。そこでは、ドイツのマイツェン（Meitzen）やイギリスのシーボーム（Seebohm）などの研究に触れながら、自らが構想している農政学を深化させる前提として、「地方学《ぢかたがく》を発達せしめて、社会の細微的組織、すなわち農村の講究を積むに従い、農業改良、地方自治体、その他の団体に関することは論を俟《ま》たず、政治社会にまで少なからざる影響を与え」ていく必要があることを訴えていた。それは、わずか三〇年前に廃止された「社会形成の状況に就きても、智識おもむろに漸減せんとするの時運に際せるもののごとし、今にして我が地方学の研究に尽瘁《じんすい》するなくんば、絶を紹《つ》ぎ廃を発するの効、復《ま》た収むべからず」として、自らの地域社会についての知識が途絶え、回復することができない危機に直面していると考えたからであった。

ではなぜ、そうした危機的事態を招いたのか。それは「政権、教育より諸般の快楽、皆これを都市に集収す。いずくんぞ田舎の衰頽を来さざるを得んや。予をもってこれを見れば、中央集権の制度を改めなば田舎の挽回は断じて人力の及ばざるものにあらず」と主張しているように、明治政府が推し進めてきた都市化と中央集権化に問題があったからである。それを踏まえて新渡戸は、中央と地方、外来と土着とを対比させ、当時においては自明とされていた中央や外来のものが地方や土着のものよりも優れているという考え方そのものを問い直す契機として地方学を位置づけていた。

それでは農学研究において、なぜ地方学が不可欠の前提となるのか。それは「農業の社会的原理を研究せんと欲するものは、地方的習慣に重きを措かざるべからず。辺土の風俗は一見すれば合理的のもの多し」と力説していたように、「地方学と呼ぶものの中に、習慣を容《い》れて研究し、習慣の然《しか》るゆえんを洞見《どうけん》し了《おわ》るの必要あるを信ず」との確信をもっていたからである。固陋《ころう》な因習としか見なされていなかった地方の習慣の中に合理性を見出すことは、もちろんそれ自体に意味があるのではない。

そうではなく、地域の歴史風土に根差した習慣の合理性を追求することは、取りも直さず中央や外来という理由だけをもって進められる政策の押しつけに対抗し、個性的な自治共同体を創出するためのバネとなるはずであった。その成果は学知としての地方学の発展にもつながり、中央集権化を是正していく根拠ともなるはずであった。

こうした目的に沿って、『農業本論』では農業論にとどまらず、「農業と風俗人情」、「農民と政治思想」、「農業と地文」などの章が立てられ、「地方自治制」という節では「第一、地方の行政に関することは、直接利害を感ずる関係者すなわち人民の手に藉《か》ること。第二、行政の局に参する者は、公益のため、名誉職すなわち無給に勤むること」が要件としてあげられている。確かに、農村には偏った政治思想が見られ、零細小農民は政治意識も乏しい。しかし、経済的に余裕が出れば自らの境遇の不幸を知り、その境遇を変えていく力をもつはずであり、その境遇を明らかにして農民とともに相互啓発していくのが地方学を進める者の課題となるというのが新渡戸の認識であった。

さらに、「地方の研究」という講演では「一村の事を研究すれば、推《お》して郡を知るべく、県を知るべし、しかして政事でも、社会でも、自《おのず》から分る道理で、日本も、帝国主義も、これから割り出して得られるのである」との見とおしが示されていた。ここには外国や中央からの目線で下に降りてくるのではなく、地方《ちかた》から知見を積み上げていくことで社会や国家や帝国主義的国際関係も真に理解できるのではないかとの地方学の位置づけがなされている。

そして、まさにこのような地方の風俗習慣に着目することによって初めて農民の貧困問題の解決が可能となると確信し、農政学の前提としての「郷土研究」にいち早く着手していたのが柳田国男などの人々であった。そうである以上、新渡戸の地方学と共鳴しあい、一九一〇年にともに郷土会を結成するに至ったのは当然の成りゆきであった。

新渡戸は地方学の具体的な研究対象として、①地名、②家屋の建築法、③村落の形態、④土地の分割法、⑤言語・方言の五つを挙げているが、実際には自ら研究を進めるには至らなかった。これらの研究分野は、郷土会に集った人々が担い手となって、それぞれ展開されることになる。

新渡戸はまた地方学の最大の効用を「自治制度を全うする」ことにあると考えたが、行政の担い手と想定された「無給の名誉職」が現状では得られないことを『農業本論』でも明言していた。それゆえに無給でも公衆のために働ける農民を輩出させるために、いかに都市と農村を調和させ、農業・工業・商業を併せて発展させていくことができるかが、地方学の次なる課題となってくるのである。

郷土会と郷土研究・郷土芸術

明治維新以来ほぼ半世紀を経て、急速に失われつつある「郷土」に関心が高まった一九一〇年代、各地で郷土誌の編纂が進められた。ひたすらに「外」を見て追い続けてきた歩みに対して、いったん立ち止まり、自らの「内」にあるものの足下を見つめ直すこと、それは目の前にあるものを相対化するために避けては通れない課題のはずであった。しかし、郷土史誌の多くは、郷土の偉人や遺跡そして珍奇な事件などに郷土の誇りを顕彰しようとするものであった。

こうした郷土研究に対し、新渡戸の地方学に触発された柳田国男は一九〇七年ごろから石黒忠篤《いしぐろただあつ》(後に農林大臣)・小田内通敏《おだうちみちとし》(地理研究者、一九二六年に人文地理学会を創立)・牧口常三郎(地理教育者、後に創価学会を創設）らをメンバーとして「郷土研究会」という名の集まりを催し、全国の辺地を歩いてきたメンバーの見聞談をもとに議論を重ねるようになっていた。そして、メンバーのなかで新渡戸と親交があった小田内通敏の仲介によって、新渡戸邸で開催されるようになったのが「郷土会」（「ごうどかい」と呼ばれていたと推測される）であった。「郷土会」のメンバーには出入りがあるが、石黒などの郷土研究会のメンバーの他に、有馬頼寧《ありまよりやす》（後に農林大臣）・小野武夫（後に法政大学教授）・那須皓《なすしろし》（後に東京大学教授、一九二四年に日本農業経済学会を創設）などの農政・農学関係者、今和次郎《こんわじろう》らの建築研究者、菌学研究の草野俊助（後に東京大学教授）、植物学研究の三宅驥一《みやけきいち》（後に東京大学教授）の他、会津八一や折口信夫などの文人、鳥居龍蔵やニコライ・ネフスキーなどの人類学者や言語学者なども随時、参加していた。

柳田は、郷土会の例会報告を後に『郷土会記録』（大岡山書店、一九二五年）として刊行しているが、その中に石黒による「湯坪村と火焼輪知」という報告が記録されている。これによれば、従来は一つの生活共同体であったものが行政区画設定によって大分と熊本の二つの県に引き裂かれている実態があったという。こうした実地見聞に基づいて分析された郷土は、新渡戸が想定していたような地方《ぢかた》における自治制度を検証し、問題を発見するための現場という意味合いをもっていた。郷土会においては報告講演よりも、講演をめぐって自由に意見を述べ合うことが重視されたが、これは新たな研究対象や方法論を見出していくための相互啓発としての意義をもっていた。

郷土会は、地方《ちかた》についての報告や談話を積み重ねたうえで、一九一八年に神奈川・内郷村で「村落調査様式」に従ったフィールド調査を実施している。だが、郷土会が総力をあげておこなったこの調査について、柳田は面白い試みではあったが学問上は失敗だったとの評価を下していた。さまざまな関心と専門領域をもった人々が、好き勝手に研究を進めても新渡戸が構想したような地方学として体系化を図るためには、未《いま》だ郷土についての基礎知識の蓄積が乏しいことは明らかであった。

郷土会で活動していた時期、柳田は一九〇九年に『後狩詞記《のちのかりことばのき》』、一九一〇年に『石神問答』、『遠野物語』、『時代ト農政』などを矢継ぎ早に刊行していたが、内容的には地方における民俗への関心と農政への関心とが、必ずしも交わり合わないままに併存していた。そして、郷土会での報告だけに飽き足らなかった柳田は、高木敏雄と共に一九一三年に『**郷土研究**』という雑誌を創刊し、そこに寄稿欄や問答欄を設けることによって全国各地から民俗に関する情報を収集し、若い同学者の育成を図ることとなった。

高木は東京高等師範学校のドイツ語教師で『比較神話学』（博文館、一九〇四年）を刊行していたが、民話や童話にも関心を抱いていた。高木は創刊号に載せた巻頭論文「郷土研究の本領」で「郷土研究の目的は、日本民族生活のすべての方面の根本的研究であるから、この民族生活の舞台であり、同時にその発展の要件である郷土すなわち土地の研究は、この研究の必須要件である。土地の研究は、土地そのものの研究ではなく、民族の郷土としての土地、民族生活を左右し、且つ左右される土地、換言すれば民族生活に対して相互作用の関係に立つ土地の研究でなくてはならぬ」と宣言していた。そして「一個の民族の文明の科学的研究、その文明のすべての方面における文献科学的研究」を方法的に重視すべきだと訴えたのである。

こうした「日本を以て、日本民族の郷土」とするという見方は、日本神話を他の民族・国家のそれと比較することを研究課題としていた高木にとっては当然のものだったに違いない。しかし、まずは地方《ちかた》としての郷土についての知識を郷土にあって自らの手で収集し、研究する人材を育成することが必須だと考えていた柳田とは、その前提において齟齬があった。何よりも文献学的研究を重視する高木と、文献記録だけによっては郷土に住む人々の生活実態は分からず、文献以外に郷土生活の真相を見出すべきだと考えていた柳田とは相容れないものがあった。そのためもあってか高木は一年余で編集から退き、そののち一九一七年に四巻一二号で休刊するまで柳田は多くの筆名を使いながら論稿を精力的に執筆していった。そのなかでも柳田が最も力を込めたのが創刊号から一二回にわたって連載した「巫女《みこ》考」であった。これは民間の口寄せ巫女や歩き巫女がどのような経緯で生まれ、いかに遊歴し、集落に受け入れられて定着していったかという民間信仰の問題にメスをいれたものであった。

しかし、『郷土研究』誌が、地方学が重視していた農村経済の現状分析などとは無縁の漂泊する巫女や毛坊主やヒジリなどの民俗信仰に急傾斜していったことに対しては、郷土会内部からも批判が出ていた。さらに激しい疑念は、『郷土研究』誌の外部協力者で柳田の友人であった南方熊楠《みなかたくまぐす》から提起された。南方は「『郷土研究』の記者に与ふる書」(『郷土研究』一九一四年七〜九月)において「『郷土研究』は地方経済学の雑誌なることは、創立の際貴下より承りたる」はずであったが、「巫女考」などはその趣旨に反するものであり、そうした論稿ではなく郷土会のメンバーに地方経済学関係の記事を寄稿させるべきだと進言した。これに反発した柳田は、自分は確かに「ルーラル・エコノミー」とは言ったがそれは直接的に地方経済や政策論を提示するのではなく、「平民がいかに生活し来たって、今いかに生活するか」を明らかにし、「世論の前提を確実にする」という「最狭義の経済問題」としての「農村生活誌」をまとめることであったと反論している。

現在から見れば、民間信仰研究に強い関心を抱いていた南方がなぜ、このような批判をしたのかという疑問が浮かぶかもしれない。しかし、当時の南方は神社整理をはじめとする中央政府による強権的な画一化に対して身を挺して反対を続けており、政策論に無関心ではありえなかった。実際、強行された**神社合祀**政策によって和歌山では三七一三社のうち二九二三の神社が整理されたが、それは人心を国家神道に収斂させるとともに、山林伐採を促進するなど生態系を破壊するものであった。その結果がどうなったか。南方はその様相を、「木乱伐しおわり、その人々去るあとは戦争後のごとく、村に木もなく、神森もなく、何もなく、ただただ荒れ果つるのみ」(一九一一年、村松任三宛て書簡)と記していた。だからこそ、南方は柳田に宛てて「地方成立の研究と言わば、これに伴いて必ず地方政治学研究の必要あり。かの神社合祀の利害また地方によろず利益事業を計画する利害のごときは、もっともこの雑誌にて論ずべきなり」として、具体的には「産業の変改、地境の分画、市村の設置、水利道路の改全、衛生事業、又、殊《こと》には地方有利の天然物を論ぜざるべからず」として、地方政治・経済政策について分析すべきだと助言したのである。

このように同じく地方学といい、郷土研究といい、ルーラル・エコノミーといっても、そこにはそれぞれの研究志向が混在しており、分化していくことは必然であったのかもしれない。そもそも新渡戸も、五つの研究対象を地方学で設定していたものの、その相互の関連性については明確にしてはいなかった。また、エコノミー=経済を柳田のように経世済民と広く捉えれば、民間信仰などの「農村生活誌」は「ルーラル・エコノミー」に他ならないことになる。しかし、柳田自身の中で農政学から民俗学へと関心の重点が次第にシフトしていたこともまた否定できなかった。そこに郷土会の人々との乖離も生まれ、新渡戸が海外へ旅立った一九一九年に郷土会は自然解消していったのである。しかし、それはまた小田内通敏の郊外や植民地などの人文地理学研究を柱とする「郷土学」、今和次郎の民家研究・流行研究をはじめとする「考現学《モデルノロギオ》（Modernologio）」などの諸学を生み出していく、新たな歩みの出発点ともなったのである。

他方、民俗学への関心を強めた柳田は、各地の民俗や語彙を収集する手段として『郷土研究』を活用し、課題を設定して回答を募るだけでなく、紙上問答欄では複数の筆名を使って自問自答するなどの試みを重ねた。それは柳田にとって喫緊の課題が、「村落の好青年」などアカデミーとは無縁な人々に自らの郷土で何が発掘されるべき問題なのかということを自覚してもらうために、一つの研究スタイルをモデルとして提示することにあったからである。郷土にあって郷土の民俗資料を採集し研究する若い人材を発掘し、その人的ネットワークを作っていく拠点として、柳田は『郷土研究』の刊行に心血を注いだのである。

柳田はこうして発掘した『郷土研究』の寄稿者に発表の場を与えるために、甲寅《こういん》叢書や炉辺叢書などを次々と公刊していった。そのなかには早川孝太郎・柳田国男共著『おとら狐の話』や佐々木喜善《きぜん》『奥州のザシキワラシの話』などが含まれている。こうした著作が全国各地に居住する人々によって書かれていったことは、新渡戸が志向した地方学とは異なった形態での展開であったことも確認しておかなければならない。これによって、都会に住む人々によってではなく、「郷土で郷土を」研究する地方学が郷土史や民俗学という形で花開いていくことになったからである。

そしてまた、『郷土研究』に精力を注ぎ込んだ柳田が、地方学における農政学的・政策論的な関心をまったく失ってしまったわけではないことも確認しておかなければならない。それは柳田において は地下水脈として脈々として流れ続けており、その後も幾たびとなく必要と判断された時に噴き出てくることになった。例えば、それは「地方人の真の史学」に関して、「我々はどういうわけで今の村の住民であるか、何物の力が我々を某県人または某郡人にしたかという問い、それが答えられなければ実は我々の歴史であり、人文地理ではあり得ない」(『青年と学問』日本青年館、一九二八年)という発言としてあらわれた。さらに柳田は、「人が何故に貧苦を脱し得ないか。村がどうして何時《いつ》までも衰微感のために悩まされているか。選挙がどういう訳で此国《この》ばかり、まっすぐに民意を代表させることが出来ぬかというような、さし迫った一国共通の大問題」(「実験の史学」柳田編『日本民俗学研究』岩波書店、一九三五年)に答える用意のない学問など意味をもたないと強調していた。これらの論点は現在においてこそ、頂門の一針として考えなければならない問題のはずである。

地方に住む民自身が自らの歴史と現在について考え、そして発言し、その民意を代表させる、そのためにこそ地方学であれ、郷土研究であれ、民俗学であれ、存在すべきものであり、そうでない限り、それは玩物喪志《がんぶつそうし》のディレッタンティズムに過ぎず、存在意義をもたないというのは柳田の研究人生を貫く信念でもあった。

さて、ここで新渡戸や柳田らの郷土会と同じ名称をもった美術団体についても触れておきたい。

それは一九一五年に鏑木清方《かぶらききよかた》の画塾・象外《しょうがい》画塾に集まった画家たちによって設立されたものであり、それぞれの出身地である郷土を忘れないようにとの戒めをこめて命名されたものであった。東京神田に戯作者・條野《じょうの》採菊《さいぎく》の子として生まれた鏑木は、関東大震災以前の東京には一五〇年前の江戸時代の風俗が残っていたとして一二編の連作『明治風俗十二ヶ月』で四季折々の情景を描き、見る人々の郷愁を誘ったが、郷土会の会員たちもそれぞれの郷土の風俗や風景を情緒豊かに描いた。そして、一九二四年に刊行された『郷土会画集』には、鏑木のほか、伊東深水《しんすい》をはじめとする四〇名ほどの作品が収められている。その中には後に近代風景版画の第一人者として「旅情詩人」「昭和の広重」とも呼ばれることになる川瀬《かわせ》巴《は》水《すい》が描いた「宍道湖」も入っている。絵画においても郷土が重要なテーマとなり、人々はそこに失われてしまった郷土の風景や季節の行事の面影を追っていたのである。

なお、「大正という時代」に着目する理由の一つとして、地方や郷土の特色を対象とする芸術活動が好意的に迎えられていたという事実があり、それが日本文化を豊穣にさせる可能性があったことを確認しておきたいからである。その事実は、ほとんどの新語辞典やモダン語辞典に「地方色」と「郷土芸術」という項目が立てられ、その可能性に言及されていたことからも明らかである。例えば、『文学新語小辞典』（新潮社、一九一三年）では「地方色《ちほうしょく》＝ロオカル・カラアの訳語。地方地方によって、皆それぞれ特殊な趣《おもむき》、感じを持っている。処《ところ》変れば品変るで、風俗、習慣は地方によって自ら相違し、地方地方に特殊なアトモスフィアを漲《みなぎ》らしている。それを地方色という。一言に云えば土地の有《も》った個性である」、「郷土芸術＝独逸語のハイマアトクンスト Heimatkunst の訳語。自分の生れた郷土の事を題材として描く文学である。直に題材として描かぬまでも、その郷土の色合いのよく出ている文学は、郷土芸術と云い得る」と記されていた。

もちろん、こうした評価は訳語であることに起因しているのかもしれないが、現代編輯局編『現代新語辞典』(大日本雄弁会講談社、一九三一年)では、「郷土芸術」の事例として日本青年館で毎春開催されている「郷土舞踊と民謡」をとりあげて詳しく説明している。そして、郷土芸術が都会芸術の感化を受けて原料としているとしても、「その土地特有の信仰、風俗、情操等がその原料をおのずから調理して、その郷土特有の味のある料理にしたのである。同じことは絵や彫刻や工芸にも云える。だから各地方の絵馬とか、土俗人形とか、手製器物とかは、それぞれその地方の郷土芸術である」と日本の事例に即して評価していた。さらに「郷土文芸」の項では、「「木曾の御嶽《おんたけ》さん夏でも寒い、袷《あわしよ》やりたや足袋そへて」のような古くからその土地に残る俚謡民謡、あるいはその土地の気分、情緒、風景をとり入れて所謂《いわゆる》ローカル・カラーを描出した詩歌小説などをいう」として、さらに「故郷という狭い意味ではなく、一般に都会と対照した農村、地方ということで、近代では、長塚節《たかし》氏の、霞ヶ浦あたりの農民の生活を取扱った長編小説『土』などが、郷土文芸の傑作といわるべきものである」と、その可能性を肯定的に扱っていた。

このように関東大震災で失われた東京の風情や都市化が進むなかで急変していく地方色などを懐かしみ、消えゆく風俗習慣を記憶にとどめていこうとする郷土芸術への嗜好が、美術団体・郷土会に集った画家たちに飛躍の場を与え、川瀬らの「新版画」が迎えられていく契機となったのである。

地方主義と地力

以上、見てきたように新渡戸の地方学や柳田の民俗学は、ドイツのHeimatkundeなど海外の同様な学知に学びながらも眼前の日本が置かれた状況、それも農山村などの地方《ぢかた》が直面していた衰退の危機に、いかに対処すれば良いのかという模索の中から生まれた。その意味では自省の学であり、危機の学であり、そうした危機を招いた中央政府の施策に対抗するための学であった。

そのことを柳田は、「郷土が自ら自分の前代を知ろうとするには、中央で行われている今までの方法を持って来たのでは足らぬのであります。別に地方のために新しい手段を見つけなければならぬ、というのが所謂《いわゆる》地方主義の眼目であります」(「東北と郷土研究」『東北の土俗』三元社、一九三〇年)と自覚的に語っていた。おそらく、ここでの**地方主義**も、「ぢかたしゅぎ」と読むべきではないだろうか。

そうした「地方主義」の学知が要請された背景には、踊り場に立ちすくみ、いったい自分は階段を昇ってきたのか降りてきたのかさえ覚束ないままに、次の一歩を踏み出しかねているとき、きまって思い出されるのが「地方」であったという日本の近現代における問題があった。もちろん、時代によって「地方」が問題視される状況は異なっていたし、それに応じて課題や処方箋も異なっていた。しかし、問題の構図は、いつもこうだった。「そうか、現今の困難さの根は地方にある。これさえ改めれば、問題は一挙に解決し、日本の社会・経済は再び隆盛に向かうはずだ」と。しかし、そのとき中央の施策に問題があるとは考えられることさえなかった。

そして現在、中央政府による「地方創生」が唱導されている。しかし、地方は今あらたに「創生」されるべき対象として存在してきたのであろうか。いや、明治以後の政府さらには江戸幕府よりも遥か以前から存在していたのが、地方《ぢかた》のはずである。それは行政区画によって区切られる以前から、海を越えて他の国家や民族とも繋《つな》がっていた。地方《ぢかた》は、国家以前に存在していたと言ってもいい。

そのことを認識すれば、地方《ちかた》はトランスナショナル（超国境）というよりもさまざまな境界や境域を超えるトランスボーダーな超領域性（supra-territoriality）をもった時空間であるともみなせる。言い換えれば、世界の中に地方があるのではなく、地方の中に世界が凝縮されて現存しているという視線をもつことで、地方は今ある相貌とは全く異なるものとして立ち現れてくるのではないだろうか。なお、こうした視点からの試みの一例として、拙著『アジアびとの風姿――環地方学の試み』（人文書院、二〇一七年）を挙げておきたい。

むろん、唐突に地方と世界を結びつける必要はない。まずは、自らの足元の地方《ちかた》を知り、隣接した地方との繋がり方の歴史を知ることが先決であろう。柳田が明白に指摘していたように、「わが邦は久しい歴史の因縁から、非常に変化の多い天然と社会とを、一つの版図の中に包括しておって、単なる一部面の普通というものから、他を類推する危険のことに大きな国である。地方は互いに他郷を諒解するとともに、最も明確に自分たちの生活を知り、かつこれを他に説き示す必要を持っている。それができなかったら大きな団結はむつかしいのである」（『明治大正史世相篇』一九三一年）。

確かにそうであろう。知り、説明することができなかったら、繋がりの中で存在している地方は存続できないはずである。「知は力」と言われる。だが、それが本来もっている力・実力を指して地力《じりき》と言うことからすれば、「地こそ力」なのかも知れない。

このように地方・郷土を対象とする学知と地方・郷土の自治との関係を跡づけてきたが、その歩みから、いったい何を示唆として受け継いでいくべきなのだろうか。

そう問われれば、「自治は自知から始まる」と、私なら答えたい。

（山室信一）

踊り場の光景

文化生活と生活改善

「大正という時代」を最も象徴的に示すのは、「**文化**」という言葉の流行であろう。

それは明治時代において摂取すべき課題とされた西洋の「文明」に代わって、日本という固有な時空間における特質を見出すための鍵概念とも理解された。しかし、その反面で「**文化腰巻**」「**文化鍋**」「**文化庖丁**」「**文化住宅**」「**文化アパート**」「**文化村**」「**文化生活**」などの流行に見られるように、内容空疎な事物がもてはやされた軽佻浮薄な大正という時代の風潮を特徴づける言葉として、当時も、そして現在でも受け取られている。

例えば、一九三一年に刊行された『明治大正史世相篇』で柳田国男は、まがい物をたくさん買わせるための宣伝名が次々に案出されたのが明治以降の消費文化普及の特徴であったと指摘したうえで、「大正に入ってからはそういう品の多数が、必ず文化という二字を頭に置いた」こと、そして「買物の興味を普遍ならしめるがために、都市はあらゆる力を傾けて地方と個人との趣味を塗り潰した」と批判している。柳田は、「野暮とか無細工とかいう語を気にする者は、かえって農民の中に多くなった」ために、「文化」という語の圧力に抗しきれなかったと考えていたのであろう。

また、新時代の家庭生活の拠点である「マイホーム」の典型として雨後の筍のように建てられた「文化住宅」について新語辞典などでは、「わが国の過去の住宅に、欧米の様式を適当に加味し、現代生活に適応するように作られた住宅です」と解説した後に、「しかし、現代の日本の文化住宅は、単なる外見だけの見栄《みえ》建築だったり、日本人の生活を考えぬ欧米住宅の全然表面だけの模倣に過ぎなかったり、また吾国の気候や風土について建築家の無関心だったりしてあさましいと思われるようなものも、あちこちにあって、一概に『文化住宅』というと、右のような正しい意味にはならず、『西洋かぶれインチキ住宅』あるいは『ペンキを塗ってごまかしたバラック住宅』という意味にもなります」（キング編輯局編『新語新知識・附常識辞典』大日本雄弁会講談社、一九三四年）という辛辣な批評も下されていた。同様に、「文化村」についても「文化的設備を設けた住宅街を指すのであるが、また皮相軽薄な文化生活を送る人々の住む、赤屋根や青屋根の半西洋建築の立ち並ぶ一画を云う事もある」（伊藤晃二『常用モダン語辞典』創造社、一九三一年）と説明されていた。

その反面、「文化」については、「洋服を着て丸ビル内に棲んでいても公衆道徳を重んじない者は、文化とは呼ばれない」（現代編輯局編『現代新語辞典』大日本雄弁会講談社、一九三一年）という定義があったように、倫理的な評価基準とされていたという事実もある。さらに一九二一年には美術と文芸の専門教育機関として西村伊作が与謝野晶子らの協力を得て「文化学院」を創設し、また西村芸術生活研究所を運営するなど生活と芸術とを合致させる「文化」をいかに創り出すかという問題に関心が高まっていたことも忘れてはならないであろう。こうした思潮のなかで、本間久雄『生活の芸術化』（東京堂、一九二五年）など生活と芸術の関連を説く著作が次々と書かれ、土岐善麿《ぜんまろ》・西村陽吉らの『生活と芸術』（一九一三年創刊）、加藤時次郎・白柳秀湖らの『生活《くらし》の力』（一九一四年創刊）、鈴木梅四郎・渡辺佐三郎らの『実生活』（一九一六年創刊）などの雑誌も陸続と刊行されたのである。

そして、課題となる「**文化生活**」とは何かについても、当初は「自覚の上に立って旧時代の風習を棄て、衣食住の贅沢を廃して、内面的にも外面的にも無駄のない快適な生活をすること」（紅玉堂編輯部編『活用現代新語辞典』紅玉堂書店、一九二四年）と説明されたように積極的な評価も少なくはなかった。しかし、次第に「文化生活」については、「㋑吾人の生活を旧来の形式より脱し近代的の科学を応用し且つ芸術味を豊かにする生活。㋺新らしがりをのみ喜ぶ皮相的な西洋かぶれの生活」（東亜書院編輯所編『現代新語辞典』東亜書院出版部、一九三〇年）として両面性を指摘するものから、「科学の教える所を応用して、かつ芸術味豊かな生活のこと。近頃は西洋かぶれの、新しがる生活を皮肉に呼ぶに用いられることが多い」（前掲、『常用モダン語辞典』）となり、社会ユーモア研究会編『社会ユーモア・モダン語辞典』（鈴響社、一九三二年）では「金のかからぬ外見のみ洋風がかった生活様式をいう」とされ、その和洋折衷の生活スタイルについては「二重生活」と呼び、「同一人が和洋両様の生活を営むこと」と定義されるに至っている。

そして、社会主義的な観点で書かれた早坂二郎・松本悟郎共編『モダン新語辞典』（浩文社、一九三一年）では、「経済的組織を変革して真実の生活の平等を求めるのではなくして、現存経済秩序の肯定またはそれに対する無智の上に立って、ブルジョワ的生活様式に外観のみ追随せんとする小ブルジョワ的生活、金のかからぬ外見のみのいい生活様式、外見はハイカラな西洋館、怪し気な洋装、パンと紅茶の朝食、レコード、ダンス、キネマ、これらがその特徴である」と、厳しい評価が与えられることになっていった。

確かに、現象として見れば、「文化生活」がたどった経緯については、こうした評言は正しかったかもしれない。しかしながら、「文化生活」とは何か、いや、そもそも「文化」とは何か、その担い手とは誰なのか、文化や生活と学術・芸術はどのように係わるのか、さらに「生活」とは何のために、具体的にどのように営むべきなのか……といった問題が、日本史上で初めて真摯に問われたのが「大正という時代」の特質であった事実から目を逸らすことはできないように私には思われる。

何よりも、「文化」をめぐってさまざまな角度から、その意義が問われ、「文化主義」や「民衆文化」などに関連する論争が起きた。それは「文明開化《シヴィライゼイション》」の略語として「文化」があったのか、ドイツ語のKulturの訳語だったのかというレベルにはとどまらなかった。

例えば、桑木厳翼《くわきげんよく》や左右田喜一郎《そうだきいちろう》らが唱導した「**文化主義**」においては、人としての能力と人生の目標を論じるにあたって、人格や価値との関連で「文化とは何か」が焦点となっていた。左右田によれば、技術であれ学問であれ道徳であれ、他には代置できない自らが目標とする価値を見出していく努力の所産として文化財（Kulturgüter）があり、その創造に携わっていくことによって人格が形成されるのである。換言すれば「一切の人格は文化の生産、創造にたずさわることによって、それ自らの重要と価値とを発揚することに於《お》てそれ自身固有の意義が見出し得らるることになるとして、「人格なきの文化価値はなく、文化価値なきの人格はあり得ない」（「文化主義の論理」『黎明講演集』第一集、一九一九年）と結論づけている。

こうした「文化主義」論が噴き出ることに対して、民衆娯楽の調査と改善に尽力した権田保之助は、それを「知識階級の唯我独尊主義である。知識階級の専制主義に外《ほか》ならない」として厳しく斥けたうえで、「民衆の文化か、民衆の為めの文化か」（『大観』第三巻六号、一九二〇年）を問い詰め、「民衆文化主義」のあり方を求めていった。さらに、同じく「文化主義」を主張していた土田杏村《きょうそん》もヨーロッパにおけるプロレタリア教育・文化論である proletcult に学びながら文化改造による階級闘争をめざす独自の「プロレットカルト論」を提唱していった。

このような論調とは別に、「文化生活」の実践活動に身を投じたのが、吉野作造や有島武郎らと一九二〇年に文化生活研究会を組織した森本厚吉である。日本における消費経済学の開拓者でもあった森本は、「日本国民が新時代において享楽すべき標準」を設定し、「国民こぞって生活権を自由に行使し、社会の進歩を徹底的に計る」ための「生活改造に関する文化運動」を推進するために文化生活研究会を組織したのである。

文化生活研究会は「文化生活に必要なる学科殊《こと》に家庭経済学を通信教授法に依りて講義授業し、徹底的に国民生活の改善」をおこなうとして、森本がアメリカで見聞してきた大学拡張運動（University Extension Work）における「通信教育事業」をモデルに一九二〇年五月から主婦や高等女学校卒業程度の婦人に向けての講義録『文化生活研究』を発行していた。そして、翌年に月刊誌『文化生活』（その後継誌として『文化生活の基礎』、『文化の基礎』、『反響 = Echo』がある）を創刊している。また、『私どもの主張』（一九二一年）や『新生活研究』（一九二二年）などを刊行し、各地で講演会も開催していた。

そして一九二二年には文化生活研究会を財団法人・文化普及会に改め、より実践的な活動を重視して「文化の恩恵を民衆に普及する」ために、「**文化アパートメント**」の建設と運営に取り組むこととなった。「文化アパートメント」の建設は、住宅不足が深刻な都市問題となってきていたことへの対応策でもあったが、なによりも文化生活を送る基盤として住居の改善が必要だと考えられたからであった。

森本は文化生活を送る基盤として「堅牢な家屋を建築すること」、「一家の間取りを改良すること」そして「アパートメント及びテネメントハウス〔tenement house 安価なアパート〕の如き共同生活を行い得る建築を盛んにすること」（『生活問題』一九二〇年）などを提言していたが、一九二三年に起きた関東大震災によって「堅牢な家屋」や「共同生活を行い得る」建築物の提供が焦眉の課題となったのである。森本は「食堂、台所、応接間、洗濯室、庭園、運動場」などを共同利用施設とするなど不要な空間をなくし、それによって敷地を確保して居住者の生活費を節減できる経済的合理性にアパートメントの利点を見ていた。

こうした思想を受けて「文化アパートメント」を設計したのは、ヴォーリズ合名会社（後の近江兄弟社、メンソレータムを普及させた）の創立者の一人で、建築家でもあったウィリアム・M・ヴォーリズであった。その様式は文化住宅のような和洋折衷ではなく、洋室の居間、冷蔵庫のついた台所、水洗トイレ、西洋式バスルーム、ベッドが並ぶ寝室などからなっており、アメリカ的生活様式を徹底的に取りいれたものであった。ヴォーリズは文化普及会の評議員でもあり、研究会での連続講演を元に『吾家の設計』、『吾家の設備』を一九二三年から刊行している。これらの著作は、それまで注意も払われなかった衛生や育児の問題に配慮しながら、良質の家庭生活を送るための住宅と設備について解説したものであり、従来の住宅建築や家庭生活に対する意識改革を訴えるものであった。そして、出版直後に起こった関東大震災の体験を踏まえて、耐震・耐火について認識を深めるための改訂が加えられていった。

こうしたヴォーリズと森本の意向から生まれた「文化アパートメント」は、住居であるとともに女性たちが「文化生活」を実践的に学ぶ場としても重視されていた。もちろん、それは当時の日本の生活水準からすれば費用もかかるものであったし、居住感覚から乖離したものであったことも否定できない。その欠陥を痛感した厚吉の妻・静子は、アパートにおける生活方法を実地で学ぶために、三人の子どもを残して単身渡米し、コロンビア大学で端緒についたばかりの家政学や公共施設管理方法を学んでいる。森本夫妻は、さらに「文化生活」の担い手となる「女性の自立」を支え、「家庭および社会生活を合理化するに必要なる現代科学とその実践を教授する」ため、一九二七年に女子文化高等学院を創設した。女子文化高等学院は一九二八年に新渡戸稲造を校長に迎えて女子経済専門学校に昇格し、東京文化学園などを経て、現在は学校法人・新渡戸文化学園となっている。

こうした家庭生活の担い手を育てるための教育への関心の高まりのなかで、羽仁もと子らは一九二一年に**自由学園**を創立したが、そこでは「思想しつつ、生活しつつ、祈りつつ」が目標とされ、昼食を生徒が作り、学園の食堂で食べるという方式が取られた。この自活自立の精神を学びつつ、関東大震災では布団づくりなどをして奉仕作業もおこなっている。

ところで、森本夫妻と吉野作造や新渡戸稲造らが「文化生活」研究運動を推進したのは、単に生活スタイルという次元の問題にとどまらず、自らの生活意識や価値観をいかに育み、それらをどのように政治に反映していくのかという民主主義のあり方と密接につながっていると考えたからであった。

社会におけるデモクラシーが実現するためには、社会生活の基盤となる家庭において「真正のデモクラシー」が実現しなければならない。森本は、「社会の改造は家族生活に始まるべく、家族生活の改造は家族の各員がそれぞれ同等の人権行使を尊重して真にデモクラティックの結合ということに全力を尽くさねばならない」（「社会改造と家庭文化生活論」『婦人公論』一九二三年一月号）と考えていたのである。

こうした森本らの活動は、第一次世界大戦後の世界的な「**改造**」運動やヨーロッパにおける戦災復興のための生活意識改革運動とも通底したものであった。しかし、それは西洋文明の受容とともに懸案となっていた生活様式の「改善」という国家的な課題とも無縁ではなかった。一九一九年には文部省主催で「生活改善展覧会」が開催され、翌年には同省の外郭団体として「生活改善同盟会」が結成されて機関誌発行や講演会・講習会が実施されていたからである。この「**生活改善**」運動の目的も合理的な国民生活の向上によって「生活難」を克服することにあり、特に和服や住宅の機能的・衛生的な欠陥是正、農村における台所改善などが重視されていた。そして、服装改善運動のなかで一九一九年、並木伊三郎によって後に文化服装学院となる婦人子供服裁縫教授所が開設されている。

しかしながら、モダン・ガールや洋装の時代とみなされる大正という時代にあっても多くの女性は和服を着用していた。銀ブラで知られる銀座通りでも今和次郎の『東京銀座街風俗記録』によれば一九二五年時点で洋装の婦人はわずか一％にすぎなかったという。このように遅々として進まない官製の生活改善運動に対して民間主導の運動も現われた。

九州の石炭業者で東京府美術館開設に多額の献金をするなど、「美しい生活とは何か」を希求していた佐藤慶太郎は、一九三五年に私財をなげうって日本生活協会を創設していた。日本生活協会は、衣食住などの生活改善のための実験設備と生活訓練所を設け、機関誌『新興生活』を発刊している。

そして、その拠点として一九三七年に東京の駿河台に建設されたのが、佐藤新興生活館であり、現在は山の上ホテル本館となっている。ちなみに、この佐藤新興生活館そして「主婦の友会館」を設計したのは、「文化アパートメント」と同じくヴォーリズであった（彼の代表的建築としては、関西学院大や神戸女学院などもある）。佐藤新興生活館では生活展覧会が開催されたほか、宿泊施設を備えた生活訓練所では二五歳までの女性に一年間の生活改善を実習・研究するための機会を提供していた。また、生活館の農村部として静岡県函南に聖農学園を開設し、青少年に農業生活改善の指導をおこなっている。

このように大正という時代に流行語ともなった「生活改善」については「虚礼を廃し冗費を節し、人間としてもっと本質的な生活をするように改めること」（前掲、『活用現代新語辞典』）などと定義されたが、実際にどのようにすればそれが実現するのかは不明であった。しかし、不明だからこそ、さまざまな「文化生活」に向けての「生活改善」に関する講究や実践が試みられたのである。

森本厚吉は、一九二九年に自らの活動を顧みて「社会改造の根本義は国民生活を因《とら》われから開放してこれを合理化し、能率の高い生活を国民の大多数者にも楽ましめることであると信じます。それで数年前から講義録『文化生活研究』、月刊雑誌『文化生活』、『経済生活』等生活問題に関する論著の発行、あるいは各地に於《お》ける講演等によって、いわゆる文化生活運動を続けて参りました」（「文化アパートメントの生活」文化普及会）と記している。しかし、一九三一年になると森本は「当局から今後消費生活の研究は行わないという始末書までとられた」ことによって、雑誌の発行もできないこととなった。そして、戦時中は雌伏を余儀なくされたものの、敗戦を迎えると一九四六年に長野県に木曾産業学校を開校し、文化普及会工場として機能させることによって復興事業に着手した。さらに耐乏生活に苦しむ国民に民主主義時代にふさわしい生活実践の指標を与えるべく『文化生活』の再刊に踏み切ったが、日々の生活に追われる人々の共感を得ることができなかったため、女子教育に専念することとなった。

森本が日本に導入したアパートメント・ハウスは、「蜂の巣のようになった幾階幾室もある大建築物」・「仕切り貸家」・「共同住宅、間貸式住宅、蜂の巣に似ているところから蜂窩《ほうか》式家屋の名がある。大都会の生活には頗《すこぶ》る便利かつ経済的であって、俗に軍艦長屋ともいう」などと新語辞典では説明されたが、関西では木賃《きちん》アパートを「文化アパート」と呼び、一部屋・独身用である点で家族用の文化住宅と区別していた。これに対し、東京では関東大震災で国内外から寄せられた義捐金を基金として財団法人・同潤会が組織され、一九二六年に最初の鉄筋コンクリート造りの中之郷アパートを竣工していた。その後、同潤会は東京や横浜に次々とアパートを建設していき、最大規模の清砂通りアパートは敷地が四ブロックに分かれ、六六三世帯が入居していた。また、高級アパートとして知られた青山アパートは、三階建て一〇棟が配置されていた。こうして、新語辞典でもアパートは「非常に近代的で簡易生活に適しているので旺《さか》んに殖《ふ》えていく」と紹介されるようになった。

その後、集合住宅はマンション・メゾン・タウンハウス・キャッスルなどの名称を付されて増え続けている。そして、日本住宅公団が大阪の千里山団地から始めた公団住宅方式によって集合住宅は全国に広がり、住宅公団の後身である都市再生機構（UR都市機構）は約七五万戸・居住者二〇〇万人を数える「世界最大の家主」となっている。ただ、公団住宅にも入居できないままに「共同住宅」で火災などに遭って死者が出ているのが日本の現状である。

そして、日本国憲法第二十五条に「すべて国民は、健康で文化的な最低限度の生活を営む権利を有する」と規定されているにもかかわらず、経済協力開発機構(OECD)加盟三五ヵ国の中で日本は一人親の貧困率が五〇%超と最も高く、その就労率も八〇%を超えてトップとなっているという現実がある。また、厳しい認定基準の下で受けられる生活保護家庭も増加しているが、財政難もあって支給費は減額されてきている。こうした状況を打開していくために、限られた資財をどのように活用し、いかに合理的で快適な生活を送るべきか、が今後いっそう問われることになる。

「大正という時代」にさまざまに問われた「文化生活」や「生活改善」などについては、結果的に浅薄なものであったとして、現在では軽侮されるかもしれない。しかし、当時の人々にとって文化とは何か、生活とは何か、それを改善するとはどうすべきなのか、という問題は、けっして単なる流行現象ではなく、みずからの生涯をかけて問うべき課題であったことは否めない。

他方、戦後の日本は、「文化国家」としての再興をめざしたはずであったが、それは一体どうなったのであろうか。加えて、憲法に規定されている「健康で文化的な生活」とは何か、について私たちは突きつめて問い、その答えを出してきたと言えるであろうか。それとも、そもそもそうした問い自体が空疎で現実的な可能性がないとして、今後も遠ざけ続けていくことになるのであろうか。

(山室信一)

踊り場の光景

人　形

人形は人類発祥以来の長い歴史を持っているが、日本人にとって人形は特別な文化になっている。「人形」は「ヒトガタ」とも読むが、そのなかに人の魂を込めることができ、またその魂は人形という容器のなかでひとりでに育つ、というふうにも日本人は考えてきた。そのことが日本の人形文化を、世界中で最も洗練されたものにさせ、多種多様な人形を生み出すことにつながったのである。

大正末年から昭和初年代にかけて、日本の人形製作の歴史に大きな転機が訪れた。それまでの人形（伝統人形）の製作者は男性の人形師に限られていたのだが、この時期に女学生や家庭の主婦が自由に創作人形を作り出したのである。玩具としての伝統人形の作り方をなぞるのではなく（そんなノウハウは身につけていなかった）、新しい想像の翼を広げて、美術作品の領域に自然と足を踏み入れたのだ。それを先導したのが、画家であり詩人であった竹久夢二の人形作りであった。

大正三年（一九一四）頃、日本橋呉服町に開店した絵草紙店「港屋」では、夢二がデザインした封筒や便箋、絵はがき、千代紙が売られて評判になった。大正期特有の西欧への憧れと和の文化との融合が、そのモダンなデザインのなかにはあった。夢二の描く絵には耽美的な着物姿の女性が多いのだが、それだけが夢二の世界ではなかった。庶民の生活に密着した商業デザインの世界を先駆的に追い求めていたのである。

その延長上で、夢二は昭和初年頃、自らが主宰する「どんたく社」の女性同人たちと、精力的に人形作りを始めた。この同人の一人に、後に人間国宝となる人形作家・堀柳女《りゅうじょ》がいた。

堀柳女が人形作りを始めたのは、病弱だった実姉を慰めようとして、しんこ細工（白米を臼でひいて粉にしたものを固めて作ったもの）で人形の顔を作り、着物を着せたのが最初だった。しんこ細工の人形は、実姉の家に出入りしていた三越百貨店の外商部の社員の目に止まり、三越で販売されるようになった。当時の三越は主婦が考案した子供服を販売したり、着物の裾模様のデザインを公募するなど、一般の人々のアイディアを積極的に商品に取り入れていた。このしんこ細工の人形を柳女が夢二に見せたとき、彼は絶賛した。そのときから、夢二のアトリエでも人形作りが始まるようになったのだった。

昭和五年（一九三〇）、夢二が主宰する創作人形の集団「どんたく社」は、銀座資生堂で「雛《ひいな》による展覧会」を開催した。これが日本における素人による創作人形の展覧会の最初であった。このときのポスターには、次のような文字が、縦、横に散らばっていた。「色彩・線條」「交響」「立体・平面・時間」「古代・近代・未来を超ゆるもの」「詩」。

おそらく、これらの言葉によって夢二は、創作人形の世界を説明しようとしていたはずだ。人形は色彩と線によってできている。それは立体であると同時に平面であり、時間を感じさせるものであり、それらが交わり響くものである。人形は古代からはじまり、近代を貫いて、未来へ超えていくものだ。それは詩と同じ世界である。

そんなふうに夢二は人形の世界をとらえていたと思われる。当時の前衛芸術運動のなかで頻繁に使われた語彙が散らばっている。夢二は創作人形を庶民が作る前衛芸術作品と考えていたのだろう。

これはおそらく当時の一般人にも、伝統人形の作家たちにも衝撃的であったらしい。浅草の人形問屋「吉徳」の主人、一〇世山田徳兵衛によると、玩具としての人形ではなく美術的人形の製作研究を目標として、昭和三年（一九二八）に初めて「白沢社《はくたく》」が伝統人形の人形師たちによって結成されたが、「竹久夢二とその一門の人たちも、その先駆にあげられてよく、（中略）こうしたことは人形界に刺激を与えた。／専門製作者や、アマチュアの婦人のあいだにおける、かかる人形の創作（当時の気勢をあらわすのには、この語がよいと思うが）の気運を助長し、指導を与えようと、昭和五年、著者（一〇世山田徳兵衛―引用者）が西澤笛畝《てきほ》、巌谷《いわや》小波《さざなみ》、山本鼎《かなえ》、石井柏亭《はくてい》、和田栄（「英」の誤植――引用者）作の諸氏に先頭にたって戴いて、童宝美術院を設け、一般の人たちの発表機関として展覧会を開催することにした。この展覧会とならんで女学生製作の人形展も開いた」（『人形芸術』、昭和二八年＝一九五三）。伝統人形の人形師たちが、夢二によっていかに時代の転機を知ったかがよくわかる。人形師たちは若手作家の育成に目覚めて、昭和八年（一九三三）に「日本人形研究会」を発足させた。これが日本で最初の人形学校であった。また、昭和一一年（一九三六）には帝展の美術工芸部に人形がとり上げられるようになった。その帝展での最初の人形公募に入選した女性が、堀柳女であった。現在でも大きな公募展で人形部門があるのは、世界中で日本だけである。

竹久夢二が群馬県にある榛名山の山麓、榛名湖に面した土地に「榛名山産業美術研究所」（別名「榛名山産業美術学校」）を作ろうと奔走しはじめるのは、銀座での「雛《ひいな》によする展覧会」が終わって数ヵ月後であった。「産業美術」というのは、当時まだ成立していなかった「商業デザイン」のことだ。彼はここで絵の他に、地元の材料を使った竹細工や木工製品や玩具や人形や、さまざまな製品作りとデザインを教える学校を作りたかった。昭和六年（一九三一）にアメリカに渡航するまで、彼はその設立に向けて資金集めも含めて獅子奮迅の活躍をした。結局、突然のアメリカ行きによってこの計画は頓挫するのだが、「雛による展覧会」で素人による人形作りを奨励したのも、民間による手づくりの産業を育成しようとした「産業美術研究所」設立のアイディアとつながっていた。

大正末年から昭和初年代にかけて、アメリカで排日運動の動きがあった。大正一三年（一九二四）には「排日移民法」が成立した。この気運に抗して、昭和二年（一九二七）、親日家であった一人の宣教師、シドニー・ルイス・ギューリックが、全米から寄付金を集めて日米親善と友好の象徴として、一万二七三九体の「青い目の人形」（正式には「友情人形」）を日本の子供たちに贈ってきた。これに対して日本からは同年の秋、「答礼人形」として五八体の市松人形がアメリカに贈られた。「青い目の人形」は、第二次大戦中に一部秘かに隠されたものを除き、現在はほとんどが消滅している。戦争中、敵国生まれの人形として焼却処分にあったのである。人形に魂が宿っているという日本人の考え方からであった。アメリカでは日本の答礼人形はそんな虐待を受けなかった。四四体が現在も博物館や図書館に展示されている。

（佐々木幹郎）

踊り場の光景 公　園

兼六園といえば、江戸時代に作られた代表的な名園として知られている。金沢という、加賀百万石・前田家のお膝元とあって、郷土の誇る文化遺産として今日まで大切に守られてきた。兼六園にかぎらず、ともに「三名園」と並び称される水戸の偕楽園、岡山の後楽園などとともに、代表的な林泉回遊式庭園として江戸時代の面影を今日まで残し続けてきた。

しかしながら、この庭園が明治以後今日までにたどった歴史を見直してみるならば、時代の変転の中で様々に異なった位置づけを与えられ、またその姿までも変えてきたことが明らかになる。中でも興味深いのが、この「兼六園」が明治期から大正期にかけてかなり長い期間にわたって「兼六公園」と呼ばれてきたという事実である。この間の状況についてはさいなことに、本康宏史の一連の研究がある（代表的なものは「「城下町金沢」の記憶――創出された「藩政期の景観」をめぐって」、高木博志編『近代日本の歴史都市――古都と城下町』、思文閣出版、二〇一三）。本康はまた、石川県立歴史博物館在職中の二〇〇一年に同館にて《「兼六公園」の時代》という企画展を開催し、その図録には数々の貴重な図版なども紹介されているから、私がここで屋上屋を架するまでもないが、とりあえずこれらを参考にしつつ、特に大正期の歴史的意味を中心に考えてみることにしたい。

兼六園が「公園」を名乗るようになったのは意外に古く、一八七三（明治六）年のことである。明治新政府はこの年、太政官名で全国に布達を出し、各地の「古来の勝区名人の旧跡等」を「公園」に指定し、「万人偕楽の地」とするために、それに見合った土地を選んで申告させた。これにもとづいて兼六園は翌一八七四（明治七）年五月に公園に指定され、開放されたのである。「公園（public garden）」は、言うまでもなく西洋の都市には欠かすことのできない文化施設であるが、維新後間もない、未だ憲法も国会もできていない時期に、各都市に「公園」を設置しようとした中央政府の動きは、江戸期の古くからの街並みを近代的な都市に作りかえようとする意志がいかに強固であったかを示していると言える。ちなみに、東京に「浅草公園」が誕生したのも、この同じ布告の結果であり、これによりこの一帯は単なる寺社地ではなく、「六区」と称された劇場街などを含む総合的な遊興空間として整備された。兼六園にとってもそれが「公園」になったということは、単なる日本庭園ではなく、都市の公共施設として位置づけられたということを意味していたのである。

ただし、兼六園の場合には、すでにこの正式な公園指定の前から一部が開放され、用途の変更に伴う施設の転用や新施設の建設などが行われはじめていた。藩主斉広《なりなが》の未亡人の隠居所であった巽御殿（現成巽閣）は、一八七一（明治四）年に中学東校と呼ばれる洋学教育のための学校に転用されるが、その後の一八七六（明治九）年から石川県勧業博物館として一九〇八（明治四一）年まで使われた後、博物館の廃止とともに前田家に返還された。一方その隣の、「山崎山」と呼ばれる築山の前の土地には、巽御殿内に創設された鉱山学所に外国人教師として来日したドイツ人デッケンの西洋館居宅が建設された。鉱山学所はまもなく廃校となり、この居宅の方も勧業博物館の一部として転用された後、やはり博物館の廃止にともない、取り壊された。現在は山崎山を背景とした広大な苔庭となっており、樹木も生い茂ってそのような歴史の記憶は全く消え去ってしまったかのようである。

このような状況はその後も続く。一八八七（明治二〇）年には金沢工業学校が開校し、長谷池の南西側に校舎をかまえた。一九〇一（明治三四）年に移転の後には、今度は同じ場所に石川県商品陳列所ができ、隣には一九一二（明治四五）年に石川県立図書館ができた。図書館は戦後の一九六六（昭和四一）年まで使われていた。商品陳列所跡地もその後、児童苑なる遊園地の用地となった後、二〇〇二年に再整備が行われて、園内の他の場所にあった「時雨亭」がここに復元されるなど、完全に「日本庭園」の一部として吸収されてしまった。

「兼六公園」の「公園」たるもうひとつの所以は園内の広場にある。一八八〇（明治一三）年に建てられた「明治紀念之標」（西南戦争の戦没者慰霊碑。これもまた「公園」の一側面をよく示しているものだ）の前の空地や、商品陳列所東側横の「兼六園広場」は、種々の催し物のための空間となった。奉祝行事や招魂行事から政治家の政談演説会、メーデー行事まで、さまざまな集会が行われ、都市の集会広場としての機能を果たしていた。「兼六園広場」の方は、もともと庭園の一部というよりは、庭園まわりの多様な用途に用いられていた場所で、金沢市長を務めた長谷川準也の邸宅になった時期もあったが、ここもまた一九六八（昭和四三）年に、明治百年記念事業の一環として梅林に作りかえられて完全に庭園の中に組み込まれ、今はもう「公園」時代の面影をみることはできない。

こうして「兼六公園」は徐々に「公園」的な性格を消し去り、純粋な「日本庭園」としての性格を強めてくるようになる。山崎山前の苔庭や「兼六園広場」跡の梅林などの状況をみると、「公園」時代の記憶をほとんど意図的に消去しようとしているようにすらみえる。本康はこれを「藩政期の景観」や「旧藩史観」への回帰の表れと捉えており、現在大規模に行われている金沢城の再現（復元）

の試みなどとも重ね合わせている(金沢城にもまた、明治以後、陸軍第九師団の本拠地、金沢大学のキャンパスなどとさまざまに形を変えてきた歴史があった)。

そして、明治以後「公園化」の道をたどってきた兼六園のそのような方向転換がはじまるのが、まさに大正期なのである。「兼六公園」が名勝に指定され、「兼六公園」から「兼六園」という旧称に戻ることになるのも、一九二四(大正一三)年のことであるが、本康によれば、明治末あたりから兼六園の景観の荒廃を嘆く言説が出はじめ、大正期になるとそれが「保勝運動」へと発展してゆく。こうした動きの中心になったのは、加越能史談会という郷土史の研究学術団体だったという。たしかに、この団体が一九三二(昭和七)年に刊行した『名勝兼六園誌』という小冊子では、明治以降、「俗匠の濫修濫造で風致を傷つけたばかりでなく、俗臭芬々たるペンキ塗の模造洋風家屋などが建てられて、由緒深い名園も半は破壊同様の姿となつた」などと書かれている。

しかし実際には、「公園」モードが一夜にして終焉を迎えることはなかった。すでにみてきたように商品陳列所や図書館は第二次大戦後まで残り続けているし、集会広場としての機能もまた戦後になってもなお発揮されていた(金沢における戦後初のメーデーの集会が行われたのもここであった)。「兼六公園」という名称もまた、民間ではかなり後になっても使われていた。むしろ、「藩政期の記憶」が空間全体を覆うことで「公園」の記憶を塗り込め、モノトーン化する動きが急激に加速したのは、戦後もかなりたった一九六〇~七〇年代あたりからのことではないかという気すらしてくる。兼六園の現在の状況に照らしてみるとき、大正期の「兼六公園」の中にあった、今では失われてしまった空間の多義的な広がりは、何かをわれわれに語りかけているように思われるのである。

(渡辺　裕)

踊り場の光景
自由と責任

「自由」と「責任」について、ここではその制度的な意味や根拠ではなく、その翻訳を問題としたい。

まず「**自由**」。この語は、表現の自由とか言論、婚姻の自由の主張など、政治的な文脈においては「権力」の暴力に抗う意志の表明としてならすっと口にできそうだが、それを私的生活、あるいはその対人関係のなかで使用すると、口調が浮ついたり、過度に攻撃的になったりする。そうした違和感はじっさい、liberty や freedom の訳語として「自由」が定着する過程で、それを提案する知識人たちのあいだでも長らく拭えなかったようである。柳父章の『翻訳語成立事情』（一九八二年）によると、幕末の頃までには、liberty や freedom の訳語に「自主」「自在」「不羈」「寛弘」などとともに、「自由」という語もあてられるようにはなっていた。が、明治に入っても、この「自由」という訳語の使用にはやはりためらいがあった。「わがまま勝手」「思いどおりにする」といった否定的なニュアンスがこびりついていたからである。「自由」という訳語への流れをつくった福沢諭吉や中村正直も、彼ら自身、かならずしも最適とはいえないとの思いをたびたび表明している。そして柳田国男。彼はのちに『たのしい生活』（一九四一年）でこう綴っている。

私は五つか六つの頃に、丁度日本に「自由民権」という言葉が潮の如くに流れ込んで来る時代に遭遇致しまして、私の家は村でありますが、或日一人の若い博徒が泥酔して自分の家の門口に寝てしまって動かぬ、それを立退かせようとして、内からも外からもいろいろな人が手を掛けて起そうとしますと、その人が「自由の権だ」といって怒鳴ったことを記憶して居ります。これが自由という言葉に対する私達の概念を頗る混乱させまして、なんだか非常に厭な困ったもののように感じ、久しい間その時代の自由民権運動の首領であった板垣退助さんに対する反感のようなものが抜け切らずに居りました。

「自由」はここで、ただの放埒としてなされたにすぎない行為をみずから正当化するときに用いられるものと映っていた。「自由」は銘々の勝手とほぼ同じ意味で、人びとの口の端に上っていた。強制や拘束からの自由ではなく、何をしてもよいという恣意の自由、干渉されない「わがまま」な自由の主張である。この「セルフィッシュ」という意味の強い含みを明治の人たちは訝ったらしい。

とはいえ、大正期に入るとこの「自由」の概念は、一方で、大正八年の**普通選挙期成大会**の開催、さらに第一回**メーデー**（大正九年）、**全国水平社創立大会**（大正一一年）、**婦人参政権獲得期成同盟会**（大正一三年）など一連の政治・社会運動のなかに人民の権利を表わすものとして浸透してゆくとともに、他方では、個々の市民の権利へとその意味を拡げつつ、「**自由恋愛**」「**自由学園**」、あるいは「**自由画**」「**自由作文**」「**自由詩**」「**自由劇場**」というふうに多様な文化運動の標語ともなっていった。かつて福沢が「私立」と名づけた、民衆の、あるいは個人の自治・独立への要求である。自治・独立とは、人民の、個人の《自律》(autonomy) ということである。「わたし（たち）」が自身の生の主宰者である」という、この自己決定的な主体の意識する「自由」はしかし、自己を私的なものへと閉じる原理、自己を他者から隔離する原理としても機能してきたことに留意しておく必要がある。じっさい、関東大震災時にみられた「朝鮮人暴動」との流言蜚語にもとづくあの「自警団」の結成もまた自発的なものであった。

　こうした自己隔離としての「自由」のなかでは、人民の相互扶助のしくみ、つまりは「助力や保障」(help and security) を通して他者とともに何かをしうる「自由」というものが見逃されている。とりわけ、「自由」への脅威がかつてのような《統合の過剰》というよりも、逆に（格差や過疎化の問題にみられるような）《分断の過剰》というかたちをとってきている現在、齋藤純一が『自由』（二〇〇五年）で指摘したように、求められているのは自己の自由の擁護へと閉じる「自由」というよりもむしろ他者の自由の擁護へと開かれた「自由」であるだろう。

　じっさい、たいていの英和辞典でliberalの第一義として記載されているのは「気前のよい」「物惜しみしない」という意味である。語源となるラテン語のliberoは「縛りを解く」という意味であるが、だから英語でもHe is liberal of his moneyは「彼は金離れがよい」という意味になる。そして以下、「豊富な」「寛大な」ときて、「自由主義の」へと続く。ちなみに文久二年（一八六二）に堀達之助らによって編まれた『英和対訳袖珍辞書』でも、この語は「オゴル、物惜ミセヌ、心ヲ打明ケル、自由ナル」の謂とされている（前掲『翻訳語成立事情』による）。そしてこの最後の語義を名詞化したのがリバティ（liberty）であり、前の三つの意味を名詞化したのがリベラリティ（liberality）である。その意味で、「自由」の意味はいまいちどこの「気前のよさ《リベラリティ》」のほうに重心移動させられる必要があろう。

「自由」と並んでもう一つ、「**自治**」の概念を支えるものとして「**責任**」という概念があるが、これについても同様のことがいえるだろう。日本語で「責任」といえば、国家の一員としての責任、家族の一員としての責任というふうに、組織を構成する一員としての務めをつい思い浮かべる。だから、「すべき」ものとして当然に期待されるその務めが果たされないと、厳しい責任追及のなかで謝罪や懲罰が求められる。そういうつるし上げのような空気が支配しだすと、ひとは激しいバッシングや追撃を怖れて、自身が責められることのないようあらかじめ手を打つことにやっきになる。それこそ「自由」が萎縮してゆく。

「責任」というこの語、英語ではリスポンシビリティ（responsibility）である。この語には、日本語の「責任」という言葉からは感じられない独特の含意がある。リスポンシビリティとは、文字どおりに訳せば、「リスポンドする能力」、つまり他者からの求めや訴えに応じる用意があるということである。さらにそのラテン語源に分解すれば「誰かからの約束に約束し返す」という意味である。この意味での「応答性」はresponsibilityではなくresponsityと表現されることもある。

　ところが日本語の「責任」は（本来、匿名の）役割における責任であって、まぎれもないこのわたしがいま誰かから呼びかけられているという含みはここにない。これに対して欧米の人たちは伝統的に、人としての「責任」を、他者からの呼びかけ、あるいは促しに応えるという視点から捉えてきた。この他者はもちろん神でもありうる。だから職業のことを、とくに使命や天職の意味を込めて、コーリング（calling）と言いもする。まさに何かをするべく神から呼びだされているという感覚である。この応える、応じるという responsity もまた、あの「リベラル」に含まれた「気前のよさ」に通じる。一九九五年の阪神・淡路大震災の後に一気に加速したボランティア活動のその無償性・自発性（voluntaryism）も、そういう理路において理解する必要がある。となれば、「自由」という「権利」の主張も、福沢がそう訳したように「権理」として書かれるほうがよいかもしれない。

いずれにせよ、わたしたちは現代、社会的な活動の場面で、「気前のよさ」をこそ古くて新しい《徳》として身につけるよう求められているのだろう。

（鷲田清一）

時代を読む視点

1924年の海戦

日本初の近代劇場「築地小劇場」は、関東大震災の翌年一九二四年六月、数人の演劇人の異様ともいえる熱意で開場した。天災の報に、留学先のベルリンから、できたばかりのシベリア鉄道で帰国する若き伯爵、土方与志《ひじかたよし》は、途中下車したモスクワでメイエルホリドの舞台作品に触発され、いよいよ日本の演劇革命を決意、車内で構想を続け、帰国直後に小山内薫を説得しに向かった。まったく新しい劇場の建設と、劇団の育成を、関東大震災からわずか一〇ヵ月後に、驚くべき行動力で成し遂げた彼らが、築地小劇場のこけら落とし公演に選んだのは、ドイツの戯曲「海戦」であった。「海戦」（原題Seeschlacht）は劇作家ラインハルト・ゲーリングの一幕戯曲で、一九一七年に書かれ、翌年にドレスデンとベルリンで初演、伊藤武雄によって邦訳刊行された、表現主義の代表的戯曲の一つである。第一次世界大戦中のスカゲラークの海戦（一九一六年五月三一日）を素材に、戦場へ向かう戦艦の砲塔内に閉じ込められた七人の水兵が、不安におびえながら、互いの心の内奥を探り合う。人殺しの義務を選ぶか、勇を鼓して反乱を選ぶか、七人の決断とためらいが激しくぶつかる。やがて敵艦と遭遇し、砲塔内も被弾、ガスマスクを装着して誰とも区別のつかなくなった水兵たちが、次々と倒れてゆく。その中で、仲間に厭戦を語り、反乱を扇動していたはずの一人の水兵が、最後に残って戦い続けることになる。日本での初演では、照明室まで備えた最新の劇場の舞台構造の上で、聞き取れないほどの早い台詞、絶叫と轟音、終盤で大破する舞台セットに、観客は大いに驚き、知識人たちはこぞって絶賛し、この国の演劇史上の記念碑的な作品となった。

未来派、ドイツ表現主義、シュルレアリスム、ロシア・アヴァンギャルド。二〇世紀前半の芸術改革に激しく雷同した一九二〇年代の日本のアーティストたちを舞台の主人公にして、七年前、私は舞台の世界に足を踏み入れた。土方与志たちが「海戦」を作劇する劇中劇「1924海戦」は、オープンしたばかりの神奈川芸術劇場が東日本大震災の混乱をくぐり抜けた矢先のタイミングの上演だった。「海戦」の幕開けで「前兆だ！　前兆だ！」と叫ぶ水兵たちのように、革命を叫んだ綺羅星のような作家たちは、モダニズムと資本主義が戦争を誘発するなかで、激しく煌めき、挫折した。栄光と悲惨がつねに隣り合わせるアヴァンギャルドはいつも短命だった。その中でも急ごしらえに秩序を作っては壊す舞台表現は、生命活動のように危機の時代に活性化し、前衛がもつ熱移動をそのまま体現しやすい領域である。しかし多くの同胞が斃れていく中で、村山和義《ともよし》や土方与志は、苦難の戦中を生き延び、戦後には前衛芸術と関わることなく、リアリズムの手法で「演劇活動」を全うした。私は今も、村山はじめこの時代の作家の変遷に興味を持ち続けている。徹底して個人が行う芸術の屹立した自由さ、奔放さ、ダイナミズムが、この国の観衆をどうにも動かさなかったことへの絶望を、彼らも抱えたのだろうか。いずれにせよ、悲劇的な反戦劇「海戦」は、築地の勢いのある産声というだけではなく、二つの大戦の間にあって、東西の若者たちが戯曲を通して共に見た、新しい劇表現と、破壊へ向かう歴史の「前兆」であった。

（やなぎみわ）

結社

日本国憲法二十一条に「集会、結社及び言論、出版その他一切の表現の自由は……」とあるように、「結社」は政治、経済、思想等の分野でも使われる語だが、明治以後、短歌・俳句・川柳等の伝統的定型詩の分野で身近な語として採用されてきた。現在でも、これらの分野でまじめに取り組もうとする者はほとんどが結社に入る。師あるいは先輩を見つけ、仲間を作るにはこれが一番オーソドックスな方法だからである。結社は雑誌を発行している。その雑誌を身近な発表の場とするのである。ここでは、短歌を例にあげて、結社がどう成立し、機能し、どんな結社があるかを見ることにする。短歌結社を解説した『現代短歌大事典』（三省堂）の「結社」（来嶋靖生執筆）を引用する。

　特定の目的や関心にもとづいて結合した集団で、目的実現のための組織をもち、所定の活動をする。短歌の場合はある指導的歌人を中心に、志を同じくするものが集まり、機関誌を発行し、歌会をおこなうのが基本活動とされるが、時代とともに変容もみえる。近代では、落合直文のあさ香社（一八九三年）、佐佐木信綱の竹柏会「心の花」（一八九六年）、与謝野鉄幹の東京新詩社「明星」（一八九九年）が早い。

結社は、江戸時代の門人組織が時代に即応するかたちで発展したものとみられる。江戸期の門人組織として有名なものに、県居門《あがたい》（賀茂真淵）、鈴屋門《すずのや》（本居宣長）、桂園門（香川景樹《かげき》）等があり、幕末から明治期には結社に近いかたちの門人組織として、竹柏会（佐佐木弘綱）、萩の舎《や》（中島歌子）などがあった。萩の舎は門人に樋口一葉がいたことで知られている。

門人組織は「入門」「破門」で分かるように、師弟関係を軸とした厳しい組織であった。入門するには紹介者を介して師に対面のうえ許可を得るのが原則だった。門人組織にくらべると、結社はラフな組織である。結社は郵便で申し込めば入会できる。明治になり郵便制度がスタートしたのが大きなきっかけになる。郵便で入会を申し込み、会費を払えば結社の一員になれるようになったからである。地方の中学生でも会費を払えば会員になれる。結社は短歌界の若返りに大いに役立ったのだった。

短歌結社は、明治末から大正時代に一挙に数が増える。「アララギ」、「創作」、「詩歌」、「水甕」、「国民文学」、「潮音」、「多磨」等が次々にスタートした。一般的には会員数は二〇〇〇人以内だが、全盛期の「アララギ」は一万人を越える会員を擁したといわれている。

短歌・俳句は、戦後間もなくいわゆる第二芸術論の試練を受けるが、それをくぐりぬけて新しい結社が成立する。昭和二〇年代に出発したものに、「まひる野」、「未来」、「地中海」、「コスモス」、「形成」、「塔」などがあり、その後も「かりん」、「玲瓏」、「リトム」などの結社がスタートしている。

これまでに名前をあげたものは、「あさ香社」、「明星」、「多磨」以外の結社は、現在も現役として活動している。結社の実数は把握しきれないが、現在三百から四百ぐらいあるとされている。

（佐佐木幸綱）

ミュージックスに託す夢

音楽学、とくにその一部門である民族音楽学では、音楽を意味するmusic（英語）、musique（仏語）、Musik（独語）を複数形にして、それぞれmusics, musiques, Musikenと記すことがすでに一般化している。英語でこの複数形が使われ始めたのは一九六〇年代のことと記憶している。初出の状況を確かめるため、アメリカの民族音楽学会Society for ethnomusicologyで早くから活動していた数人に尋ねてみたが、記憶にないとのことであった。それだけ、この複数形が一般化してしまったということであろう。しかし、英和辞典のmusicの項目は、これを不可算名詞として、複数形を認めていない。これは単なる調査不足の結果であろう。私自身が国際交流基金主催の『アジア伝統芸能の交流』第一回報告書を他の二人の民族音楽学者と編集して、それに*Asian musics in an Asian perspective* (Koizumi; Tokumaru; Yamaguchi 1977）と付けたのが一九七七年のことである。音楽教育学でも複数形が使われてきた。例えば、『オックスフォード音楽教育哲学ハンドブック』における"the existence of many musics" (Bowman; Frega 2012: 23）が典型的な使用法である。

さて、自分の音楽文化に誇りをもつ人が異なる音楽文化に接する時の態度に、次の二つが考えられる。一つは、「あれは音楽ではない」とするもの、もう一つは「自分には理解できないが、人間が行っているので音楽と考えよう」とするものである。前者は自文化中心主義的に、「我々の音楽こそが音楽である」とし、他の音楽はすべて非音楽とみなすので、音楽に複数形を必要としない。後者は、臨床主義と呼ぶべきもので、異文化の音楽に接した時、その中に、自分たちの音楽とは異なる首尾一貫性を探し、それによって、音楽の響き・作り方・聴き方、そして音楽の概念を修正していこうとするのである。そのためには、異なる音楽の存在を認めるために音楽の複数形が必要となる。

民族音楽学は現地調査・採譜・分析などを通して、世界に多様な音楽があることを明らかにしてきた。しかし、世界には何の情報もない音楽が多くある。例えば、日本とベトナムの共同研究『ベトナム少数民族無形文化遺産調査・映像記録化および人材養成プロジェクト』を二〇〇一年から四年間実施した時、訪問した少数民族の芸能が記録されたのが、その時が初めてであることを知って驚いたものである。確かに、この共同研究は二一世紀初頭の人々の音楽活動を記録したが（映像を含めた報告書は中島　二〇〇六）、それで十分なのではない。人々は伝統を固定するのではなく、音楽を変化させるので、生きた伝承として存続することが必要なのである。人々の強い希望にもかかわらず、政治的・経済的な不均衡から、これらの音楽が消滅する恐れが強い。音楽学の中の音楽史学は過去の音楽を明らかにすることに貢献してきたが、現在の社会で実践されている多様な音楽がなくならないようにするのも、音楽学全体の責任であろう。そのための立場を示すのがミュージックスの使用である。

中島　貞夫（監修）、月溪　恒子・山口　修（編）『音をかたちへ：ベトナム少数民族の芸能調査とその記録化』京都、醍醐書房、二〇〇六。／Bowman, Wayne D.; Frega, Ana Lucia (eds.) *The Oxford handbook of philosophy in music education.* Oxford, Oxford University Press, 2012.／Koizumi, Fumio; Tokumaru, Yoshihiko; Yamaguchi, Osamu (eds.) *Asian musics in an Asian perspective. Tōkyō*: Heibonsha, 1977.

（徳丸吉彦）

時代を読む視点

座談

相手の意見に反応しながら、自在に話が展開できる環境が座談会の持ち味とするならば、座談とは本来、「型」を持たない領域に属する。必要となるのはむしろ、無理に結論は出さない、会話の中に予期せぬ「動き」がある、会話を牛耳るような人物を参加者に立てないなど、良い座談に向けての条件や構成要素であろう。

現代から考える時、大正時代の座談とは、我々が読んで面白いと思う座談会の構成要素を作る上で、様々な試行錯誤を行っていた時期である。昭和に入って、『文藝春秋』をはじめとする総合誌が座談会を誌面に取り込み、読者を引き付ける題材を選ぶことによって、次第に座談でしか表現できない世界が形成されていったことはよく知られているが、それに先立つ大正の座談とは、まさに模索の時代といえる。発言の後の「(笑聲)」、余韻やまだ何か言い足りない気配を示す「……」といった、現在使われる座談の記号が確立していくことと合わせて、この頃の座談には未開拓の魅力がある。

大正時代、定期的に発表された座談だと、『新演芸』の劇評、『新潮』の文藝批評(「創作批評」)などが定番だが、各々のジャンル意識を反映して、扱う内容も専門的に特化したため、初めての読み手にとってはいささか敷居の高いところがあった。その中にあって、後の時代から見て優れた座談の要素をそなえていると判断できるのが、関東大震災を経て間もない一九二三年一一月、『新潮』に掲載された「凶災後の文藝時事六項」である。巻末の「記者便り」にある通り、未曾有の災害を受けて編集部は通常の「創作批評」を取り止め、急遽さきの題目による座談会を企画した。そして震災後の現状から出発し、文学、演劇という定番の話題に加え、生活、都市の在り方、さらにはこの状況から顕在化してくる階級問題などの問題を提起して、各自から率直な意見を引き出している。

参加したメンバーは久米正雄、徳田秋声、久保田万太郎ほか、編集部から中村武羅夫《むらお》、水守亀之助など、ほぼこれまでの常連によって構成されているが、出席者に共通しているのは、こうした災害を目の前にして、芸術とりわけ文芸の世界において何が問われているのか、という危機意識である。「創作批評」で普段行われてきた個別の作品論評から離れ、各々の芸術観が展開される。

中でも精彩を放っているのは、この状況下では、厳粛なものより明るく軽いものを求めるのが普通の読者の気持ちなのではないかとする菊池寛の発言である。「どんな場合でも珠は砕けないと思ふ」とする近松秋江《しゅうこう》に対し、「珠は砕けなくてもその珠が人生と交渉がなければ無意味だ」とした発言に見る如く、あくまで現在置かれている状況から出発しようとする菊池の視点は、震災だけに話を止めず、広く災禍の時、芸術家の果たすべき役割を掲げる他の列席者を圧している観がある。

これに限らず、いくつもの対立点を含みながら、出席者が対等な立場で席に臨んでいるのがこの座談会の特色である。昭和に入って一九二七年三月、『文藝春秋』は徳富蘇峰を招き、菊池も陪席して同誌では初の座談会を開催するが、菊池はこれ以降もつとめて普段の上下関係が座談の席に持ち込まれないことを念頭に置き、読むにたえる座談を生む環境づくりに心を砕いた。

その後に形作られる洗練された様式とは別に、大正時代の座談は、直面する多くの課題に応えながら、みずからの領分を定めていく力強さを特色としているのである。

（鶴見太郎）

消された「社会の踊り場」——結びにかえて

オルテガ・イ・ガセットは一九三〇年に公刊された『大衆の反逆』（邦訳は神吉敬三による）のなかで、それぞれの時代には一定の歴史的水準とでもいえるものがあるとし、それを「時代の高さ」というふうに呼んでいる。「昨日の高さに比してある時は上昇し、ある時は水平を保ち、またある時は低下する」、そのような「高さ」である。

彼がこの著作を執筆した時代は、第一次世界大戦ののち、「時代の高さ」を下降状態にあると感じる人と、上昇過程にあると感じる人が入り交じる時代であった。

一方には、「生命の萎縮感、衰弱、脈拍低下の意識」であるデカダンスの陰りのなかで、まるで「自分をふたたび浮上しえない難破者のように感じる」人たちがいた。ちなみに、decadence、衰退や退廃を意味するこの語は、ラテン語の「下へ」(de)と「墜ちる・沈む」(cadere)に由来するのだが、オルテガとおなじく第一次世界大戦のヨーロッパの危機を訴えながらも、オルテガとは違って時代に「便乗した」（奥井智之）にすぎないとも評されるO・シュペングラーの『西洋の没落』（一九一八年）、この「没落」もドイツ語ではUntergang、「下へ」unterと「行く」gehenとの合成語untergehen（沈む、没する）に由来する語である。

そしてもう一方には、過去のいかなるものにも模範たりうる可能性を認めない、そういう「慢心した」人びとの群れがあった。「自分が過去のどの生よりもいっそう生であると感ずるあまり、過去に対するいっさいの敬意と配慮を失ってしまった」人たちである。

前者から後者へと時代の主流が入れ替わってゆく時代、それをオルテガは「他のあらゆる時代に優り自分自身に劣る時代」と言い表し、人びとの傍らには「生ける死者がいない」、時代は「自分の影を失った」との警世の思いと、そこに射す〝ヨーロッパ統合〟という希望とを、縦と横、糸が重なるように描きだしたのだった。

昇りゆく人と降りゆく人が交差する場、降りかけてまた上へと踵《きびす》を返す人もその逆もまた行き交う場、それを階段でいえば《踊り場》となる。われわれにとっての「大正」という時代、それもまた高揚と沈降が行き交う、そんな《踊り場》だったのではないかというのが、まる六年、計二八回にわたり続けたわれわれの研究会「可能性としての「日本」」が、その途中で摑んだ感触であった。

関東大震災という未曾有の被災を機に起こった社会の大変貌を合わせ鏡に、東日本大震災が突きつけたわれわれの時代の課題を見るという思いも少なからずあったが、それ以上にわれわれが「大正」という時代に議論の焦点を絞り込んだのは、大衆文化、消費社会、メディア社会、そして「ポピュリズム」の雛形、あるいは「現代」芸術とエンタテーメントの初期形態、さらには集住のかたちの劇的な変容や「群衆」の出現、「地方」への関心など、要するに「現代」社会の祖型がこの時代に集中して現われていると見たからである。

その踊り場には、さまざまの「可能性」が、一つへと収束されないまま、雑多に散乱していた。前衛の運動と娯楽の装置とが、暴動と市民運動とが、抵抗と統制とが入り交じって、この《踊り場》を埋めていた。大正七年（一九一八）の七月から九月にかけて、米騒動の勃発・連鎖とシベリア出兵の宣言（出兵じたいは同年一月にすでになされていた）とがほぼ同時に起こり、また大正一四年（一九二五）の三月、たった五日をおいて普通選挙法案と治安維持法案が衆議院で可決されたというのは、この時代が内蔵した反対ヴェクトルの動き、つまりはこの時代の「双面性」を象徴する事例である。ここで同時代の類比的な事象としてわたしがまっ先に思い浮かべるのは、西欧社会、なかでもドイツにおいて典型的なかたちで見られた「純粋《ライン》」をめぐる文化運動の二極化である。二〇世紀の最初の四半世紀、「純粋」への志向は、一方で、論理や法、経済法則や芸術そのものの自律してあるべき固有の領域が、それにとって偶然的でかつ非本質的な契機である政治的・イデオロギー的な抑圧と歪曲に晒されているという危機意識から、純粋論理学から純粋法学、純粋経済学からもろもろの純粋芸術（純粋絵画、純粋彫刻、純粋音楽、純粋詩、純粋演劇など）まで、時代への抵抗というかたちで取り組まれたが、もう一方でこのおなじ「純粋」志向は、民族の「浄化」（毒性排除）という、ナチスの「純血」主義として、社会の自閉的な統一へとなだれ込んでいった。おなじReinigungという語が、一方では「純化」として、他方では「粛清」として機能したのであった。

このように、《踊り場》はまさに、多彩で、同時に反撥もしあう諸「可能性」が散乱し、遊動する空間であった。

歴史における「可能性」という概念をめぐっては、本文中でも引いた随想「関東大震災のころ」のなかで、田中美知太郎が、当時、軟弱といわれながらもそれなりの実効をおさめつつあった「幣原《しではら》外交」がもし「社会主義運動の現実派」とも連携しえていれば、わが国の歴史は「あるいはもっと別の途をとったかも知れない」として、こう書いている。

> 歴史にはいつも「もし……だったら」という、実際とは逆の可能性が含まれている。（中略）歴史の実際には不断に政治的な選択決定が含まれていて、そこでは他の可能性が現実に考慮され、討議され、しかも結論的には拒否されるということがおこなわれているのである。したがって歴史の理解には、実際におこなわれたことのほかに、実際にそこで拒否された他の可能性も考え合わせるようにしなければ、それは一面的で不十分なものとなるだろう。

そして、たとえば社会主義政権と資本主義、あるいは天皇制との対立や軋轢といったものは、「現実の歴史には存在しない単なる希望のようなもの」、つまりは理念という「歴史の虚点」の対立にすぎず、そこから語りだされる歴史はフィクションにすぎないとしたうえで、田中はこう言う。「歴史を構成するのは、実際におこなわれたことと、そこで選択されなかったけれども、他の可能性として現実に考慮され、語られたことだけである」と。

「歴史の虚点」を定点に歴史をまとめるのではなく、生まれるも開花せず、したたかに統制をすり抜けつつもやがて抑圧され、制止され、封殺されていったもろもろの「可能性」、それらの蝟集《いしゅう》が、歴史のなかでさまざまのすきまをつくりだしていたはずで、それら諸「可能性」が交錯する領野のそこかしこにあったあそびの間——ドイツ語でも歯車のあいだの微かなあそびの間を文字どおりSpielraum（遊動空間）という——こそ、われわれのいう《歴史の踊り場》を特徴づけるものにほかならない。

先にわたしは、大正期には「現代」生活の祖型ともいえるものがおびただしく出現すると言ったが、その大正期の諸「可能性」の Spielraum を現代からの関心でまとめないよう注意しなければならないのも、またおなじ理由による。それらは散乱状態のままで、いわば微視的に、そしてことさら整合性に気遣うことなしに、《生まれいずる状態において》とらえられねばならない。そうでなければ「現代」の関心をも超える諸「可能性」の連結、つまりは未来の星座を描きだすこともできないだろう。思い起こせば、われわれの議論が最終段階をむかえようとしていたとき、佐々木がしみじみとこう口にした。「ぼくにとってもっとも新鮮だったのは、当時の日本人がいかに第一次世界大戦の現状を知らなかったかということです」、と。あるいは、山室は研究会を終えたいま、「第四人称」などという特異な言葉もそうだが、大正期のキーワードでもあった「民・声」「公・衆」「生・存」など、諸「可能性」の挑文《あやとり》を思想史の方法へと鍛え上げるべく「思詞学」というプロジェクトを立ち上げようとしている。われわれはまだ始点に立ったばかりなのだ。

＊

本書は平成一二年四月に立ち上がったサントリー文化財団の研究会「可能性としての「日本」」の中間総括というべき書物である。この研究会、佐々木、山室、渡辺の三人にまず声をかけたのは鷲田で、そういう行きがかり上、鷲田が著者代表になっているが、本書の実質的な編者は、つねに研究会の議論を牽引し、日本近代史のさまざまの細かい事実について、何を訊いてもかならず史実を引きあいにこのうえなく的確に答えてくれ、残りの面々をいつも啞然とさせた山室信一である。とりわけ最後の二年間はこの四人で集中討議をくり返したが、そこもまた佐々木、渡辺、鷲田が山室を質問攻めにする場となった。

歌人から劇作家まで、政治学者から宗教社会学者、音楽学者まで、民俗学者からメディア研究者まで、いちいちお名前をあげることはしないが、さまざまな世代のこだわりの作家・研究者たちのレクチャーを受けえたことも幸運であった。この方々の緻密な報告が、ありがたいことにわれわれの知と想像力のふくらし粉のようなものとなった。

六年間にわたり、どこに着地するかわからないままに延々と研究会を続けさせてくれたサントリー文化財団、なかでも研究会担当の山内典子さんと高嶋麻衣子さん、さらにその後方で、蛇行する議論の行く末を辛抱強く見守ってくださった財団専務理事の今井渉さんと事務局長の前波美由紀さんのご厚意には、百度の感謝でも足りないと思う。そしてこれを本のかたちにしてくださったもう一人の編者、講談社学芸クリエイトの林辺光慶さん。幾度もの座談を文章に起こしてくださったが、あまりに大部になるのでと潔く削って、逆に四人が思い入れのある図版のほうを優先してくださったそのあまりに気前のよいご努力にも、おなじように百度のお礼を申し上げたい。

二〇一八年　春

鷲田清一

1924	13	摂政裕仁親王、久邇宮良子女王と結婚式挙行 内務省、住宅難救済のため同潤会を設立 小山内薫・土方与志ら築地小劇場を開業	レーニン没 アメリカ議会、排日移民法を可決
1925	14	講談社『キング』創刊 東京放送局（JOAK）、本放送を開始 普通選挙法成立、公布 治安維持法公布、施行 大日本連合青年団発足 産業組合中央会『家の光』創刊 細井和喜蔵『女工哀史』刊行 山手線電車、環状運転を開始	孫文没 中華民国国民政府広州に樹立 ヒトラー『わが闘争』刊行
1926	15	労働農民党結成 府県制・市制。町村制改正 日本放送協会設立（後のNHK） 日本労農党結成 改造社『現代日本文学全集』を発刊、「円本」ブーム始まる	蔣介石、北伐開始
1927	昭和2	蔵相、衆院で渡辺銀行破綻と発言（金融恐慌） 3週間のモラトリアム実施 北伐に対する居留民保護を名目として山東出兵 「岩波文庫」創刊 東京地下鉄道、浅草—上野間開業	蔣介石、南京国民政府を樹立 ハイゼンベルク、不確定性原理提唱 ハイデガー『存在と時間』刊行
1928	3	前衛芸術家同盟『前衛』創刊 日本共産党『赤旗』創刊 関東軍による張作霖爆殺事件 アムステルダム五輪で織田幹雄など金メダル ラジオ体操放送開始	パリ不戦条約、15ヵ国が調印
1929	4	日本政府、中国国民政府を承認 小林多喜二『蟹工船』刊行 折口信夫・金田一京助ら民俗学会を創設	ニューヨーク株式市場大暴落（世界恐慌始まり）
1930	5	金輸出解禁、金本位制に復帰 株式・生糸・綿糸など相場暴落、昭和恐慌続く 「エロ・グロ・ナンセンス」の語流行	ロンドン海軍軍縮会議開催
1931	6	関東軍参謀ら満鉄線路を爆破。満州事変始まる	

		農商務省、暴利取締令を公布	ソビエト政権樹立
		大蔵省、金貨幣・金地金輸出取締令を公布	
		（金本位制停止）	
1918	7	丹那トンネル起工	
		三菱商事開業	
		第一回全国青年連合大会開催	米大統領ウィルソン
		米価暴騰。各地取引所立会停止	平和構想14ヵ条発表
		富山県で「米騒動」の始まりとなる騒動	
		寺内内閣、シベリア出兵を宣言	
		吉野作造・福田徳三ら黎明会を結成	
		大学令を公布	独、連合国との休戦
		東京帝国大学学生、新人会を結成	協定に調印
		徳富蘇峰『近世日本国民史』刊行	（第一次大戦終結）
1919	8	東京で普通選挙期成大会開催	パリ講和会議開会
		朝鮮半島各地で朝鮮独立宣言発表。	
		『改造』創刊	
		講和会議で山東省の旧独利権に関する日本	
		の要求承認される	モスクワでコミンテ
		日本全権、ヴェルサイユ条約に調印	ルン創立大会開催
		三菱銀行株式会社設立	ヴェルサイユ講和
		帝国美術院第一回美術展覧会（帝展）	条約調印
1920	9	八幡製鉄所で待遇改善要求ストライキ	国際連盟発足
		日本最初のメーデー、上野公園で開催	
		東京府、中央職業紹介所を設置	
1921	10	大本教教主出口王仁三郎ら一斉検挙される	上海で中国共産党
		皇太子裕仁親王、欧州訪問に出発	結成
		米穀法公布	イタリアで国家ファ
		羽仁もと子、自由学園を創立	シスト党成立
		長野県上田に信濃自由大学設立	ワシントン会議開催
1922	11	ワシントン会議で海軍軍備制限条約など調印	孫文、北伐を宣言
		全国水平社創立大会開催	スターリン、ロシア
		日本共産党、非合法に結成（委員長堺利彦）	共産党中央委員会書
		井上準之助・団琢磨ら、日本経済連盟会設立	記長に就任
1923	12	菊池寛『文藝春秋』創刊	独でインフレーショ
		丸ノ内ビルディング（丸ビル）完成	ン進行
		北一輝『日本改造法案大綱』刊行	
		関東南部に大地震（関東大震災）	
		東京周辺に戒厳令発令	
		自警団・警察などによる朝鮮人の迫害・虐殺	

関連年表

		日　本	世　界
1910	明治43	大逆事件の検挙始まる。幸徳秋水逮捕	
		韓国併合に関する日韓条約調印	
1911	44	窮民済生に関する勅語発布	辛亥革命始まる
		工場法を公布。蚕糸業法を公布	
		青鞜社『青鞜』創刊。西田幾多郎『善の研究』	
1912	45	東海道線新橋—下関間特急列車運転開始	中華民国臨時政府成立袁世凱臨時大総統
	大正元	日本活動写真会社（日活）設立	
1913	2	芸術座・無名会・舞台協会結成	米カリフォルニア州、いわゆる排日土地法可決
		宝塚唱歌隊設立（宝塚少女歌劇養成会）	
		岩波書店開業	
		日本政府、中華民国を承認	
1914	3	桜島大噴火。東京中央停車場（東京駅）完成	サラエボ事件起こる
		日本、ドイツに宣戦布告（第一次大戦参戦）	墺、セルビアに宣戦布告（第一次大戦）
		三越呉服店新築開店。大正琴流行	
1915	4	日本・ハワイ間の無線通信に成功	日本、中国政府に21ヵ条要求
		第一回全国中等学校優勝野球大会開催	
		内相・文相、青年団の指導に関し共同訓令	
		東京株式市場暴騰（大戦景気始まる）	
		婦人のパーマネントウェーブ流行	
1916	5	中央公論社『婦人公論』創刊	英・仏、サイクス＝ピコ秘密条約調印
		友愛会婦人部設置（初の労働組合婦人部）	
		工場法施行。憲政会結成	
		チャップリンの喜劇映画が人気を呼ぶ	ソンムの戦い
		アインシュタイン一般相対性理論を定式化	
1917	6	萩原朔太郎『月に吠える』刊行	
		日本工業倶楽部設立。『主婦之友』創刊	独、無制限潜水艦作戦を宣言
		閣議、2月革命後のロシア臨時政府承認を決定	
		河上肇『貧乏物語』刊行	ロマノフ王朝滅亡
		沢田正二郎ら新国劇を結成	孫文、広東軍政府樹立
		警視庁、活動写真興行取締規則を公布	英、バルフォア宣言

〔執筆者〕

新　雅史（あらた・まさふみ）
一九七三年生まれ。東洋大学社会学部非常勤講師。産業社会学専攻。著書に『商店街はなぜ滅びるのか』『「東洋の魔女」論』などがある。

堀まどか（ほり・まどか）
一九七四年生まれ。大阪市立大学大学院文学研究科准教授。比較文学・比較文化論専攻。著書に『「二重国籍」詩人　野口米次郎』などがある。

五十殿利治（おむか・としはる）
一九五一年生まれ。筑波大学特命教授。芸術学・近代美術史専攻。著書に『観衆の成立――美術展・美術雑誌・美術史』などがある。

畔上直樹（あぜがみ・なおき）
一九六九年生まれ。上越教育大学大学院学校教育研究科教授。日本近現代史。著書に『「村の鎮守」と戦前日本』などがある。

やなぎみわ（やなぎ・みわ）
一九六七年生まれ。京都造形美術大学教授。現代美術家。舞台演出家。作品に『1924海戦』『1924人間機械』、野外劇「日輪の翼」などがある。

佐佐木幸綱（ささき・ゆきつな）
一九三八年生まれ。歌人。国文学者。日本芸術院会員。歌集に『瀧の時間』『旅人』『呑牛』『はじめての雪』『ムーンウォーク』などがある。

徳丸吉彦（とくまる・よしひこ）
一九三六年生まれ。お茶の水女子大学名誉教授。音楽学者。著書に『民族音楽理論』『音楽とはなにか――理論と現場の間から』などがある。

鶴見太郎（つるみ・たろう）
一九六五年生まれ。早稲田大学文学学術院教授。日本近現代史 専攻。著書に『柳田国男とその弟子たち』『座談の思想』などがある。

鷲田清一（わしだ・きよかず）
一九四九年生まれ。京都市立芸術大学学長。せんだいメディアテーク館長。哲学者。臨床哲学を探求する。著書に『現象学の視線』『モードの迷宮』『じぶん・この不思議な存在』『「ぐずぐず」の理由』『聴くことの力――臨床哲学試論』などがある。

佐々木幹郎（ささき・みきろう）
一九四七年生まれ。詩人。中原中也研究の第一人者。詩と音楽のコラボレーション、オペラの脚本も手がける。詩集に『蜂蜜採り』『明日』など、評論に『東北を聴く――民謡の原点を訪ねて』『中原中也――沈黙の音楽』などがある。

山室信一（やまむろ・しんいち）
一九五一年生まれ。二〇一五年まで京都大学人文科学研究所所長を務め、現在は名誉教授。近代法政思想連鎖史研究者。著書に『キメラ』『憲法9条の思想水脈』『複合戦争と総力戦の断層』『アジアびとの風姿――環地方学の試み』などがある。

渡辺　裕（わたなべ・ひろし）
一九五三年生まれ。東京大学大学院人文社会系研究科教授。専攻は美学芸術学、文化資源学。著書に『歌う国民――唱歌・校歌・うたごえ』、『感性文化論――〈終わり〉と〈はじまり〉の戦後昭和史』などがある。

本書は、公益財団法人サントリー文化財団の調査研究として実施したプロジェクト「可能性としての『日本』」（代表・鷲田清一）の成果を基として書き下ろしたものです。

大正《たいしょう》＝歴史《れきし》の踊《おど》り場《ば》とは何《なに》か

現代《げんだい》の起点《きてん》を探《さぐ》る

二〇一八年　五月一〇日　第一刷発行

編　著　鷲田清一《わしだきよかず》

発行者　渡瀬昌彦

発行所　株式会社 講談社
東京都文京区音羽二丁目一二―二一　〒一一二―八〇〇一
電話　（編集）〇三―三九四五―四九六三
（販売）〇三―五三九五―四四一五
（業務）〇三―五三九五―三六一五

装幀者　奥定泰之

本文データ制作　講談社デジタル製作

本文印刷　慶昌堂印刷 株式会社

カバー・表紙印刷　半七写真印刷工業 株式会社

製本所　大口製本印刷 株式会社

ISBN978-4-06-511639-5　Printed in Japan
N.D.C.210　270p　19cm

講談社選書メチエ　刊行の辞

書物からまったく離れて生きるのはむずかしいことです。百年ばかり昔、アンドレ・ジッドは自分にむかって「すべての書物を捨てるべし」と命じながら、パリからアフリカへ旅立ちました。旅の荷は軽くなかったようです。ひそかに書物をたずさえていたからでした。ジッドのように意地を張らず、書物とともに世界を旅して、いらなくなったら捨てていけばいいのではないでしょうか。

現代は、星の数ほどにも本の書き手が見あたります。読み手と書き手がこれほど近づきあっている時代はありません。きのうの読者が、一夜あければ著者となって、あらたな読者にめぐりあう。その読者のなかから、またあらたな著者が生まれるのです。この循環の過程で読書の質も変わっていきます。人は書き手になることで熟練の読み手になるものです。

選書メチエはこのような時代にふさわしい書物の刊行をめざしています。

フランス語でメチエは、経験によって身につく技術のことをいいます。道具を駆使しておこなう仕事のことでもあります。また、生活と直接に結びついた専門的な技能を指すこともあります。

いま地球の環境はますます複雑な変化を見せ、予測困難な状況が刻々あらわれています。

そのなかで、読者それぞれの「メチエ」を活かす一助として、本選書が役立つことを願っています。

一九九四年二月　　野間佐和子